Anarchismus

*Hans Jürgen Degen und
Jochen Knoblauch*

Anarchismus
Eine Einführung

Reihe
Theorie.org

Schmetterling Verlag

Bibliografische Informationen der Deutschen Nationalbibliothek
Die Deutsche Nationalbibliothek verzeichnet diese Publikation in der Deutschen Nationalbibliografie; detaillierte bibliografische Daten sind im Internet über http://dnb.d-nb.de abrufbar.

Schmetterling Verlag GmbH
Libanonstraße 72A
70184 Stuttgart
www.schmetterling-verlag.de
Der Schmetterling Verlag ist Mitglied von aLiVe,
der assoziation Linker Verlage.
ISBN 3-89657-590-2
5. Auflage 2019
(2., durchgesehene Ausgabe von 2008)
Printed in in the Czech Republic
Alle Rechte vorbehalten
Satz und Reproduktionen: Schmetterling Verlag
Druck: EuroPB s.r.o., Pribram

Inhalt

I.	**Vorwort**	6
II.	**Was ist Anarchismus?**	10
III.	**Abriss der Ideengeschichte des Anarchismus**	14
IV.	**«Klassiker» des Anarchismus**	26
	1. William Godwin (1756–1836)	26
	2. Pierre-Joseph Proudhon (1809–1865)	29
	3. Max Stirner (1806–1856)	35
	4. Michail Bakunin (1814–1876)	39
	5. Peter Kropotkin (1842–1921)	44
	6. Leo N. Tolstoi (1828–1910)	51
	7. Gustav Landauer (1870–1919)	54
	8. Emma Goldman (1869–1940)	59
	9. Rudolf Rocker (1873–1958)	65
V.	**Exkurs: Zum Problem der «Klassiker»**	72
VI.	**Konfrontationen**	74
	1. Staat	74
	2. Parlamentarische Demokratie versus «allgemeine Freiheit Aller»	84
	3. Kapitalismus oder freiheitliche Wirtschaftsordnung	92
	4. Gewerkschaft, Syndikalismus und Anarcho-Syndikalismus	99
	5. Gewalt, Staat, Militarismus	106
VII.	**Anarchismus und Praxis. Anarchismus und Revolution**	113
	1. Von der Französischen Revolution zur Pariser Kommune 1871	115
	2. Die Pariser Kommune von 1871	117
	3. Die russischen Revolutionen	123
	4. Anarchismus und Mexikanische Revolution 1910–1920	139
	5. Die Münchner Räterepublik 1919	143
	6. Der spanische Anarchismus und die Spanische Revolution 1936–1939	153
VIII.	**Neo-Anarchismus oder Neuer Anarchismus?**	173
IX.	**Exkurs: Zur Kritik des Anarchismus**	177
X.	**Resümee und Schlussbetrachtungen**	185
	Bibliographie	207

I. Vorwort

*H*istoriker, Politologen, Staatsrechtler, Fachleute und Dilettanten arbeiten sich seit rund 150 Jahren am Anarchismus ab. Das Ergebnis lässt sich zwar quantitativ sehen, aber die Frage: Was ist Anarchismus?, ist dennoch nicht wirklich beantwortet. Auch die vorliegende Einführung kann diese Frage nicht definitiv klären. Denn sie ist nicht objektiv im Sinne einer Distanz zum Erkenntnisobjekt. Sie ist ein subjektiver Versuch, dem Wesen des Anarchismus auf die Spur zu kommen; sie lehnt sich an die «Klassiker» des Anarchismus an. Sie ist ein Versuch, der weniger für gestandene Anarchisten und für «Experten» gedacht ist.

Die exakte Einordnung des Anarchismus in das Ideologienspektrum ist kaum möglich. Denn der Anarchismus ist keine einheitliche, in sich abgeschlossene Ideologie; er weist keine einheitlichen Organisationsstrukturen auf; er hat keine verbindlichen Theoretiker/innen und keine «Führerfiguren». Anarchismus ist etwas für Selbstdenker und Selbstentscheider; er ist offen für Weiterdenker/innen. Anarchismus ist eben keine Glaubenssache, sondern eine rationale Idee und Alternative. Nicht nur in irrationalen Zeiten und für irrationale Zustände.

Um Anarchist/in zu sein, bedarf es nicht des Bekenntnisses zu den anarchistischen «Klassikern» oder einer der anarchistischen Richtungen. Jede/r Anarchist/in kann sich auf den Thron der Klassiker setzen, jede/r sich zur Erfinder/in einer neuen «Richtung» ausrufen.

Bei alledem gibt es dennoch – und dies ist nicht subjektiv gesehen – für Anarchisten verbindliche Attribute. Hauptsächlich: Anti-Autoritarismus, Anti-Staatlichkeit, Anti-Zentralismus, Anti--Kapitalismus, Anti-Militarismus, Anti-Patriarchismus, Anti-Rassismus, Anti-Sexismus.

Der Anarchismus hat sich traditionell als «a-politisch» bezeichnet, wobei der Begriff des Politischen sehr eng gefasst war: Zugespitzt auf das Parteiwesen, den Parlamentarismus, die Eroberung der politischen Macht, auf die klassische Staatspolitik. In Wirklichkeit ist der Anarchismus hochpolitisch: Er bezieht das ganze gesellschaftliche Leben in sein Gesellschaftsveränderungskalkül ein. Denn nicht die politisch-ökonomischen Herrschaftsstrukturen, nicht die «Apparate», die «große

Maschine» ist von Interesse für die einzelnen Menschen, für die Gesellschaft, sondern eine gerechte, selbstbestimmte, selbst geleitete «freie» Ordnung.

Angesichts der allgemeinen Konfusion und Inflationierung gewisser Begrifflichkeiten, wie z.B. «Freiheit», müssen diese immer neu definiert und in den Kontext der jeweiligen Ideologie gestellt werden. So ist auch der Anarchismus von Beginn an der Verwirrung der Begrifflichkeiten unterworfen worden. Ihm hängt von Anfang an der Makel von «Chaos» und Gewalttätigkeit an. Selbst wenn die meisten Lexika und Nachschlagewerke eine durchaus korrekte Wiedergabe des Begriffs Anarchismus geben: «pol. Ideologie, die darauf zielt, jede Herrschaft von Menschen über Menschen, jede gesetzl. Zwangsordnung, bes. den Staat, zu beseitigen und ein autoritäts- und herrschaftsloses Zusammenleben herbeizuführen». (Die Zeit. Das Lexikon ..., S. 242f.)

Trotz solcher eher positiven Kurz-Definitionen ist in der öffentlichen Meinung das Bild vom Anarchismus meist negativ besetzt: oft ein Hassobjekt der Medien, Schreckgespenst der «Bürger», moral- und gesetzlos, ohne soziale Bindungen; und überall dort, wo durch Krieg, Bürgerkrieg, Katastrophen etc. der Staat in seiner «Ordnungs»funktion geschwächt, kaum noch oder kurzfristig nicht mehr vorhanden ist, ist «Chaos und Anarchie» ausgebrochen. Und wenn sich z.B. in der genormten, drögen Kulturindustrie einer als Paradiesvogel in Szene setzt, etwas ausschert aus der selbstverordneten Konformität, ist er «anarchisch». Inzwischen ist es in gewissen Kreisen chic, mit der Aura des «Anarchischen» zu kokettieren. Eine solche Vermarktung des «Anarchischen» ist heute genauso profitabel wie die Stilisierung der Anarchisten in innernpolitischen Krisenzeiten als kriminelle «anarchistische Gewalttäter» (hauptsächlich in den 1970er Jahren) – auch wenn das definitiv nichts mit Anarchismus zu tun hatte, wie die marxistisch-leninistisch-maoistische sog. «Rote Armee-Fraktion» (RAF).

Die damalige Gleichsetzung von Anarchismus und RAF ist ein herausragendes Beispiel des Zusammenwirkens der staatlichen und der Medien-Denunziation von Missliebigen bis hin zur Quasi-Pogromstimmung. Dabei hätte der «gesunde» Menschenverstand, hätte man ihn benutzt bzw. benutzen wollen, eine solche Diffamierungskampagne verboten. Proklamierte die RAF doch: «Wir behaupten [...], daß der bewaffnete Kampf als ‹höchste Form des Marxismus-Leninismus› (Mao) jetzt begonnen werden kann und muß [...].» Und, an Deutlichkeit nicht zu überbieten, in derselben RAF-Erklärung: «Wir sind keine Blanquisten und keine Anarchisten, obwohl wir Blanqui für einen großen Revolutionär halten und den persönlichen Heroismus vieler Anarchisten für ganz und gar nicht verächtlich.» (RAF, S. 341/342)

Die Distanzierung einerseits und die Anbiederung der RAF andererseits an die Anarchisten sollte wohl dazu dienen, den Sympathisantenkreis der RAF zu erweitern. Eine solche Taktik hatte schon Stalin (1907) gefahren: «Wir gehören nicht zu den Leuten, die sich mit der Erwähnung des Wortes ‹Anarchismus› verächtlich abwenden, mit der Hand abwinken und erklären: ‹Da habt ihr was Rechtes gefunden, es lohnt nicht mal, von ihm zu reden!› Wir meinen, daß eine so billige ‹Kritik› sowohl unwürdig als auch nutzlos ist. Wir sind der Auffassung, daß die Anarchisten richtige Feinde des Marxismus sind. Wir erkennen also auch an, daß man gegen richtige Feinde einen richtigen Kampf führen muß.» (Stalin, S. 258)

Die Zuweisung der «Gewalt» als dem Anarchismus immanent, durchzieht dessen ganze Geschichte. Dass die wechselnden, aber immer auf Gewalt fußenden Staatssysteme sich dieser Denunzierungswaffe bedienten und bedienen, ist eigentlich nicht auf die reale Angst vor dem Anarchismus zurückzuführen; vielmehr hat diese geschürte Angst die Funktion der Ablenkung vom «Staatsversagen». Angst vor der Minderheitsbewegung Anarchismus wäre irrational; rational aber ist die Instrumentalisierung des Anarchismus – wie auch anderer nicht angepasster politisch-sozialer «Minderheiten» – als «Sündenböcke».

Die Frage von Gewalt und Gewaltlosigkeit ist eine der zentralen Diskussionen im Anarchismus, wobei diese Diskussionen heutzutage meist nur abstrakt geführt werden. Vor dem realen Hintergrund der allgegenwärtigen Staatsmacht kann es nämlich nicht um die gewaltsame Beseitigung derselben gehen; aber auf der Ebene des alltäglichen Widerstandes gegen die alltäglichen Repressionen der Staatsmacht werden die Methoden dieses Widerstandes permanent reflektiert. Wobei eindeutig die gewaltfreien Methoden in Theorie und Praxis dominieren. Einen Barrikadenanarchismus gibt es nicht mehr. Wer ihn dennoch träumt, hat u.E. den Boden der gesellschaftlichen Realität verlassen.

Für Revolutionsromantik taugt der Anarchismus nicht.

Der Anarchismus wird als «utopistisch» verurteilt. Tatsächlich ist der Anarchismus eine positive Utopie: Seine konkreten Vorstellungen vom Weg zu einer herrschaftslosen Gesellschaft sind Ableitungen der herrschenden Zustände; ist eine sich permanent entwickelnde Analyse der jeweils herrschenden politisch-sozialen, gesellschaftlichen Macht-Gewalt-Verhältnisse; diese wiederum bilden sich aus in der gesellschaftlichen Praxis der Anarchisten.

Die Herausarbeitung von Alternativen zu Staat, Kapital, Warengesellschaft und der daraus resultierenden Entfremdung etc. ist positive Utopie. Es ist die Antwort auf die irrationalen Verhältnisse, die die Menschen abstumpfen, verzweifelnd in Angst um ihre Existenz versetzen lassen: Die Menschen leben mehr und mehr in Unsicherheit um ihre soziale Existenz; sie sind verunsichert durch die Widersprüche ihres manipulierten Alltags; die Zuschüttung ihrer wirklichen Bedürfnisse und deren Ersetzung durch Pseudobedürfnisse sind Elemente ihrer Abrichtung als Ware in der kapitalistischen Warengesellschaft. Die Erduldung dieser Verhältnisse ist ein Fixpunkt der Selbstentfremdung.

Die klassischen Adressaten des Anarchismus: Industrieproletariat, Handwerker, Kleinbauern und Landarbeiter sind nicht mehr existent. Ihnen sind – in den entwickelten kapitalistischen Staaten – «proletarisierte» Angestellte, Mittelständler und Akademiker gefolgt: In der Regel stehen diese in abhängigen Arbeitsverhältnissen – Lohnabhängige, in ihrer überwältigenden Mehrheit ohne jegliches Klassenbewusstsein, domestiziert zu Sklaven des kapitalistischen Marktes.

Der Anarchismus ist – wie viele andere soziale Bewegungen – in den gesellschaftspolitischen Hintergrund gedrängt worden. Dies sagt aber nichts darüber aus, wie stark oder schwach seine latente gesellschaftspolitische Sprengkraft ist bzw. sein kann: Viele seiner Postulate haben inzwischen Eingang gefunden in anderen sozialen Bewegungen, in Diskussionen z.B. über Pädagogik, ohne dass unbedingt ein Rückschluss auf ihn zu führen ist. In heutigen sozialen Protestbewegungen – die alles andere als die Staatsherrschaft beseitigen wollen – kommen ebenfalls anarchistische Postulate zur Geltung. Auch diese Bewegungen – ohne die «reine» Lehre des Anarchismus – können mit dazu beitragen, die Gesellschaft «liberaler», libertärer zu gestalten und damit dem Staat und Kapital gewisse Grenzen zu setzen.

Der Anarchismus war und ist keine Heilslehre. Es gibt nichts zu glauben und nichts zu hoffen. Denn die herrschenden Zustände sind nur durch die Vernunft der Menschen – trotz der zu ihnen gehörenden Unvernunft und psychischen Verelendung – anzugehen.

Wir setzen auf diese Vernunft.

II. Was ist Anarchismus?

Wenige politische Begriffe sind so missverstanden, so fehlinterpretiert, so bewusst der Diffamierung ausgesetzt worden wie das Wort *Anarchie*. Die von ihm abgeleiteten Begriffe *Anarchismus* und *Anarchist/in* sind nicht nur zum Reizwort, sondern zum Kampfbegriff, zur Negation jeglichen gesellschaftlichen positiven Wollens abgestempelt worden.

Anarchie kommt aus dem Griechischen und bedeutet «Abwesenheit von Herrschaft», also «Nichtherrschaft». Ihr Gegenpol ist *Archie,* d.h. «Herrschaft» – Herrschaft in jeder Form: Tyrannenherrschaft, Staatsherrschaft, Herrschaft von Verbänden, Kirchen – kurz: Herrschaft von Menschen über Menschen. Der Anarchismus als soziale Bewegung verstanden bedeutet, dass die Anarchisten jegliche Herrschaft verneinen; sie bestreiten jegliches (angemaßtes) «Recht» von Menschen, Institutionen etc. über sich herrschen zu lassen.

Der Historiker des Anarchismus Max Nettlau schrieb: «Das Vorhandensein des griechischen ‹anarchia› deutet darauf hin, daß Personen vorhanden waren, die bewußt die Herrschaft, den Staat verwarfen; erst als dieselben bekämpft und verfolgt wurden, haftete diese Bezeichnung an ihnen im Sinn der der bestehenden Ordnung gefährlichsten Rebellen.» (Nettlau I, S. 17) Aristoteles (384-322 v. Ch.) bezeichnete *Anarchia* als den «Zustand der Sklaven ohne Herren». Antisthenes (444-368 v. Ch.) plädierte für innere Unabhängigkeit, Freiheit, Bedürfnislosigkeit; die Menschen sollten zur Einfachheit des Naturzustandes zurückkehren und als Freie locker ohne Grenzen zusammenleben. Und Diogenes von Sinope (400-323 v. Ch.), der angebliche Träumer in der Tonne, stellte die (angemaßte) Autorität Alexander des Großen (und damit Autorität an sich) in Abrede: Alexander fand Diogenes beim Sonnenbaden und offerierte diesem einen freien Wunsch, worauf dieser antwortete: Geh mir aus der Sonne!

Im Mittelalter verstand man den Begriff Anarchie als die «Freilassung von Sklaven». Die Kirche transzendierte zu dieser Zeit die Anarchie in das Reich Gottes, in dem es den Zustand völliger Freiheit gäbe. Allerdings verneinte und bekämpfte sie entschieden eine weltliche Anarchie. Im Absolutismus wurden demokratische Tendenzen als «anarchistisch» (die herrschende

Ordnung zersetzend) diffamiert; ihre Machtinteressen verteidigend, beteuerten die europäischen Großmächte in dieser Zeit: die «Anarchie zu beseitigen», um ihre «gottgewollte Ordnung» zu zementieren.

Deutsche Philosophen und Schriftsteller des 17., 18. und 19. Jahrhunderts definierten Anarchie sehr unterschiedlich: Georg Friedrich Hegel (1770–1831) identifizierte den deutschen Föderalismus im Verhältnis zum preußischen Zentralstaat als «reaktionär» und «anarchistisch»; Friedrich Schlegel (1719–1749) verstand dagegen die Anarchie als «absolute Freiheit»; Immanuel Kant (1724–1804) prägte die (von ihm nicht nur positiv gemeinte) Formel: «Anarchie ist Gesetz und Freiheit ohne Gewalt»; Johann Gottlieb Fichte (1762–1814) verwandte den Begriff der Anarchie indirekt: Die Aufgabe des Staates sei es, sich selbst überflüssig zu machen, damit sich die Menschheit in die Staatslosigkeit als natürliche gesellschaftliche Ordnung begeben könne.

1835 schrieb Carl v. Rotteck im «Staatslexikon»: Die Anarchie ist «eine akute Krankheit», die den «Untergang der Gesellschaft» herbeiführt; jedoch sei sie weniger schlimm und weniger grauenvoll als die «Despotie». Das «Politische Taschenwörterbuch» von 1840 kulminiert die ganzen Vorurteile der Zeit gegenüber der Anarchie: «Anarchie: Gesetzlosigkeit, Herrschaftslosigkeit. Es ist dies der Zustand der Unordnung und Auflösung eines Staates, der das Glück der Staatsbürger in Gefahr setzt, aber auch seiner Unnatürlichkeit wegen nie herrschend werden kann [...].» (Zit. in: Rammstedt, S. 7) Und gar der italienische Psychiater Cesare Lombroso verstieg sich 1895 in die These: Die Anarchisten schleppten eine «erbliche Epilepsie und Pellagra» mit sich herum; sie wären oft körperlich behindert und wiesen asymmetrische Gesichtszüge auf. «Aus dem Wesen der Rebellion und den Grundsätzen des Anarchismus ist es begreiflich», vermeinte Lombroso auch zu erkennen, «daß seine eifrigen Adepten [...] zumeist Verbrecher oder Verrückte sind, und manchmal beides zusammen.» (Lombroso, S. 25)

Immer auch wurde Anarchie mit Chaos identifiziert. In neuester Zeit konstatieren z.B. Journalisten «Chaos und Anarchie» in jenen Ländern (Irak, Afghanistan), in denen der Staat zusammengebrochen und sich die «gesetzliche Ordnung» weitgehend aufgelöst hat.

«Anarchismus [...] [ist die] Lehre von einer zu erstrebenden Gesellschaft ohne Staat und autoritären Zwang», so der deutsche Anarchist Gustav Landauer. Anselme Bellegarrigue, ein französischer Anarchist, kam zu folgender Anarchismus-Definition: «Wer Anarchie sagt, sagt Verneinung der Regierung. Wer Verneinung der Regierung sagt, sagt Bejahung, Behauptung des Volkes. Wer Bejahung des Volkes sagt, sagt individuelle Freiheit. Wer individuelle Freiheit sagt, sagt Souveränität eines jeden. Wer Souveränität eines jeden sagt, sagt Gleichheit. Wer Gleichheit sagt, sagt Solidarität und Brüderlichkeit. Also: wer Anarchie sagt, sagt soziale Ordnung.» (Zit. in: Oberländer, S. 76) Bellegarrigues Landsmann und Anarchist Eliseé Reclus sah in der Anarchie den «letzten Ausdruck von Ordnung». Schon der bürgerliche Anarchismusforscher E.V. Zenker schlussfolgerte 1895: «Die ‹Anarchie› bedeutet der Idee nach die vollständige, unbeschränkte Selbstherrschaft des Individuums und sonach die Abwesenheit jeglicher Fremdherrschaft.» (Zenker, S. 3)

Der libertäre Marxist Daniel Guérin kam 1967 zu dem Schluss: «Anarchie ist in Wirklichkeit vor allem gleichbedeutend mit Sozialismus. Der Anarchist ist in erster Linie Sozialist, seine Ziele sind die Abschaffung der Ausbeutung des Menschen durch den Menschen, die Aufhebung des Staates und die Errichtung einer nicht repressiven Gesellschaft.» (Guérin I, S. 12)

Der Philosoph Paul Feyerabend schrieb 1979 von einem *«politischen Anarchismus»,* dessen Kennzeichen sei «seine Gegnerschaft zur bestehenden Ordnung: dem Staat, seinen Institutionen, den Ideologien, die diese Institutionen stützen und verherrlichen». Erst wenn die bestehende Ordnung zerstört sei, könnte «die menschliche Spontaneität zum Vorschein kommen». Diejenigen Anarchisten, die nicht «nur gewisse gesellschaftliche Verhältnisse überwinden, sondern die gesamte materielle Welt», vertreten – so Feyerabend – einen «*religiöse[n]* oder *eschatologische[n]* Anarchismus». (Feyerabend, S. 260)

Ein Definitionsversuch aus neuester Zeit fasst aus anarchistischer Sicht zusammen, was den aktuellen Anarchismus ausmacht: «Anarchismus ist ein Sammelbegriff einer Reihe sozialer und politischer Auffassungen (individualistische, kollektivistische, kommunistische, syndikalistische, autonome, feministische, kommunalistische, regionalistische, revolutionäre, reformistische, attributlose, pragmatische, religiöse, gewaltfreie, zivilistische, radikaldemokratische usw.), die ihren jeweiligen Anhängern und Anhängerinnen einen nach ihrem Verständnis von Herrschaftslosigkeit optimalen Rahmen für die größtmögliche individuelle Freiheit, bei größtmöglicher Gleichheit und Gerechtigkeit bieten.» (Raasch, S. 9)

An allen diesen (verkürzten) Definitionen wird die Schwäche jeglicher Anarchismus-Definition erkennbar: Für Anarchisten gibt und kann es keine allgemeinverbindliche inhaltliche Bestimmung von Anarchismus bzw. Anarchie geben.

Im Anarchismus dominiert als zentraler Begriff die Freiheit. Hier berührt sich der Anarchismus mit dem klassischen Liberalismus. Er geht aber über diesen weit hinaus: Macht und jegliche Herrschaft und Staatlichkeit wird verworfen. Im Gegensatz zum Liberalismus ist der Anarchismus entschieden antikapitalistisch. Im Kapitalismus sieht er, neben dem Staat, die zweite Säule der Herrschaft.

Die Gegnerschaft des Anarchismus zum Marxismus ist hauptsächlich begründet u.a. in seiner Ablehnung des Dialektischen Materialismus, des Zentralismus, der «Diktatur des Proletariats» – also der zumindest vorübergehenden Staatlichkeit, die Karl Marx und Friedrich Engels für unabdingbar hielten.

III Abriss der Ideengeschichte des Anarchismus

Die Französische Revolution verkündete 1789 die allgemeine Erklärung der Menschenrechte (Freiheit, Sicherheit, Widerstandsrecht gegen Unterdrückung). Es war Peter Kropotkin, der (1909) in dieser Revolution den (modernen) «Ursprung aller kommunistischen, anarchistischen und sozialistischen Konzeptionen der Gegenwart» erkannte. (Zit. in: Joll, S. 36) Der Anarchismus aber weist weiter zurückliegende Spuren auf: In der Antike, besonders aber im ausgehenden Mittelalter sind es religiöse und soziale Bewegungen, die sich den herrschenden Autoritäten, religiösen und weltlichen Herrschaftsstrukturen widersetzten. Aber erst die Zeit der Aufklärung konkretisierte diese Autoritätsverneinungen; erst hier wurde der Anspruch des Individuums auf freie Gestaltung seines Lebens postuliert. Die Aufklärung war sowohl politisch, religiös und moralkritisch; sie war eine auf Selbstbesinnung der Menschen gerichtete geistige Strömung. «Aufklärung ist der Ausgang des Menschen aus seiner selbst verschuldeten Unmündigkeit», verkündet 1783 Kant. (Kant, S. 55) Diese Unmündigkeit führt Kant auf die Bequemlichkeit der Menschen zurück. Aus dieser fatalen Situation herauszukommen, sei «für jeden einzelnen Menschen schwer», weil die Unmündigkeit fast zur «Natur» der Menschen gehöre. Demgegenüber wollten die Aufklärungsphilosophie und Kant den Vernunftmenschen. Dessen vollkommene Individualität als schöpferische Kraft sollte er in die Gesellschaft einbringen. Dieser Mensch könnte seinem natürlichen Verlangen nach Glück nachgehen. Die Zukunft dieser Menschen würde in einem vernunftbestimmten Zusammenwirken zu sehen sein: Individualität und Gesellschaftlichkeit bedingen sich. In einer solchen Gesellschaft wäre die Idee der Humanität vorrangig vor reinem Zweckdenken und -tun. Diese, mehr oder weniger befriedete, Gesellschaft werde sich ihre Institutionen auf der Basis von Toleranz schaffen. In diesem Zusammenhang stellen einige «Aufklärer» auch den Staat zur Disposition. Zumindest wird die Zivilisierung der Menschheit jede Autorität als unterdrückend und dem «ewigen Frieden» (Kant) entgegenstehend erscheinen lassen.

Konträr zu dem hehren Menschenbild der Aufklärer stand die reale soziale Lage der großen ungebildeten Masse der arbeitenden und abhängigen Menschen. Die große Umschichtung der wirtschaftlichen Ordnung von der manuellen zur mechanischen Produktion brach die traditionellen gesellschaftlichen Strukturen auf. Die daraus u.a. entstehende große Verunsicherung breiter Bevölkerungskreise zog eine noch größere Abhängigkeit nach sich. Gleichzeitig verlief ein Prozess der sozialen Neuorientierung jenseits der überkommenen politischen, sozialen und religiösen Werte.

Aufklärungsverheißung und soziale Wirklichkeit klafften also weit auseinander. Auf diesem Hintergrund entwickelten sich neue soziale Ideen, deren Ursprünge meist viel älteren Datums waren. Mit diesen Ideen verband sich eine wachsende Schicht Unterprivilegierter, um sich in sozialen Interessenorganisationen zusammen zu finden.

In diesem Kontext erschien 1793 von dem Engländer William Godwin eine Schrift über politische «Gerechtigkeit». Hier setzte die Schnittstelle der neuzeitlichen Geschichte des Anarchismus ein. Die späteren anarchistischen Denker wurden zwar von Godwins Werk kaum direkt beeinflusst, dennoch ist dieses Werk ein fester Bestandteil der Sozialgeschichte. Godwins Werk verdient alleine schon deshalb Beachtung, weil es, im Gegensatz zu allen anderen anarchistischen Werken, «die vollständigste und durchdachteste Zusammenfassung anarchistischer Gedankengänge [...], eine Philosophie des Anarchismus [ist], die bis zur letzten logischen Konsequenz durchgeführt» wurde. (Joll, S. 27) Godwins Werk erschien zu einer Zeit, als die «Industrielle Revolution» Konturen annahm. So sind seine Überlegungen schon geprägt von dem Aufkommen des Industriezeitalters: vom Beginn der Massenarmut und dem Aufstieg des «großen Eigentums», hauptsächlich dem der Produktionsmittelbesitzer; der Landflucht der Bauern und Handwerker und ihrer Verelendung als Lohnarbeiter in den rapide wachsenden Industriezentren.

Ab Mitte des 19. Jahrhunderts wurde durch den Franzosen Pierre-Joseph Proudhon Anarchismus definitiv als philosophische, soziale und sozialistische Bewegung bestimmt. Allerdings verwandte auch er noch das Wort «Anarchie» in seiner negativen Bedeutung: Proudhon bezeichnete des öfteren die zu seiner Zeit oft chaotischen Wirtschaftsverhältnisse als «Anarchie der ökonomischen Kräfte». Voller Bitternis sah er, wie die Prinzipien der Französischen Revolution durch die herrschenden politischen Kräfte verfälscht und durch Wirtschaftsinteressen nivelliert wurden. Eine Folge davon war, dass die arbeitenden Massen weiter verarmten und in der Gesellschaft marginalisiert wurden. Im Frankreich Proudhons entstand eine neue bürgerliche Gesellschaftsschicht. Deren Privilegien waren ähnlich denen der durch die Französische Revolution abgeschafften feudalen Privilegien der Aristokratie. Der Kapitalismus dieser Epoche monopolisierte quasi das Recht auf «freie Konkurrenz», indem den arbeitenden Schichten dieses Recht nicht eingeräumt wurde. Das Kapital war in dieser Zeit «raubsüchtiger als der alte Geburtsadel», schreibt der deutsch-schwedische Anarcho-Syndikalist Helmut Rüdiger. «Zusammen mit dieser Tendenz zum Pauperismus», bemerkt Rüdiger weiter, «geht die Ausweitung der modernen Regierungsmacht mit deren Folgeerscheinungen Tyrannei und Korruption.» (Rüdiger I, S. 186) Proudhon erkannte wie Marx, dass unter einem solchen System keine soziale Gerechtigkeit möglich ist. Deshalb muss – so Proudhon – diese Gesellschaftsordnung geändert werden; es muss eine Gleichheit für alle ökonomischen Kräfte hergestellt werden. Gleichheit nicht in dem Sinne, dass die Gesellschaft normiert wird, sondern, dass die Gleichheit der Möglichkeiten sich ökonomisch und gesellschaftlich entfalten kann. «Die soziale Befreiung der sozialen Klassen liegt nicht darin, neue Regierungsformen zu schaffen», interpretiert Rüdiger Proudhon, «sondern ist ‹die Organisation der ökonomischen Kräfte im Geiste des Vertrages› [...].» (Ebd., S. 187)

Der Individualanarchist Max Stirner fand in Deutschland ähnliche Verhältnisse vor wie Proudhon in Frankreich. Allerdings setzte er sich mit den herrschenden Verhältnissen auf einer abstrakten Ebene auseinander. Bewusst entwickelte er kein Konzept der Gesellschaftsveränderung: Er hatte aber die «Theorie» einer Selbstbefreiung; er wollte die Individuation der Einzelnen. Indem das Individuum sich seinen Abhängigkeiten, seinen eingeschliffenen Normen, seiner Unvollkommenheit, seinen «Beziehungen» stellt, d.h. sich von ihnen emanzipiert, wird der Einzelne frei. Dann haben die herrschenden Zwangsverhältnisse ihren Mythos der Unabänderlichkeit und damit ihre reale Macht verloren. In der Abkehr von den herrschenden gesellschaftlichen Verhältnissen stellt Stirner diese als grundsätzlich veränderbar hin: Wer sich der Gesellschaft verweigert und sich mit anderen in «Vereinen von Egoisten» verbindet, schafft zumindest Gegenmilieus. Die sich entwickelnden Gewerkschaften bejahte Stirner, weil sie dem sozialen Elend zumindest durch höhere Löhne entgegenwirkten. Auch trat er für Genossenschaften ein, da sie ein Ausdruck individueller Selbstregsamkeit wären. Stirners Sozialkritik richtet sich individuell gegen die kapitalistische Gesellschaft; er will sie «gerechter» sehen.

Stirners Demontage der Konventionen und moralischen Werte des 19. Jahrhunderts fand keinen Anklang in der marxistisch-sozialistischen Bewegung; wenig aber auch bei Anarchisten, die die soziale Revolution wollten.

Es war u.a. der so genannte «wissenschaftliche» Sozialismus, der Marxismus, der dem Anarchismus Konturen gab: Durch seinen Anti-Autoritarismus stellte sich der Anarchismus konträr zum Marxismus und entwickelte die Position des «Freiheitlichen Sozialismus». Michael Bakunin wurde so zum Antipoden von Marx. Bakunin stimmte im Wesentlichen mit der marxschen Gesellschaftsanalyse überein. Nur die sozialpolitischen Konsequenzen daraus, der Weg und das Ziel zur Umgestaltung der kapitalistischen Gesellschaften mit ihren Staaten, differierten erheblich: Der Dynamik der kapitalistischen Warenproduktion und der Kapitalakkumulation setzte Bakunin die vollständige Zerschlagung der kapitalistischen Strukturen und des sie stützenden monarchischen und bourgeoisen Staates entgegen. Anstelle der mehr oder weniger zentralistischen «alten Gesellschaft» wollte Bakunin kommunale Gemeinschaften, die sich durch Verträge locker föderieren, die das wirtschaftliche wie das gesellschaftlich-politische Leben prägen. Marx lehnte solche Vorstellungen strikt ab. Im Gegensatz zu ihnen proklamierte er als Übergangsstadium von der bürgerlichen zur kommunistischen Gesellschaft die «Diktatur des Proletariats»: die Marxsche Konzeption der staatlichen Enteignung der Produktionsmittel und deren Zentralisation als Übergangsphase zum «herrschaftsfreien Kommunismus». Diesen denunzierte Bakunin – wie auch schon Proudhon – als «Staatskommunismus», der gleichzusetzen sei mit «Staatssklaverei».

Marx meinte, dass Bakunins Vorstellung und die vieler Anarchisten sich an vorindustriellen Verhältnissen orientiere; dass die Anarchisten die Komplexität der Industriegesellschaft nicht erfassten. Und er betonte, dass die institutionellen Vorbedingungen für eine freie Gesellschaft, wie sie sich die Anarchisten vorstellten, nicht gegeben seien: schon deshalb nicht, weil die moderne, die industrielle Warenproduktion – der sich auch der Sozialismus-Kommunismus unterwerfen müsse und bedienen würde – keine Dezentralisation zulasse.

Peter Kropotkins anarchistische Konzeption wird als «Kommunistischer Anarchismus» bezeichnet. Wie Marx meinte er, dass im Zeitalter der Großindustrie ein in Kommunen verankerter, sich in sozialistischen Gemeinschaften sammelnder und lose untereinander verbundener anarchistischer Sozialismus kaum möglich sei. Deshalb entwickelte er ein Konzept des Verzichtes auf die großindustrielle Produktion: Dezentralisierung der Arbeitswelt und Rückführung der Produktion auf die kleinstmöglichsten Produktionsgenossenschaften. In der sich autonom verwaltenden Kommune – in welcher sich das Wirtschaftsleben hauptsächlich abspielen sollte – sah Kropotkin die Basis der anarchistischen Gesellschaft. In diesem Kontext wollte er auch das herrschende Lohnsystem abschaffen: Jeder arbeitet freiwillig, nach seinen Möglichkeiten, täglich nur wenige Stunden; er erhält alles, was er für seinen Konsum benötigt. Auch den sich im 19. Jahrhundert rapide ausdehnenden Städten, der damit einhergehenden Entfremdung der Menschen, widersetzte sich Kropotkin. Stattdessen setzte er sich für sozialistisch-anarchistische Siedlungsbewegungen ein, komplementär zu seinem Kommunen-Anarchismus.

Nicht unbedeutend für seine Zeit waren Kropotkins naturwissenschaftliche Forschungen. In seinem Werk «Gegenseitige Hilfe in der Tier- und Menschenwelt» nahm er die Gegenposition zu Darwins so genannten «Kampf ums Dasein» ein; besonders wandte er sich gegen den aufkommenden politischen Sozialdarwinismus. Spontane Solidarität und gegenseitige Hilfe erkannte er als durchgängigen Faktor in der Menschheitsgeschichte.

Kropotkin wollte mit seinen naturwissenschaftlichen Forschungen den Anarchismus wissenschaftlich untermauern. Seine theoretischen Folgerungen, insbesondere sein positives Menschenbild, machten sich fast alle Anarchisten zu eigen. Und seit Kropotkin ist es auch eine anarchistische Maxime, «die intime logische Verbindung zwischen [...] Philosophie der Naturwissenschaft und dem Anarchismus aufzuzeigen; den Anarchismus durch das Studium der Tendenzen, die in der Gesellschaft schon erkennbar sind und auf die Richtung ihrer weiteren Entwicklung hinweisen, auf eine wissenschaftliche Basis zu stellen und die Grundzüge einer anarchistischen Ethik auszuarbeiten». (Kropotkin, zit. in: Oberländer, S. 25)

Seit Kropotkins Untersuchungen ist es auch fast durchgängig, dass Anarchisten zwei gegenläufige Tendenzen in der Menschheitsgeschichte ausmachen: Das gesellschaftliche Solidaritätsprinzip der «gegenseitigen Hilfe» in genossenschaftlichen, föderativen Strukturen und als Gegenpart den Zentralismus, der alle menschlich-autonomen Regungen erfassen und sie im Staat bündeln will. Der Staat ist der Ausdruck der höchsten Form von Macht. Die Etablierung der Staatsherrschaft ist das Indiz dafür, dass die gesellschaftliche Selbstorganisation – die Gegenseitigkeit – dem Prinzip Herrschaft unterlegen ist. Aber mit der Französischen Revolution, so eine von Kropotkin vorgetragene, von den meisten Anarchisten akzeptierte These, hat die «Gegenrevolution» – trotz der Perfektionierung der Staatsmacht in unserer Zeit –, begonnen. Die im 19. und 20. Jahrhundert, besonders in Europa, aufgeflackerten Revolten und Aufstände für individuelle und kollektive Freiheiten – konkret: gegen Adels-, Monarchen-, Kapital- und Grundherrenwillkür, gegen geistige und politische Macht der Kirche, gegen den Militarismus und Krieg, für allgemeines Stimmrecht, für nationale Selbstbestimmung, für Frauenrechte, gegen Kinderarbeit, für bessere hygienische Verhältnisse etc. – sind Beweis für diese «Gegenrevolution».

An der Wende vom 19. zum 20. Jahrhundert hatte sich die anarchistische Theorie im Wesentlichen gefestigt. Soll heißen: dass die Anarchisten zu dieser Zeit zu den aufgeworfenen sozialen, wirtschaftlichen und politischen Problemen Position bezogen und Alternativen benannten. Gerade auch in der von Anarchisten in den Vordergrund gestellten Staatsfrage herrschte unter ihnen weitgehend Konsens. Und gerade die Präzisierung der Staatsfrage, vorangetrieben auch durch die immer umfassendere Aneignung und Konzentrierung von Macht über die Gesellschaft durch den Staat, rückte so noch mehr in den Vordergrund. So definierte der italienische Anarchist Errico Malatesta 1909 den Staat: «Die Anarchisten gebrauchen das Wort *Staat*, um die Gesamtheit aller politischen, gesetzgeberischen, gerichtlichen, militärischen Institutionen zu bezeichnen, durch die dem Volke die Führung seiner eigenen Angelegenheiten, die Bestimmung seiner eigenen Handlungen, die Sorge um seine eigene Wohlfahrt entzogen wird, um dieselben einigen Menschen zu übertragen, welche durch Gewaltanmaßung oder die Wahl des Volkes das Recht erhalten, Gesetze über alles und für Alle zu machen, sich zu diesem Zwecke der Kraft des ganzen Volkes bedienen. In diesem Falle bedeutet das Wort *Staat* die *Regierung,* oder das Prinzip der Herrschaft [...]» (Malatesta, S. 4) Da dieser Machtstaat sich eng mit dem kapitalistisch-ausbeuterischen Wirtschaftssystem verzahnte, war die

Bekämpfung der Staatsmacht durch den Anarchismus zugleich immer auch die des Kapitalismus. Die «kommunistischen Anarchisten» lehnten kompromisslos das Privateigentum an Produktionsmitteln, an Land und Kapital ab. Sie proklamierten die freie «Gütergemeinschaft» ohne staatliche Strukturen als Herrschaftslosigkeit – die Anarchie.

Wenn auch der Weg zur Anarchie in den anarchistischen Theorien unterschiedlich gesehen wurde/wird, so ist doch deren Voraussetzung die völlige Umgestaltung der kapitalistischen Ökonomie. Dies auch für jene Anarchisten, die das «Privateigentum» nicht gänzlich abschaffen wollen. Für sie ist Privateigentum Eigentum für den «persönlichen Bedarf»; eine solche Form von Eigentum, kann weder als ausbeuterisch noch als monopolbildend instrumentalisiert werden. Gerade auch in den unterschiedlichen Auffassungen vom Eigentum, was ja auch verschiedene Lebensformen beinhaltet, ist die moralische Stärke des Anarchismus zu erkennen: Er ist aus Prinzip eine pluralistische Bewegung in sich, deren «Ziel» quasi auch nur pluralistische Gesellschaftsformationen hervorbringen kann, welche sich nach Bedarf finden, auflösen und wieder finden und neu gruppieren können.

Der organisierte Anarchismus hatte anfänglich – und auch teilweise heute noch – eine Sonderrolle in den sozialen Bewegungen: Da er nicht um Machtpositionen in den Gesellschaften kämpfte, isolierte er sich automatisch von diesen. Die anarchistische Bewegung wurde so fast nur zum Multiplikator seiner spezifischen Ideen. Das Appellieren der Anarchisten ist auch heute noch eine typische anarchistische Variante von Öffentlichkeitsarbeit. So konnte der Anarchismus zahlenmäßig keine bedeutende Anhängerschaft finden. Früh erkannten viele Anarchisten dieses Dilemma. Sie suchten nach Auswegen und viele brachten ihren Anarchismus in die Gewerkschaften ein. Bald schon entstand auf diesem Sektor eine spezifische Form von Gewerkschaft: der Syndikalismus, später revolutionärer Syndikalismus und dann klarer: Anarchosyndikalismus.

Bis hierhin hatte der Anarchismus seine soziale Basis – die von Land zu Land oft große Unterschiede aufwies – hauptsächlich unter Handwerkern, verproletarisierten Bauern, ungelernten und ausgebildeten Arbeitern gefunden. Jetzt strömten dem Syndikalismus bzw. Anarchosyndikalismus vermehrt – hauptsächlich in den entwickelten Industrieländern – Industriearbeiter und Arbeiter aus Kleinbetrieben zu. In noch halbfeudalen Ländern, wie Spanien und den mittel- und südamerikanischen Staaten, setzte sich die Anhängerschaft meist aus ungelernten Arbeitern, Landarbeitern, Kleinbauern, aber auch Industriearbeitern zusammen. Mit der praktischen Arbeit der Anarchisten in den syndikalistischen und anarchosyndikalistischen Gewerkschaften erreichten und beeinflussten sie direkt größere Teile von Lohnabhängigen. Kurz vor der Wende zum 20. Jahrhundert bis Mitte der zwanziger Jahre erlebten diese Gewerkschaften einen stärkeren Zulauf und damit auch ihren organisatorischen Höhepunkt.

In Deutschland erreichte die anarchosyndikalistische «Freie Arbeiter-Union Deutschlands» (FAUD) mit ca. 160.000 Mitgliedern 1922 ihren organisatorischen Höhepunkt. Die FAUD-«Führungskader» waren in ihrer Mehrzahl «reine» Anarchisten. Sie hatten sich dem Syndikalismus zugewandt, um den Anarchismus, den «freiheitlichen Sozialismus» auf eine breitere Basis zu stellen. Neben dem Anarchosyndikalismus existierten immer auch noch Zusammenschlüsse von «reinen» Anarchisten, die aus ideologischen und taktischen Gründen den Anarchosyndikalismus verwarfen bzw. ihm skeptisch gegenüberstanden.

Rudolf Rocker, international anerkannter Theoretiker des Anarchosyndikalismus, verfasste 1919 die «Prinzipienerklärung des Syndikalismus». In dieser bündelte er verschiedene Theorieansätze anarchistischer «Klassiker». Hauptsächlich aber knüpfte er an Vorstellungen Kropotkins an. Viele Aussagen dieser «Prinzipienerklärung» sind zeitbedingt: Sie spiegeln unmittelbar Probleme, Situationen nach dem Ersten Weltkrieg (1914–1918) wider. Des Weiteren definierte Rocker die Aufgaben einer anarchosyndikalistischen Organisation; zugleich grenzte er den Anarchosyndikalismus vom Marxismus, von der Sozialdemokratie und vom Kommunismus ab. Die «Prinzipienerklärung» ist ein Plädoyer gegen alle zentralistisch-sozialistischen Bestrebungen, die sich der Eroberung der «Macht», letztlich der Staatsmacht verschrieben haben. Ebenfalls wendet Rocker sich gegen alle Parteien: «Die Syndikalisten sind der Meinung, daß politische Parteien, welchem Ideenkreise sie auch angehören, niemals imstande sind, den sozialistischen Aufbau durchführen zu können [...].» (Rocker IV, S. 4) «Im Gegensatz zu den politischen Parteien», führt Rocker weiter in der «Prinzipienerklärung» aus, «erblicken die Syndikalisten in der Wirtschaftsorganisation die eigentliche und natürliche Basis der proletarischen Einheit. Partei ist stets Bruchstück eines Ganzen, das bewußt oder unbewußt dem Ganzen seine Sonderziele von außen her aufdrängen will.» (Ebd., S. 13) Logischerweise impliziert die Ablehnung der politischen Parteien auch den Parlamentarismus und die politische Demokratie. Denn: «[...] durch Regierungsbeschlüsse und Dekrete [kann keine] Organisation einer sozialistischen Wirtschaftsordnung [...]» entstehen. (Ebd., S. 4)

Wie alle Anarchisten, so sah auch Rocker, dass alle Gesellschaften, die auf dem Machtprinzip aufgebaut sind, den Menschen aufgezwungen worden sind. Deshalb ist der Terminus «Reorganisation» der Gesellschaften gleichbedeutend mit Emanzipation aller Menschen und nicht nur der einer Klasse. Emanzipation bedeutet zugleich auch, gesellschaftliche Gleichwertigkeit herzustellen. Besonders endlich auch für Frauen. Eine Forderung, die bei Anarchisten zwar durchgängig erhoben wird, in der Praxis jedoch kaum gelebt wurde. Zwar waren auch in den anarchistischen Bewegungen immer Frauen organisiert, aber, bis auf Ausnahmen, eher am Rande der politischen Arbeit.

In Berlin entstand 1921 innerhalb der anarchosyndikalistischen Bewegung der «Syndikalistische Frauenbund». Milly Witkop-Rocker verfasste die programmatische Schrift «Was will der Syndikalistische Frauenbund». Zu dessen Aufgaben heißt es u.a. in dieser Schrift: «Nicht nur als Produzentin [...] auch die Kraft der Frau als Konsumentin [gilt es] aktionsfähig zu machen [...]. Darin besteht die wichtigste und vornehmste Aufgabe des Syndikalistischen Frauenbundes. Es gilt die Frauen des Hauses und der Familie organisatorisch zu erfassen und ihre geistige Entwicklung in jeder Weise zu fördern, damit sie endlich ihre menschenunwürdige Lage erkennen und zum Bewusstsein ihrer selbst kommen. [...] Die unvermeidlichen Folgen einer tausendjährigen Sklaverei können nicht mit einem Male ungeschehen gemacht werden. [...] Wer in dieser Hinsicht etwas anderes erwartet, hat die ganze Größe des Problems nicht erfasst [...] *So lange die Frau ihre Renaissance nicht erleben wird, kann von einer Renaissance der Menschheit überhaupt nicht geträumt werden.*» (Witkop-Rocker, S. 11f.)

In Spanien bildete sich die bedeutende Frauenorganisation «Mujeres Libres» (Freie Frauen) zu Beginn des Spanischen Bürgerkrieges (1936–1939). In der kurzen Zeit von drei Jahren setzten diese erhebliche Reformen (Geburtenregelung, in einigen Industriesektionen gleicher Lohn für gleiche Arbeit, Reform des Scheidungsrechtes u.a.m.) in der republikanischen Zone durch. Ähnlich wie der «Syndikalistische Frauenbund» sprachen die «Mujeres Libres» von einem «doppelten Kampf» der Frauen: den innerhalb der anarchistischen Bewegung gegen patriarchalisches Verhalten der Männer und gegen die konservativ bis reaktionäre Gesellschaft an sich. So schrieben sie 1937 in einem Zeitungsbeitrag: «Die revolutionäre Frau [...] muß auf zwei Territorien kämpfen: einmal für ihre äußere Freiheit, und in diesem Kampf hat sie den Mann als Verbündeten für dieselben Ideale. [...] Zum anderen aber muß die Frau für die eigene innere Freiheit kämpfen, die der Mann schon seit Jahrhunderten genießt. Und in diesem Kampf steht die Frau allein. [...] Es ist schwierig für die Frau, ihre inneren Fesseln genau zu erkennen. [...] Sie muß vor allem mit den bequemen Gewohnheiten brechen. [...] sie [muß] zu solcher Überzeugung gelangen, und allein muß sie weiter kämpfen. Nichts außer der Liebe zur Freiheit kann ihr dabei helfen.» (Mujeres Libres, zit. in: Degen I, S. 203f.)

Genau vierzig Jahre später konstatierten die «Mujeres Libres» – anhand des noch immer bestehenden Kampfzieles – wie wenig Fortschritte der Emanzipationskampf der Frauen eigentlich gebracht hat: «Eine echte Befreiung der Frau, und allgemeiner, die Befreiung des Individuums, kann nur möglich werden, wenn gleichzeitig die politische und ökonomische Struktur der gegenwärtigen Gesellschaft zerstört wird. An diesem Kampf müssen Männer und Frauen völlig gleichberechtigt teilnehmen [...] Dieser gemeinsame Kampf muß in alle Bereiche des sozialen und psychischen Lebens getragen werden. Einer dieser Bereiche ist die ‹Lage der Frau› . Hier handelt es sich nun aber nicht um einen Kampf gegen die Männer, sondern um einen Kampf gegen die politischen und geistigen Strukturen.» (Ebd., S. 208)

Verknüpft mit der Ausbreitung des Staatsprinzips und besonders des Nationalstaatensystems ist das Wachsen des modernen Militarismus. Wie die gesamte Arbeiterbewegung – zumindest in ihren Anfängen – so waren auch die Anarchisten von Beginn an Anti-Militaristen. Für sie ist nach wie vor der Militarismus Ausdruck des extremsten Gewaltprinzips und des Machtstrebens in der Gesellschaft. Und der moderne Staat – auch der parlamentarisch-demokratische – kann sich seine gesicherte Existenz schwerlich ohne seine Militärmaschine vorstellen. Sie ist für ihn stets zentrales Element seines innenpolitischen Gewaltmonopols. So verstanden die Anarchisten ihre Gegnerschaft zum Staat zugleich auch als Gegenerschaft zum Militarismus. Die anti-militaristische Bewegung, zusammengesetzt aus allen Gesellschaftsschichten, war und ist nicht per se auch pazifistisch. So gibt es auch im Anarchismus unterschiedliche Strömungen. Konsens ist jedoch, sich dem Militär direkt und jeglicher Zuarbeit für dieses zu verweigern. Und heute ist es nur eine kleine Minderheit von Anarchisten, die Gewalt als Mittel zur Erreichung einer freien Gesellschaft als legitim bejaht. Vorrangig bejaht wird die Metapher Gustav Landauers: Durch Gewalt kann niemals eine friedliche, gewaltlose Gesellschaft erreicht werden.

Die Lebensreform- und Jugendbewegung in den ersten drei Jahrzehnten; die alternativ-grüne Bewegung in den letzten drei Jahrzehnten des 20. Jahrhunderts, berechtigt – mit Einschränkungen – dieses Jahrhundert als das Ökologische zu bezeichnen. Ein nicht unerheblicher Teil der Anarchisten kam aus diesen Bewegungen bzw. arbeitete und arbeitet konstruktiv in ihnen.

Die Ökologiebewegung in Deutschland wurde u.a. auch geprägt von dem US-amerikanischen Anarchisten Murray Bookchin. Der von ihm maßgebend geprägte Öko-Anarchismus grenzt sich klar ab von den Nur-Ökologisten: Bookchin erkennt, dass dem «Ökologieproblem» ohne Lösung der sozialen Frage nicht beizukommen ist. In seiner Kapitalismuskritik wird dieses Problem als das von Herrschaft, «Hierarchie» und Ausbeutung thematisiert. Die Naturbeherrschung ist für ihn ein zerstörerischer Akt, der aus den Herrschaftsverhältnissen in den Gesellschaften resultiert. «Es kam den Menschen nicht in den Sinn», betont er, «die Natur zu beherrschen, solange sie noch nicht die Jugend, die Frauen, und sich schließlich gegenseitig beherrschten.» Solange dieses Herrschaftsverhältnis, was zugleich ein «Hierarchieverhältnis» ist, nicht beseitigt ist, «wird es keine rationale und ökologische Gesellschaft geben [...].» (Bookchin I, S. 33) Bookchin, eng an Kropotkin angelehnt, will die libertär-kommunistische Gesellschaft: Diese sei losgekommen vom «moderne[n] Kapitalismus, die schädlichste Gesellschaftsordnung, die es jemals in der Menschengeschichte gegeben hat, setzt menschlichen Fortschritt mit Rivalität und erbittertem Wettbewerb gleich, gesellschaftlichen Status mit dem unbegrenzten Zusammenraffen von Reichtümern, menschliche Werte mit Habgier und Selbstsucht». (Ebd., S. 35)

Das Erkennen der Relevanz der Ökologie für das Überleben der menschlichen Gesellschaften ist selbstredend kein Monopol der Anarchisten. Diese Erkenntnis geht durch alle politischen Lager: Von ganz «rechts» bis ganz «links». Was die anarchistische Ökologie jedoch von diesen unterscheidet, ist die Vorstellung und die Forderung, die ökologischen Probleme auf nicht-autoritäre Weise zu lösen.

Am ökologischen Beispiel ist – trotz verschiedener Querbezüge – aktuell die Abgrenzung des Anarchismus von anderen sozialen Bewegungen zu erkennen: Die politisch-sozialen Probleme sind nur in einer Gesellschaft durch die Individuen unmittelbar, d.h. miteinander, durch permanente Diskursprozesse zu lösen. Die Abgrenzung des Anarchismus ergibt sich aus der einfachen Tatsache, dass er Problemlösungen prinzipiell nicht von Organen des Staates oder einer «Diktatur des Proletariats» – also von keiner autoritären Instanz – verlangt oder erwartet. Aus dieser Position heraus wird eine der anarchistischen Prämissen deutlich: In allem, was Anarchisten theoretisch postulieren und praktisch angehen, haben sie den Anspruch, dass die Identität von Mittel und Ziel gegeben sein soll.

IV «Klassiker» des Anarchismus

*D*ass es keine einheitliche Anarchismus-Definition geben kann, ist hauptsächlich in der Tatsache begründet, dass der Kanon des Anarchismus mehrere – und recht unterschiedliche – Theoretiker und damit Theorien aufweist. Zu den Klassikern des Anarchismus werden im allgemeinen *William Godwin, Pierre-Joseph Proudhon, Max Stirner, Michael Bakunin, Peter Kropotkin* gezählt. Neben diesen «anerkannten» Klassikern stehen – zum Verständnis des heutigen Anarchismus gehörend – *Leo Tolstoi, Gustav Landauer, Rudolf Rocker* sowie *Emma Goldman*.

Die «Klassiker» des Anarchismus verkörpern nicht die Rolle, die die Klassiker des Marxismus-Leninismus für dessen Anhänger sakrosankt machen. Sie sind keine Ikonen; sie sind Ideengeber. Ihre Theorien können und werden von Anarchisten revidiert und weiterentwickelt. Genauso gut können sie verworfen werden. Auch ohne Berufung auf die Klassiker können Anarchisten Anarchisten sein. Aber es waren die anarchistischen «Klassiker» des 19. Jahrhunderts, die die Prämissen jeglichen theoretischen und praktischen Anarchismus ausarbeiteten: Sie haben «[...] zum erstenmal in der Geistesgeschichte nicht nur den Staat oder die Herrschaft einer bestimmten Klasse oder eines bestimmten Standes, sondern die Herrschaft als solche grundsätzlich in Frage gestellt und dieses Problem zum Mittelpunkt ihres Denkens und Handelns gemacht». (Heintz, S. 9)

1. William Godwin (1756–1836)

*G*odwin kam aus einer englischen calvinistischen Dissidentenfamilie. Er war Priester. Beeinflusst durch die Französische wie auch durch die Industrielle Revolution erkannte er den inneren Zusammenhang von Macht und Eigentum, zwischen denen das Individuum zum Spielball wird. Deshalb favorisierte er die Selbstorganisation der Individuen, deren Ziel es sein sollte, eine «rationale» Gesellschaftsordnung ohne Regierung zu errichten. Godwin formulierte als erster definitiv die Notwendigkeit der Abschaffung des Staates.

1793 erscheint Godwins Hauptwerk «An Enquiry Concerning Political Justice, and its Influence on General Virtue and Happiness» (Untersuchung über politische Gerechtigkeit und deren Einflüsse auf Moral und Glückseligkeit). Mit diesem Werk beeinflusste Godwin den englischen Frühsozialismus (u.a. Robert Owen). Godwin geriet aber weitgehend in Vergessenheit. Erst Kropotkin reklamierte ihn für den Anarchismus. Godwin hatte jedoch höchstens einen indirekten Einfluss auf anarchistische Theoretiker bzw. auf die anarchistischen Bewegungen.

Godwin ging von der anthropologischen Annahme aus, dass der Mensch von Natur aus frei, weder gut noch böse sei. Erst die äußeren Einflüsse würden den Menschen prägen. Deshalb maß Godwin der Erziehung einen hohen Stellenwert zu. Er trat besonders für die freie Erziehung von Kindern ein: «Man wird von keinem Geschöpf in Menschengestalt verlangen können, daß es etwas lerne, es sei denn, daß solches aus freiem Antriebe geschieht und es eine gewisse Vorstellung von dem Wert und Nutzen des Lernens sich zu bilden vermag.» («An Enquiry ...», zit. in: Vester, Bd. 1, S. 19)

Godwins Aversion gegen die vorherrschende Rechtsordnung, gegen den existierenden Staat und das Privateigentum beruhte auf der Erkenntnis, dass diese die Entfaltung der «individuellen Vernunft» eines jeden Bürgers blockieren. Durch vielfältige Beschränkungen werde die Vernunftentfaltung bei den Menschen verhindert. Diese erzeugte Unmündigkeit der Bürger diene zur Aufrechterhaltung von gesellschaftlicher Macht, Staat und Privateigentum. Den Besitzlosen fehlten alle Möglichkeiten, eine Gesellschaft des «Gemeinwohls» zu errichten, dem würden die Besitzenden mit ihren egoistischen Interessen, ihrer politisch-militärischen Macht entgegenstehen. Von ihnen würden alle Erkenntnisse unterdrückt, die zu einer Lösung der sozialen Probleme notwendig seien; ebenso wende sie sich gegen eine «rationale Politik» und eine rationale Wissenschaft, weil «Erkenntnis» der erste Schritt zu einer «rationalen Ordnung» sei. Dieses Urteil Godwins über Macht und Staat übertrug er auf jedes Herrschaftssystem – gleich ob monarchistisch, diktatorisch oder demokratisch. Auch in der Demokratie würden die Bürger durch Wahlversprechen und Wahlgeschenke «korrumpiert»; die gewählten Abgeordneten gingen nur ihren Eigeninteressen nach und nicht den Interessen ihrer Wähler. Und sie unterwürfen sich der Parteidisziplin und nicht ihrem Gewissen. Deshalb sollten die Bürger sich zu «philosophischen» Individuen heranbilden, um die existierende Herrschaft

> «[...] [die] Autorität wird zu Recht mit der Vorstellung von Herrschaft verbunden. Man tut der politischen Gerechtigkeit ganz einfach Gewalt an. Verwechselt man eine sich auf Macht gründende Autorität mit jener anderen Autorität, die ihren Ursprung in Ehrerbietung und Achtung hat [...] Die Konsequenz ihrer Verwechselung ist eine größere Erniedrigung des Menschen gewesen, als jene, die aus unmittelbarer und uneingeschränkter Sklaverei hätte folgen können [...] Wo ich freiwillig auf meine Verstandestätigkeit verzichte und mein Gewissen in die Obhut eines anderen stelle, liegt das Ergebnis auf der Hand. Ich werde dann zum bösesten und verderbtesten aller Tiere. Ich zerstöre meine Individualität als Mensch [...] Ich kann kein Bewusstsein meiner Integrität mehr besitzen, denn ich verstehe meine eigenen Prinzipien nicht und habe sie nie dem Test einer Prüfung unterworfen. Ich bin das willige Werkzeug von Ungerechtigkeit, Grausamkeit und Verschwendung; und wenn ich nicht einmal im Sinne dieser Laster beschäftigt werde, so geschieht es per Zufall und nicht dank meiner eigenen Vorsichtsmaßnahme und Ehrenhaftigkeit.»
>
> (William Godwin [1793], in: Degen I, S. 32f.)

zu erkennen und dieser – in was für einer Form sie auch auftrete – gewaltlosen Widerstand zu leisten. Den Widerstandsgeist wollte Godwin durch radikale öffentliche Kritik und durch Appelle wecken. Es ging ihm also nicht nur um die Abschüttelung des «äußeren» Zwanges, sondern primär um die Überwindung des «inneren».

Die Verschärfung der sozialen Ungleichheit als Folge der Industrialisierung war für Godwin «sozialer Krieg», der die ungerechte Verteilung des Besitzes vorantrieb. Deshalb verneinte er das Privateigentum bis auf den Besitz, den jedes Individuum zur Bestreitung seines Lebens benötige. Eigentum, das darüber hinaus ginge, sollte allen gleichermaßen zur Verfügung stehen. Der Staat sei es, der ungerechtfertigte Eigentumsverhältnisse garantiere. Auch deshalb müsse er abgeschafft werden. Godwin: «Mit welchem Entzücken muß der wohlunterrichtete Menschenfreund jener glücklichen Zeit entgegengehen, wo der Staat verschwunden sein wird, diese rohe Maschine, welche die einzige fortwährende Ursache menschlichen Lasters gewesen ist und so mannigfache Fehler mit sich führt, die nur durch ihre völlige Vernichtung beseitigt werden können.» (Ebd., S. 10)

Um letztlich jegliche Herrschaft zu überwinden und das Entstehen einer freien, vernunftbestimmten Gesellschaft zu erreichen, bedarf es nach Godwin nur einer «geistigen» Revolution: «Die beste Garantie eines glücklichen Resultats liegt in freier, unbegrenzter Diskussion. In dieser Kampfbahn muß immer die Wahrheit siegen. Wenn wir also die sozialen Einrichtungen der Menschheit verbessern wollen, müssen wir suchen, durch das gesprochene und geschriebene Wort zu überzeugen. Diese Tätigkeit hat keine Grenzen, diese Arbeit kennt keine Unterbrechung. [...] Daher müssen wir jede Gewalt mit Abneigung betrachten. Wenn wir das Schlachtfeld betreten, verlassen wir das sichere Gebiet der Wahrheit [...].» (Zit. in: Nettlau I, S. 70)

Wenn Godwin auch Gewalt ausschloss, so räumte er doch ein, dass bei der Umgestaltung der herrschenden Verhältnisse, Zwang nicht auszuschließen sei. Und zwar auf dem Gebiet der Erziehung. So verstieg er sich auch darin, dass jeder jeden erziehen soll; dass jeder das «Verhalten und die Gedanken seiner Nachbarn zu überwachen» habe, um bei diesen «Irrtümer zu korrigieren und anzugeben [...].» Hier ist Godwins Terminus «Selbstbeherrschung» einzubringen: Die Menschen müssen sich die Pflicht auferlegen, sich und die anderen «zur Tugend zurückzurufen mit allen Lektionen, die die Wahrheit ihm erlaubt». In diesem Zusammenhang schreibt Godwin auch, dass ein jeder der «Generalinquisitor des moralischen Verhaltens seiner Nachbarn» sein soll. Dies ist ein krasser Widerspruch Godwins zu seiner individualistischen Einstellung: dass das bewusste autonome Individuum sich nur von der Vernunft leiten lassen würde; dass dieses Individuum unfähig sei, Böses zu tun.

Godwins Denken bewegte sich in absoluten Kategorien: Gut oder Böse, Anarchie oder Despotie; aber auch: Die Anarchie kann auch in Despotie ausarten; sie kann diese Despotie aber wieder abmildern und sie kann schließlich wieder zur Freiheit und zur Anarchie führen.

2. *Pierre-Joseph Proudhon (1809–1865)*

*P*roudhon entstammte ärmlichen Verhältnissen. Für kurze Zeit betätigte er sich als Kleinunternehmer. Er war weitgehend Autodidakt, aber ein fruchtbarer Publizist. Seine Bücher und Schriften befassten sich u.a. mit Börsenspekulation, Frauenemanzipation, Eisenbahnwesen oder mit der «Sonntagsheiligung».

Mit seiner 1840 erschienenen Kampfschrift «Was ist das Eigentum?» und seiner Antwort: «Eigentum ist Diebstahl» wurde Proudhon sofort bekannt. In diesem Werk stellte er die Anarchie als das ultimative Gesellschaftsideal dar. Ähnlich wie Godwin verwarf Proudhon das Privateigentum, falls es über die «Eigennutzung» hinausgehe. Sein Verdikt «Eigentum ist Diebstahl» wandte sich hauptsächlich gegen das arbeitslose Einkommen. Die freie Verfügung der Ergebnisse eigener Arbeit und Fleißes bejahte er nachdrücklich. Er hatte die Vorstellung, dass die besitzlosen Klassen in einer freien Gesellschaft zu Kleineigentümern würden. Es ging ihm um die Hebung des Lebensstandards der Lohnabhängigen auf die Ebene von «freien Besitzern». Das sei ein Gebot der Gerechtigkeit. Proudhons freiheitlicher Eigentumsbegriff rückt in die Nähe des Liberalismus.

Die Anarchie definierte Proudhon in seiner ursprünglichen Bedeutung: «Abwesenheit jedes Herrschers, jedes Souveräns» – «das ist die Regierungsform, der wir uns täglich mehr nähern [...] wie der Mensch die Gerechtigkeit in der Gleichheit sucht, so sucht die Gesellschaft die Ordnung in der Anarchie». (Proudhon I, S. 224) In seiner 1851 herausgegebenen Schrift «Ideé générale de la revolution au 19me siècle» (Die Hauptideen der Revolution des 19. Jahrhunderts) verwendete er den Begriff der Anarchie noch rein negativ wie Marx. Mehr als zehn Jahre später (1864) definierte Proudhon dann in einem Brief die Anarchie positiv: «Die Anarchie ist [...] eine Regierungsform oder Verfassung, in welcher das öffentliche und private Gewissen, gebildet durch die Entwicklung von Wissenschaft und Recht, allein zur Erhaltung der Ordnung und Sicherung aller Freiheiten genügt, in welcher also das Autoritätsprinzip, die polizeilichen Einrichtungen, die Vorbeugungs- und Repressionsmittel, der Funktionarismus, die Steuern usw. auf das einfachste beschränkt sind, in welcher noch viel mehr die monarchistischen Formen, die hohe Zentralisation – durch föderative Einrichtungen und kommunale Gebräuche ersetzt – verschwinden. Wenn das politische Leben und die private Existenz identisch sein werden, wenn durch die Lösung der ökonomischen Probleme zwischen den sozialen und den individuellen Interessen Gleichgewicht bestehen wird, dann werden wir uns augenscheinlich nach dem Verschwinden jedes Zwangs in voller Freiheit oder Anarchie befinden.» (Zit. in: Nettlau II, S. 5f.)

In der Schrift «Ideé générale» kommen Proudhons anarchistischen Theorien wohl am klarsten hervor. Mit bisher bei ihm nicht gekannter Schärfe kritisierte er hier das Prinzip des zentralistischen Staates jeglicher Couleur. Ebenso geißelte er die autoritären Erscheinungen in den Familien, in Organisationen, in der Gesellschaft auf allen Ebenen; sie können nur das Spiegelbild der autoritär verfassten Individuen sein. Der theoretischen Rechtfertigung von Herrschaft setzte er die Auffassung entgegen, dass die Menschen dieser nicht bedürfen, weil sie die (noch unterdrückte) Fähigkeit zur Selbstbestimmung haben. An Stelle der Schicksalsgleichheit der unteren Klassen als Ausbeutungsobjekte setzte er die Organisierung von Interessen und die Aneignung der individuellen «Souveränität» durch die Menschen. In der individuellen und in der «Kollektivvernunft» sah er ein wichtiges Instrument zur Emanzipation. Aber anders als Godwin vertraute er nicht nur auf die Kraft der Vernunft. Die «Kollektivvernunft» als geschichtsphilosophische These Proudhons setzt sich um in ökonomischen Kategorien, die unmittelbar praktische Anwendungen finden können: dass die Individuen «nacheinander die Leitung der Dinge übernehmen und sich an erster Stelle setzen». Proudhons menschlicher «Kollektivgeist» hat nichts mit dem «göttlichen» zu tun; auch er ist eine reale Kategorie wie die «Kollektivvernunft». Diese ist dazu befähigt, eine «Ordnung der Vernunft» herbeizuführen.

Die Prämissen Proudhons für eine freiwillige, herrschaftslose Ordnung waren: Gegenseitigkeit in allen Beziehungen, freie Vertragsabschlüsse, Autonomie der Gemeinden und Provinzen, Föderationen auf allen gesellschaftlichen und «öffentlichen» Ebenen, weitgehende Abschaffung des Erbrechts, Ablehnung von Gewalt. Gewalt bejahte Proudhon nur dann, wenn es darum ging, die Revolution, die revolutionären Errungenschaften über das eigene Terrain («weltweit») auszudehnen. Sollte dies gelungen sein, würde das «Völkerrecht» überflüssig, denn die freien wirtschaftlichen Vereinbarungen würde dieses ersetzen. Durch diese (internationalen) wirtschaftlichen Vereinbarungen würde jeder «Nationalismus» und die Konkurrenz zwischen den Völkern hinfällig. Um diesen Zustand zu erreichen, müssten evtl. noch Kriege geführt werden; diese aber wären die letzten Kriege, die unmittelbar zur generellen «Abrüstung» führen würden. Diese Abrüstungskriege beruhten natürlich auf Zwang, einem letzten, notwendigen gesellschaftlichen Zwang als eine Voraussetzung der staatenlosen Ordnung.

Vor Errichtung dieser staatenlosen Ordnung, der «Weltrepublik», müssten, so Proudhons Vorstellungen, die zwischenstaatlichen Beziehungen «revolutioniert» werden, um sich selbst ad absurdum zu führen. Aber auch die Beziehungen zwischen den Individuen, den Gemeinden, den Provinzen, wie auch die notwendigen Verträge zwischen diesen, sind nach Proudhon nicht reibungslos: Übereinstimmungen könnten u.U. nur durch Zwang erreicht werden. Zwar soll dieser Zwang nicht denjenigen gelten, die den «freiwilligen Assoziationen» nicht beitreten wollen, aber jenen, die in den Assoziationen nicht konsenswillig sind. Proudhon spricht hier von einer «Volksgerichtsbarkeit». Wer diese nicht anerkenne, solle von ihnen auch nicht «geschützt» werden. Proudhon, der jedem Despotismus den Kampf ansagte, stand mit diesen Vorstellungen im eigenen Widerspruch, den er nicht aufzulösen vermochte.

Dieser Widerspruch zu seinen anarchistischen Freiheitsvorstellungen befremdet, besonders wenn man seinen oft zitierten Brief an Marx betrachtet, in dem er konsequent Intoleranz

> «Geben wir [...] zu, daß die Arbeit ein Eigentumsrecht am Gegenstande verleiht: Warum ist dann dieser Grundsatz nicht allgemein? [...]
>
> Wenn der Arbeiter, der den Wert der Sache erhöht, ein Recht auf das Eigentum an ihr hat, so erwirbt das dasselbe Recht derjenige, der diesen Wert erhält. Denn was heißt erhalten? Doch: ohne Unterlaß zusetzen, fortgesetzt schaffen. Was heißt bearbeiten? Dem Boden seinen Jahreswert geben, das heißt durch eine jährlich erneuerte Schöpfung verhindern, daß der Wert des Grundstückes abnimmt oder verlorengeht. Unter der Voraussetzung, daß das Eigentum vernünftig und legitim sei und die Pacht recht und billig sei, erwirbt, sage ich, der Bearbeiter das Eigentum mit demselben Rechtstitel wie der, der ihn urbar gemacht, und der, der ihn verbessert hat, und jedes Mal, wenn der Pächter seinen Zins bezahlt, erhält er einen Eigentumsbruchteil des seiner Pflege anvertrauten Landes, dessen Nenner dem Betrag jenes Zinses gleich ist. Weicht Ihr davon ab, so verfallt Ihr in Willkür und Tyrannei, so erkennt Ihr die Kastenprivilegien an und heiligt die Knechtschaft.
>
> Wer arbeitet, wird Eigentümer: Diese Tatsache lässt sich in den heutigen Grundsätzen der Nationalökonomie und der Rechtswissenschaft nicht leugnen. Und wenn ich Eigentümer sage, so verstehe ich darunter nicht nur, wie unsere heuchlerischen Nationalökonomen, Eigentümer seines Gehalts, seiner Besoldung, seines Lohnes; sondern Eigentümer des Wertes, den er geschaffen hat und aus dem allein der Herr Nutzen zieht.»
>
> (Pierre-Joseph Proudhon [1840], in: Degen I, S. 44f.)

und (angemaßte) Autorität ablehnt: «Geben wir der Welt das Beispiel einer weisen und vorsichtigen Toleranz, aber hüten wir uns, so weit wir an der Spitze der Bewegung stehen, uns zu Führern einer neuen Intoleranz aufzuwerfen. Gebären wir uns nicht als Apostel einer neuen Religion, selbst dann nicht, wenn diese Religion die Religion der Logik, die Religion der Vernunft wäre. [...] Demzufolge dürfen wir nicht die revolutionäre Aktion als Mittel der Reform proklamieren, weil dieses angebliche Mittel ein Appell an die Gewalt, an die Willkür, kurz ein Widerspruch wäre.» (Proudhon II, S. 33)

In der herrschenden kapitalistischen Wirtschaftsordnung sah Proudhon generell Despotismus walten. Hier spiele besonders das Geld und der Zins eine Rolle. Die Organisation der Produktion sei weniger die Fehlerquelle als die Zirkulation und Distribution. Zur Lösung dieser Probleme vertrat er einen Mutualismus (System der Gegenseitigkeit als ökonomisches Prinzip) der Dienstleistungen und Kooperationen. Darunter verstand er «freie Konkurrenz unter (individuell oder kollektiv) produzierenden Einheiten innerhalb eines geregelten gesellschaftlichen Tauschsystems, das den Kredit ‹demokratisieren› sollte, in dem alle Produzenten Ware gegen Ware tauschen und der Kapitalist überflüssig wird». (Zit. in: Rüdiger I, S. 189) Dieser Mutualismus könne nur in einer dezentralisierten und föderativen Gesellschaft von Kleineigentümern und Kleinproduzenten realisiert werden. Und diese Gesellschaft bedürfe einer «Tauschbank», die zinslose Kredite vergeben solle. Seine Vorstellungen von Produktionsgenossenschaften, die sich selbst tragen, sind neben den Kleineigentümern und Produzenten tragende Grundelemente der föderativen Ordnung. Hierhin gehört die Vertragsfreiwilligkeit der Individuen; sie sind Basis und Zentrum der politischen Föderationen.

Die auf solidarischer Gegenseitigkeit und Kooperationen basierende Gesellschaft ist in soweit individualistisch, dass das Individuum sich freiwillig integriert oder auch nicht (s.o.). Proudhons individualistische Kollektivgesellschaft wurde als das «problematische Verhältnis zwischen Person und Gesamtheit durch die aus der Kraft der inneren Beziehungen lebendige und weitgehend autonome Gruppe – Gemeinde oder Genossenschaft – ausbalanciert». (Buber, S. 53) Der freiheitlichen, föderalistischen Gesellschaft geht nach Proudhon ein Prozess der stufenweisen Vergesellschaftung durch Aufbau von dezentralen, föderal organisierten Gemeinschaften voraus; diese sind miteinander verwoben und entwickeln immer neue Formen von unabhängigen Organisationen. Sie verankern sich sowohl in der Wirtschaft, in der Gemeinde, in der Provinz als auch im überregionalen Rahmen. Das Zusammenwirken der vielfältigen und vielgestaltigen Gemeinschaften und Organisationen ist die Hauptvoraussetzung für die funktionierende Anarchie.

Proudhon hat kein ausgeklügeltes «System» vorgelegt, wie man angesichts seiner konkreten Vorstellungen einer staatenlosen Gesellschaft annehmen könnte. Als Dialektiker wusste er von der Nichteinlösbarkeit solcher «Utopien», weil diese auf einer starren Gesellschaftsform basieren würden. Proudhons wissenschaftliche Denkweise konnte also nur zu dem Ergebnis kommen: «Wir haben nicht die Aufgabe, in unseren Hirnen irgendein soziales System auszuarbeiten und dann Propaganda für dieses zu machen. So kann die Welt nicht reformiert werden. Die Gesellschaft kann nur aus sich selbst heraus verbessert werden, d.h. wir müssen die menschliche Natur in allen ihren Äußerungen, in den Gesetzen, den Religionen, den Sitten, in der politischen Ökonomie studieren, und aus der Masse dieses Materials gilt es dann, das Wesentliche herauszufinden, die Symptome des krankhaften, falschen, unvollständigen auszuscheiden und dann auf der Grundlage dessen was übrig bleibt allgemeine Prinzipien zu formulieren, die als Richtschnur für unsere Bestrebungen Verwendung finden können, – eine Arbeit, deren Durchführung Jahrhunderte fordert.» (Zit. in: Rüdiger II, S. 168)

Gerechtigkeit und Freiheit sind Proudhons Zentralbegriffe, die sein Denken und Werk durchziehen. Diese Begriffe – besonders den der Freiheit – verwendete er durchgehend: «Gewissensfreiheit, Pressefreiheit, Arbeitsfreiheit, Handelsfreiheit, Unterrichtsfreiheit, freier Wettbewerb, freies Verfügungsrecht über Ertrag von Arbeit und Gewerbefleiß, Freiheit bis ins Unendliche, Freiheit stets und überall» – dies, so Proudhon, sei sein «ganzes System». (Zit. in: Ramm, S. 49) Freiheit setzt er nicht mit Bindungslosigkeit gleich. Im Gegenteil: Proudhon sah in der Freiheit des Individuums die Freiheit zu kooperieren, sich zu assoziieren, zu föderieren und zu tätiger Solidarität. So sah er den «freiesten Menschen» als denjenigen an, der «die meisten Verbindungen zu anderen Menschen hat». Aber auch: «Das Prinzip der Freiheit, [...] [ist] persönlich, individualistisch, kritisch [...].» (Zit. ebd., S. 194)

In seiner 1852 erschienenen Schrift «Du principe fédératif et de la nécessité de reconstituer le Parti de la Révolution» (Vom föderalistischen Prinzip und der Notwendigkeit, die Revolutionspartei wiederaufzubauen) bezeichnete er an einer Stelle die Anarchie als ein «unerreichbares Ideal». In derselben Schrift aber beschwört er, wie in allen seinen Schriften, dass die Herrschaftslosigkeit durch Läuterung, durch Aufklärung, durch systematische individuelle Veränderungen möglich sei. Aber nur dann, wenn die Menschen dahin kämen, dass das politische Leben mit dem privaten eins geworden sei, wenn durch die Lösung der wirtschaftlichen Probleme zwischen den individuellen und sozialen Interessen ein Gleichgewicht hergestellt sei; wenn damit die gesellschaftlichen Zwänge beseitigt seien, wäre die freie Gesellschaft oder die Anarchie real.

3. Max Stirner – eigentlich Johann Caspar Schmidt (1806–1856)

Stirner wurde in Bayreuth geboren. Er studierte Philosophie, Theologie und klassische Philologie u.a. bei Hegel. Nicht in den staatlichen Schuldienst übernommen, übte er private Lehrtätigkeiten aus. Er lebte unter schwierigen wirtschaftlichen Verhältnissen. Im Kreis der junghegelianischen «Freien», wo er u.a. auch Friedrich Engels begegnete, verkehrte er kurze Zeit.

1844 erscheint sein Hauptwerk «Der Einzige und sein Eigentum» und erweckt nur kurzzeitig Aufmerksamkeit; es gerät in Vergessenheit. Bekannt wurde Stirner eigentlich erst sehr viel später durch Marx´ und Engels´ Anti-Stirner-Schrift «Die Deutsche Ideologie», die Ende der 20er-Jahre des 20. Jahrhunderts erschien. Der Individualanarchist John Henry Mackay machte 1898 auf ihn aufmerksam durch seine Biografie: «Max Stirner, sein Leben und sein Werk». Zugleich war es Mackay, der Stirner als eigenständigen Denker für den Anarchismus bzw. Individualanarchismus reklamierte. Stirner selbst hat in seinem Hauptwerk die Begriffe Anarchie, Anarchismus, Anarchist nur indirekt verwendet.

M. Nettlau, der «Herodot des Anarchismus» (R. Rocker), schrieb 1925 über «Der Einzige und sein Eigentum»: «Dieses Buch ist das bekannteste und am leichtesten zugängliche Buch des älteren Anarchismus. [...] Trotzdem werden wenige Bücher so mißverstanden oder so verschiedenartig beurteilt wie dieses, und viele Leser bleiben bei einem auf die Spitze getriebenen Individualismus oder Egoismus stehen, den sie herauslesen wollen. Mir erscheint das Buch als ein viel revolutionärer gedachtes, als es oft den Anschein hat [...].» (Nettlau I, S. 169) Stirners

Individualismus steht tatsächlich als einzigartig da, wenn er postuliert: «Meine Sache ist weder das Göttliche noch das Menschliche, ist nicht das Wahre, Gute, Rechte, Freie usw., sondern alleine das Meinige, und sie ist keine allgemeine, sondern ist – einzig, wie Ich einzig bin. Mir geht nichts über mich.» (Stirner, S. 5)

Streng genommen ging Stirner über jeden Individualismus hinaus, denn er inthronisierte sich selber: sich, den «Einzigen». Diesen «Einzigen» sieht er als ein Individuum, welches sich primär isoliert in Geschichte und in der Gesellschaft versteht und behauptet. Aber ähnlich wie Proudhon will auch er mit anderen Individuen in «Vereinen», Assoziationen und Föderationen, aber ohne jede Verpflichtung, solange sie ihm dienlich sind, kooperieren.

Stirner lässt alle überindividuellen Werte für den «Einzigen» nicht gelten. So verwirft er konsequent jede Theorie, jede Gesetzlichkeit, jeden Allgemeinheitsanspruch von Ideologien. Stirner: «Gerade der schärfste Kritiker wird am schwersten von dem Fluche seines Prinzips getroffen werden. Indem er ein Ausschließliches nach dem anderen von sich tut, Kirchlichkeit, Patriotismus usw. abschüttelt, löst er ein Band nach dem anderen auf und sondert sich vom kirchlichen, vom Patrioten usw. ab, bis er zuletzt, nachdem alle Bande gesprengt sind, – allein steht.» (Ebd., S. 148) Stirner lässt keinen «Gott» neben dem «Einzigen» gelten. Dieser Einzige ist der «Egoist», welcher seine Entscheidungen in Ungebundenheit und völliger Freiheit fällt, fast ohne jede Rücksicht auf die ihn umgebende Gesellschaft.

Bei Stirner ist alles Eigentum Ausdruck staatlicher Gewalt. In Proudhons «Eigentum ist Diebstahl» erkennt er noch die Anerkennung des vom Staat garantierten Eigentumsrechts: «Das Privateigentum lebt von der Gnade des Rechts. Nur im Rechte hat es seine Gewähr – Besitz ist ja noch nicht Eigentum, es wird erst ‹das Meinige› durch Zustimmung des Rechts [...].» (Ebd., S. 278) Die Rechtsgarantie des Staates erfolgt durch die Staatsgewalt. Dieser setzt Stirner die Gewalt des «Einzigen» entgegen, da sich die Eigentumsfrage nicht «gütlich» regeln lasse: «Zu welchem Eigentum bin ich berechtigt?», fragt Stirner und antwortet: «zu jedem, zu welchem ich Mich – ermächtige. Das Eigentums-Recht gebe ich Mir, indem ich Mir Eigentum nehme, oder Mir die Macht des Eigentümers, die Vollmacht, die Ermächtigung gebe.» (Ebd., S. 284) Nach Stirner können die «Armen [...] nur frei und Eigentümer [werden], wenn sie sich – empören, emporbringen, erheben». (Ebd., S. 288) Solange sie dies nicht täten, seien sie selbst schuld an ihrem Zustand der Armut und Eigentumslosigkeit.

In Distanzierung von allen sozialen und politischen Bewegungen und Tendenzen seiner Zeit – Stirner waren deren Alternativen zum Staat nicht konsequent genug – nahm Stirner deren Zielsetzungen unter Kritik: Humanität, Freiheit, Demokratie, Gleichheit, Gerechtigkeit lehnte er ab; sie widerstreben dem «Willen» des Einzigen. «Mir, dem Egoisten», schreibt er, «liegt das Wohl dieser ‹menschlichen Gesellschaft› nicht am Herzen, Ich opfere ihr nichts. Ich benutze sie nur; um sie aber vollständig benutzen zu können, verwandle Ich sie vielmehr in mein Eigentum und Geschöpf, d.h. Ich vernichte sie und bilde an ihrer stelle den Verein von Egoisten.» (Ebd., S. 196) Konsequent ist Stirners Ablehnung jeglicher Staatlichkeit. Der Staat beruht auf der «Sklaverei der Arbeit», sagt er. Lösen sich die Arbeiter vom Staat, «so ist der Staat verloren». Hier helfen dem Staat auch keine Gesetze mehr, denn wenn sie «keiner befolgt [...], wenn sich niemand [mehr etwas] befehlen lässt», ist die «Unterwürfigkeit» beendet; es ist um «die Herrschaft geschehen». Der Staat drückt nach Stirner nichts Anderes aus als das Verhältnis von Herrschaft und Knechtschaft. Im so genannten Rechtsstaat ist zwar die Personenherrschaft ausgesetzt, aber an deren Stelle trete das «unpersönliche» Gesetz, welches ebenso vom Individuum Unterwerfung fordert. «Recht» ist für Stirner grundsätzlich eine Form von Machtverhältnissen. Dem setzt er entgegen: «Ich leite alles Recht und alle Berechtigung aus Mir her; Ich bin zu allem berechtigt, dessen ich mächtig bin [...].» Konsequent hier anknüpfend schreibt er: «Ich aber bin durch Mich berechtigt zu morden, wenn Ich Mir's selbst nicht verbiete, wenn Ich selbst Mich nicht vorm Morde als vor einem ‹Unrecht› fürchte.» (Ebd., S. 207f.) Dies ist ein meist missverstandener Satz. Denn andererseits schrieb Stirner: «Soll ich etwa an der Person des anderen keine lebendige Teilnahme haben, soll *seine* Freude und *sein* Wohl mir nicht am Herzen liegen, soll der Genuß, den ich ihm bereite, mir nicht über andere eigene Genüsse gehen? [...] Und was mir ohne ihn das Teuerste wäre, das kann ich für ihn in die Schanze schlagen, mein Leben, meine Wohlfahrt, meine Freiheit.» (Ebd., S. 323f.)

Stirners Staatsablehnung ist rigoros: Jede Staatsform und damit jede Herrschaft oder so genannte «Rechtsstaatlichkeit» ist völlig inakzeptabel: «Jeder Staat ist eine Despotie.» Stirner lässt keine Herrschaftsunterscheidung zu: Ob ein Staat von einem Monarchen oder von einem Parlament getragen wird, ist ihm egal. Unter diese Negation fällt auch jede «Willensmeinung etwa einer Volksversammlung», die für den «Einzelnen Gesetz sein soll, [...] [der] er Gehorsam schuldig» sein soll. In dem vom Staat eingeräumten «Freiheiten» erkennt Stirner nur Elemente zur Festigung der «Untertänigkeit»: es ist nur «gegebene Freiheit»; aber nur «Freiheit, die man sich nimmt, also die Freiheit des Egoisten», ist reale Freiheit. Diese Freiheit ist in Wirklichkeit «Eigenheit». Die «Eigenheit der Einzelnen» bündelt sich im «Verein der Egoisten». Und dieser ist der Gegenpol zur Gesellschaft und ihrem Staat; er nimmt sich eigennützig alles, was ihm wert scheint. Hier setzt die Auflösung der tradierten Gesellschaft ein, ohne dass die «Einzelnen» neue politische oder soziale Einrichtungen installieren. Denn damit würden sie neue Zwangsverhältnisse errichten. Hier grenzen sich Stirner und seine «Einzelnen» von der «Revolution» ab: Sie wollen sich «selbst einrichten», damit das «Bestehende von selbst zusammenstürzt». In evolutionärer Weise würde sich alles, was dem Einzelnen nützt, durch den «Verein» garantiert.

Stirner versteht den «Verein» als Anti-Institution. Dieser Verein von Individuen («Einzelnen») soll logischerweise als freiwilliger Zusammenschluss auf der Basis gegenseitiger Anerkennung individueller Eigenheit fungieren. Die «Übereinkunft» unter den Individuen soll deren Freiheiten keineswegs beschränken. Im Gegenteil: Sie wird die «Macht des Einzigen wie auch sein Eigentum multiplizieren». Aller «Verkehr» unterliegt Nutzerwägungen: «Ich will nicht die Freiheit, nicht die Gleichheit der Menschen. Ich will nur meine Macht über sie, will sie zu meinem Eigentum [...] gelingt Mir das nicht, nun, die Gewalt über Leben und Tod, die Kirche und Staat sich vorbehielten, Ich nenne auch sie die – meinige.» (Ebd., S. 356)

Stirner wollte die Aufweichung aller Machtverhältnisse und ihre «Vergesellschaftung» in die «Vereine» der Egoisten. Sein Voluntarismus spitzt sich zu in der «Empörung» und Verweigerung gegenüber allen bestehenden gesellschaftlichen, staatlichen, religiösen Zuständen und Institutionen. Durch «Austritt der Einzelnen» werden alle Verfassungen, Kirchen usw. untergehen.

Nettlau charakterisierte Stirner «als durch und durch bewussten anarchistischen Empörer, der das Wesen der ‹freiwilligen Knechtschaft› durchschaute [...], den Staat, den Todfeind durch ‹Einmauern› zu vernichten wünschte und die freie Gruppe, d.h. das freie Verhältnis jedes einzelnen zur frei gewählten

> «Ein Staat ist vorhanden auch ohne mein Zutun: Ich werde in ihm geboren, erzogen, auf ihn verpflichtet und muß ihm ‹huldigen›. Er nimmt Mich in seine ‹Huld›, und Ich lebe von seiner ‹Gnade›. So begründet das selbständige Bestehen des Staates meine Unselbständigkeit, seine ‹Naturwüchsigkeit›, sein Organismus, fordert, daß meine Natur nicht frei wachse, sondern für ihn zugeschnitten werde. Damit *er* naturwüchsig sich entfalten könne, legt er an Mich die Schere der ‹Kultur›; er gibt Mir eine ihm, nicht Mir, angemessene Erziehung und Bildung und lehrt Mich z.B. die Gesetze respektieren, der Verletzung des Staatseigentums (d.h. Privateigentums) Mich enthalten, eine Hoheit, göttlicher und irdischer usw., kurz, er lehrt Mich – *unsträflich* sein, indem Ich meine Eigenheit der ‹Heiligkeit› (heilig ist alles mögliche, z.B. Eigentum, Leben der Anderen usw.) ‹opfere›. Darin besteht die Art der Kultur und Bildung, die Mir der Staat zu geben vermag: er erzieht mich zu einem ‹brauchbaren Werkzeug›, einem ‹brauchbaren Gliede der Gesellschaft›.
>
> Das muß jeder Staat tun, der Volksstaat so gut wie der absolute oder konstitutionelle. Er muß es tun, solange Wir in dem Irrtum stecken, er sei ein *Ich,* als welches er sich denn den Namen einer ‹moralischen, mystischen oder staatlichen Person› beilegt. Diese Löwenhaut des Ichs muß Ich, der Ich wirklich Ich bin, dem stolzierenden Distelfresser abziehen.»
>
> (Max Stirner [1844], zit. Stirner, S. 246f.)

Gruppe, als Art des sozialen Zusammenlebens ihrer Freiheit bewusster Menschen ansah». (Nettlau I, S. 173)

Stirner hat sich nicht definitiv als Anarchisten bezeichnet. Er hätte vielmehr wohl auch den Anarchismus als Ismus begriffen, welches dem Individuum mitunter seine Freiheit verwehrt.

4. *Michail Bakunin (1814–1876)*

Bakunin kommt aus altem russischen Adel. Zuerst schlägt er die Offizierslaufbahn ein, die er abbricht. Daraufhin studiert er Philosophie in Moskau und Berlin. Er beschäftigt sich mit Kant, Fichte und Hegel und verkehrt in den Kreisen der Junghegelianer. In dieser Zeit stößt er auf die Theorien Proudhons. Dies förderte seine Entwicklung zum anarchistischen Denken und zu gleichzeitigem Engagement als «Berufsrevolutionär». 1848 nimmt er mit Richard Wagner teil an den Erhebungen in Dresden für eine Reichsverfassung. Er wird zum Tode verurteilt, zu lebenslanger Haft begnadigt und an Österreich ausgeliefert. Dort wird er wiederum zum Tode verurteilt wegen Teilnahme am Prager Studentenaufstand 1848. Nach Russland deportiert, verbringt er zwischen 1851 und 1861 Haft- und Verbannungsjahre. Er flieht über Japan, die USA nach London. 1864 ist Bakunin Mitbegründer der I. Internationale. Nach massiven Auseinandersetzungen mit Marx wird Bakunin 1872 aus dieser ausgeschlossen. 1870 beteiligte er sich an einem Aufstand in Lyon; 1874 an einem Aufstand in Bologna. Bakunins expressive Persönlichkeit fand sowohl in seinen Schriften (z.B. «Die Reaktion in Deutschland» 1842, «Gott und der Staat» 1871, «Staatlichkeit und Anarchie» 1873) als auch in seiner revolutionären Praxis seine Synthese: «Philosophie der Tat».

Im Zentrum von Bakunins Denken und «Tat» stand nicht die Errichtung eines Gesellschaftssystems, sondern der Kampf für eine Gesellschaft von Menschen, die «nur unter in gleicher Weise freien Menschen wirklich frei» ist; in ihr nur kann die «Freiheit eines jeden [...] nur in der Gleichheit aller verwirklicht werden. Die Verwirklichung der Freiheit in der rechtlichen und tatsächlichen Gleichheit ist die Gerechtigkeit». (Nettlau II, S. 37) Die Menschen sollten in einen Zustand versetzt werden, in dem sie an ihre ursprünglichen, durch die vielfältige Herrschaft verlorenen Freiheiten wieder anknüpfen können. So schrieb Bakunin 1845 an seinen Bruder Paul: «Alles die Menschen Befreiende, sie zu sich selbst Zurückführende, alles, das in ihnen das Prinzip ihres eigenen Lebens, originaler und wirklich unabhängiger Tätigkeit erweckt, alles, das ihnen wirklich die Kraft gibt, sie selbst zu sein, – das ist wahr; alles übrige ist falsch, – freiheitstötend und absurd. – Den Menschen befreien, das ist die einzige legitime und wohltätige Einflußnahme. – Nieder mit allen religiösen und philosophischen Dogmen, sie sind nur Lügen; die Wahrheit ist keine Theorie, sondern eine Tat, das Leben selbst [...].» (Zit. ebd., S. 25)

Bakunins wichtigste politisch-philosophische Prämisse ist die «Freiheit». Von dieser leitet er jeden Ausdruck menschlichen Daseins ab, wie Gleichheit, Gerechtigkeit und Solidarität. Im Gegensatz zu Stirner erkennt Bakunin die Freiheit des Einzelnen nur in der Freiheit der Einzelnen. Und nur die Solidarität mache eine menschenwürdige Gesellschaft aus. So sieht Bakunin in der «Freiheit nicht die Negation der Solidarität [...], sondern im Gegenteil ihr Produkt [...]. Ohne Freiheit bliebe die Solidarität ewig dumm [...], während ohne Solidarität die Freiheit nie existiert hätte». Diese Aussagen sind nach Nettlau «der Innerste Kern von Bakunins Wesen und Lehre». (Ebd., S. 49)

Im Gegensatz zu Proudhon war Bakunin kein Systematiker. Allerdings hat auch er in seinen Schriften ein Geschichts-, Welt- und Menschenbild erarbeitet. Dies kommt besonders in seinem Werk «Gott und der Staat» zum Ausdruck. Gott ist eine Erfindung der Menschen, sagt Bakunin. Und der Mensch ist ein «vollständig materielles Wesen». Dessen «Ideen» führen zu einer erdachten Transzendenz. Diese Ideen entstammen ursprünglich menschlichen Herrschaftsinteressen. Alles Materielle ist durch die Evolution geworden. Ihr habe der Mensch seinen Aufstieg aus dem Tierreich zum Menschen zuzuschreiben. Aber zur «Menschlichkeit» zu kommen, dazu ist nur der Mensch fähig, ohne abhängig von einem höheren Wesen zu sein. Gott ist das große Hemmnis für eine freie Gesellschaft. Denn «[...] wer Gott anbeten will, darf sich keine kindischen Illusionen machen, sondern muß tapfer auf seine Freiheit und Menschlichkeit verzichten. Wenn Gott existiert, ist der Mensch ein Sklave; der Mensch kann und soll aber frei sein: folglich existiert Gott nicht. Ich fordere jeden heraus, aus diesem Kreis herauszukommen [...].» (Ebd., S. 49)

Die Anerkennung der «Gottesidee» ist nach Bakunin die «Abdankung der menschlichen Vernunft». Diese Vernunft nimmt bei Bakunin wie bei Proudhon einen hohen Stellenwert ein. Der Glaube an den vernunftbegabten Menschen paart sich bei ihm mit dem Glauben an die in dem Menschen tief verwurzelten «revolutionären Instinkte». Durch die Aufstände und Revolten seiner Zeit fühlte sich Bakunin in diesem Glauben bestätigt. Und besonders auch durch die Französische Revolution. Allerdings hatte Bakunin die Vorstellung, dass die Initialzündungen von Revolten und Revolutionen, diese «entfesselten Masseninstinkte» (Nettlau), einer revolutionären – in der Regel geheimen – Organisation bedürften, damit sich diese auch durchsetzen könnten. Selbstredend sah Bakunin auch die Aufgabe der Revolutionäre darin, «die Anarchie hervor[zu]rufen und als unsichtbare Lenker inmitten des Sturmes [...] das Volk [zu] führen». Dies sollte nicht unter «sichtbarer Gewalt, sondern durch die kollektive Diktatur der Alliierten, eine Diktatur ohne Uniform, ohne Titel, ohne offizielles Recht, die dadurch nur um so mächtiger wird» geschehen. (Zoccoli, S. 123f.) Diese sozusagen sanfte revolutionäre Diktatur war von Bakunin eher gedacht als ein intellektuell-planendes Gremium von Revolutionären; diese sollten den Revolutionen Richtung geben. Die hervorgerufene Anarchie bedarf der Verankerung. Die internationale Verschwörerelite ist gleichsam eine «internationale Familie» und auch ein «internationaler Zentralrat». Dieser soll «nationale Familien» initiieren, die einer «nationalen Junta» unterstellt sein sollten. Diese elitären und quasi-zentralistischen Revolutionsorgane werden in dem Moment überflüssig, «an welchem der Sieg ihrer [der anarchistischen Revolutionäre] Grundsätze auf der ganzen Erde ihrer Existenzberechtigung ein Ende machen». (Bakunin I, S. 8) Hier tut sich scheinbar eine Parallele auf zum Marxismus und zu dessen «Diktatur des Proletariats» als Übergangsregime zum «Absterben des Staates». Aber Bakunins Vorstellung revolutionärer Massenmobilisation, seine strikte Ablehnung der Ausbreitung der revolutionären Elite zu einer alles umfassenden «Partei» mit einer allmächtigen Bürokratie und ihres Terrorapparates – das macht den qualitativen Unterschied aus. Nach Bakunin hatten die Revolutionäre nur die Aufgabe, die Revolution am Leben zu halten und deren Ziel nicht aufzugeben. Entschieden wandte er sich gegen die Permanenz jeglicher «revolutionären Herrschaft». So schrieb er 1872 in einem Brief: «Sobald […] das Absolute nicht existiert, kann es […] kein unfehlbares Dogma geben, folglich keine offizielle politische oder ökonomische Theorie, und unsere Kongresse [die der ‹Internationale›] dürfen nie die Rolle allgemeiner Kirchenversammlungen beanspruchen, welche für alle Anhänger und Gläubige obligatorische Prinzipien verkünden.» (Ebd., S. 222)

Bakunin prägte die klassische Metapher: «Die Lust der Zerstörung ist zugleich eine schaffende Lust.» So entschieden er den Staat zerstören wollte, so entschieden bejahte er die Rekonstruktion der Gesellschaft. Diese sah er durch die Staatsherrschaft und den Kapitalismus deformiert. Deshalb sollte die Revolution deren Ursprünglichkeit, die Beziehungen der Menschen in Freiheit, wieder herbeiführen. Allerdings war Freiheit nach Bakunin nicht einfach da; sie bildete sich in den Gesellschaften heraus, die frei sind von staatlicher, wirtschaftlicher und religiöser Repression. Im Gegensatz zu Stirner versteht Bakunin das Hineinwachsen der Menschen in die Gesellschaft nicht als das Aufgeben ihrer individuellen Freiheit. Freiheit ist zuerst eine Sache des Individuums und dann der Gesellschaft. Beide sind nicht voneinander lösbar. So merkte Bakunin an: «Die Freiheit ist keineswegs Sache der Isolierung, sondern der gegenseitigen Anerkennung, keine Sache der Abgeschlossenheit, sondern der Vereinigung […]. Nur in der Gesellschaft anderer Menschen kann ich mich als frei ansehen und fühlen [...] und nur durch die gemeinsame Tätigkeit der ganzen Gesellschaft wird der Mensch Mensch, kommt er zum Bewußtsein wie zur Verwirklichung seines Menschentums.» (Bakunin II, S. 170) Ebenso wie es mit der Freiheit gehe, stehe es mit der Moral: Auch sie ist keine isolierte Kategorie, sondern eine individuelle und gesellschaftliche.

Die freie Gesellschaftsordnung, die sich nach der Beseitigung von Staat und Kapitalismus etabliert, ist in Bakunins Vorstellung ähnlich der Proudhons. Anders aber als Proudhon setzt Bakunin auf die radikale Zerschlagung des Staates als den ersten Schritt der Revolution. Und dieser Akt ist der erste der freien Gesellschaft – der Anarchie. In Absetzung von Marxens Revolutionsvorstellungen (s.o.) von der «Diktatur des Proletariats», des «Staatskommunismus» (Bakunin: «Staatssklaverei»), formulierte Bakunin sein Konzept: «Marx ist autoritärer und zentralistischer Kommunist. Er will, was wir wollen: den vollständigen Triumph der ökonomischen und sozialen Gleichheit, aber im Staate und durch die Staatsmacht, durch die Diktatur einer sehr starken und sozusagen despotischen provisorischen Regierung, das heißt durch die Negation der Freiheit. Sein ökonomisches Ideal ist der Staat als einziger Besitzer von Grund und Boden und jedem Kapital. [...] Wir wollen den gleichen Triumph der ökonomischen und sozialen Gleichheit durch die Abschaffung des Staates und von allem, was juridisches Recht genannt wird, und was nach unserer Ansicht die permanente Negation des menschlichen Rechts ist. Wir wollen den Wiederaufbau der Gesellschaft und die Konstituierung der Einheit der Menschheit, nicht von oben nach unten, durch irgendwelche Autorität [...] – sondern von unten nach oben, durch die freie Föderation der vom Joch des Staates befreiten Arbeiterassoziationen aller Art.» (Zit. in: Stuke, S. 770f.) Mit der Abschaffung des Staates werden auch alle anderen den Staat stützenden Zwangseinrichtungen fallen: zentrale Verwaltung, Staatspolizei, das Militär, Zwangsschule u.a.m. Was an Ordnungsfaktoren allerdings noch nötig ist, um das öffentliche Leben zu gewährleisten, will Bakunin den Kommunen und den freien Assoziationen überantworten.

Bakunins «freie Ordnung» setzt auch die «größtmögliche Entwicklung» aller lokalen, kollektiven und individuellen Freiheiten voraus: freie Assoziationen und freie Föderationen, die mit einer maximalen Autonomie ausgestattet sein sollen. Diese Zweckbündnisse föderieren sich immer weiter nach oben bis

> «Untersuchen wir [...] den besonderen Charakter von Marx´ Politik und versichern wir uns der wesentlichen Punkte, die sie von der Bismarckschen trennen. Der Hauptpunkt, man ist geneigt zu sagen, der einzige, ist folgender: Marx ist Demokrat, ein autoritärer Sozialist und ein Republikaner; Bismarck ist durch und durch ein pommerscher, aristokratisch-monarchistischer Junker. [...]
>
> Sehen wir nun, was sie miteinander verbindet. Es ist der uneingeschränkte Kult des Staates [...] Von Kopf bis Fuß ist er Staatsmann. Aber ich glaube, es bedarf auch keiner allzu großen Anstrengungen, um für Marx dasselbe nachzuweisen. Er liebt Regierungen so sehr, daß er sogar in der Internationalen Arbeiter-Assoziation eine einzusetzen wünschte; und er betet die Macht so sehr an, daß er uns seine Diktatur aufzwingen wollte und dies noch immer zu tun wünscht. Das scheint mir zu genügen, seine persönliche Haltung zu charakterisieren. Aber auch sein sozialistisches und politisches Programm ist ein sehr getreuer Ausdruck dieser Haltung. Das höchste Anliegen all seiner Anstrengungen, wie es in den Gründungsstatuten seiner Partei in Deutschland proklamiert ist, ist die Errichtung des großen Volksstaats.
>
> Aber wer immer Staat sagt, meint damit notwendigerweise einen besonderen begrenzten Staat, der zweifelsohne, sofern er sehr groß ist, viele verschiedene Völker und Länder einschließt, aber noch sehr viele mehr ausschließt. [...] wer immer Staat sagt, sagt ein Staat [...] bestätigt damit die Existenz mehrerer Staaten, und wer immer mehrere Staaten sagt, sagt sogleich: Konkurrenz, Neid, permanenter Krieg.»
>
> (Michael Bakunin [1866], in: Degen I, S. 51f.)

zur «Nation», die den bisherigen Staat ausmachte. Darüber hinaus sollten sich die «nationalen» Föderationen – unter Berücksichtigung der unterschiedlichen historischen, geografischen, wirtschaftlichen u.a. Realitäten – zu übernationalen Föderationen föderieren.

Bakunins Schriften sind meist als «Kampfschriften» entstanden. Seinem – zur Kenntnis gelangten – Gesamtwerk fehlt die Geschlossenheit. Dennoch ist sein Werk – wenn auch manchmal in sich widersprüchlich – mehr als nur ein Ausdruck seiner Zeit: Das Prinzip Vernunft, Freiheit, Gleichheit, Solidarität als Fundament des Anarchismus, der freien Gesellschaft, weist weit über seine Zeit hinaus.

5. Peter Kropotkin (1842–1921)

Kropotkin gehörte dem russischen Hochadel an. Er war Page von Zar Alexander II. Fünf Jahre diente er im sibirischen Kosakenheer. 1868 stand er im zivilen Staatsdienst und studierte Geografie und Mathematik. Er verfertigte Arbeiten über die Kartographie Nordasiens und zur Geologie Finnlands und Schwedens. Kropotkin wird dadurch zu einem anerkannten Geologen. 1872 bereiste er Europa und kam in Kontakt zur anarchistischen Bewegung. Nach Russland zurückgekehrt beteiligte er sich an sozialistischen und anarchistischen Diskussionszirkeln. Das führte 1874 zu seiner Festnahme und Haft. 1876 gelang ihm die Flucht nach Westeuropa. Ab diesem Zeitpunkt betrieb er Zeitschriftengründungen und rege anarchistische Buch- und Zeitschriftenpublikationen. Nach der Oktoberrevolution 1917 kehrte Kropotkin nach Russland zurück. Er kritisierte Lenin und die Politik der Bolschewiki.

Kropotkin wird, wie Bakunin, dem kommunistischen Anarchismus zugerechnet. Wie Bakunin befürwortete er die Überführung der Produktionsmittel in Gemeineigentum. Dies im Gegensatz zu Proudhon und erst recht zu Stirner. Gemeineigentum an den Produktionsmitteln bedeutete für Kropotkin konkret die Übereignung an kleine, auf vertraglicher Vereinbarung beruhende Assoziationen und/oder die Kommunen. Wie alle Anarchisten vor und nach ihm wollte Kropotkin das Eigentum dezentralisieren. In keiner Phase revolutionärer Gesellschaftsumgestaltung sollte dieses dem Staat übertragen werden. Denn diesem räumte der Anarchist Kropotkin kein Daseinsrecht ein. Anstelle dessen wollte er die vielen sozialen Funktionen, die in der Übergangsphase neben den Assoziationen noch existieren würden, den «freien Kommunen» überlassen. Martin Buber bezeichnete deshalb Kropotkins Konzeption als «föderalistischen Kommunalismus»: Die in Freiheit föderierten Kommunen sind der Hebel zur (notwendigen) «Restrukturierung der Gesellschaft».

In seinen speziellen naturwissenschaftlichen Untersuchungen kritisierte Kropotkin Darwins «Kampf ums Dasein». Im Gegensatz zu Darwin sah er die menschliche Triebkraft in der «Gegenseitigen Hilfe in der Tier- und Menschenwelt» (so der Buchtitel eines seiner Werke). Diese war für ihn Naturgesetz und Entwicklungsfaktor allen Lebens: Von der Tierwelt zum Menschen (Wilden und Barbaren) übergehend zur Antike und zum

Mittelalter (mittelalterlichen Kommunen), erkennt er die Gegenseitigkeit, die Solidarität und das freiwillige Zusammenwirken der Menschen, bis an die Schwelle des Industriezeitalters. Kropotkin sah die vielfältigen Formen des freien Zusammenwirkens im Prozess der «Gemeinschaftsbildung»: von Horden, Familien, Stämmen, kleinen Gruppen, Genossenschaften, Gilden, verschiedenen Interessengruppen. In diesen konnte sich das Individuum als Teil einer «Vereinigung» herausbilden. (In diesen Vorstellungen zeigt sich z.B. der Unterschied zwischen individualistischem und kommunistischem Anarchismus.) In den zu seiner Zeit existierenden Zweckverbindungen von Menschen sah Kropotkin nicht mehr die Freiwilligkeit gegeben – weil die «Usurpation aller sozialen Funktionen durch den Staat» stattgefunden hatte. Der Staat habe die «Instinkte der gegenseitigen Unterstützung» der Menschen, die in «einer ungeheueren langen Entwicklung erworben» wurden, zerstört. Hinzu kommt, dass Kropotkin in der «Gegenseitigen Hilfe» die «tatsächliche Grundlage unserer Moralbegriffe» erblickte. In ihr erkannte er auch den «Hauptanteil am ethischen Fortschritt des Menschen». Die Moralbegriffe sind nicht vorgegeben: Sie entwickeln sich in der Folge der Generationen ebenso wie sie auch einem ständigen Wandlungsprozess unterworfen sind.

In seinem Vortrag «Die historische Rolle des Staates» (1896) verankerte Kropotkin diese Thesen. Seine Staatsvorstellungen sind kurzgefasst 1894 in einer «historisch ungenügend fundierten Formulierung» (Buber) skizziert: «Der Staat ist ein historisches Wachstum, das sich im Leben aller Völker in einer bestimmten Epoche langsam, nach und nach, an die Stelle der freien Konföderationen der Stämme, der Gemeinden, der Stammesverbände, der Dörfer und der Produzentengilden gesetzt und den Minderheiten eine furchtbare Unterstützung geliefert hat um die Masse zu verknechten [...].» (Zit. in: Buber, S. 69) In seinem Werk «Die moderne Wissenschaft und die Anarchie» (1902) präzisierte Kropotkin seine Vorstellungen über die Staats- und Gesellschaftsentwicklung: «Die ganze Geschichte unserer Zivilisation hindurch haben zwei entgegengesetzte Traditionen, zwei Tendenzen einander gegenüber gestanden: die römische Tradition und die volkstümliche Tradition; die imperiale Tradition und die föderalistische Tradition; die autoritäre Tradition und die libertäre Tradition.» (Ebd.) Buber interpretierte Kropotkins Intention: «Hier ist [...] zusammen mit einer historischen Einsicht auch die angedeutet, daß der weltgeschichtliche Konflikt der beiden geistigen Mächte sich auch innerhalb der sozialen Bewegung fortsetzt: zwischen dem zentralistischen und dem föderalistischen Sozialismus.» (Ebd.)

Der auch noch heute verbreiteten Vorstellung, Staat und Regierung seien identisch, trat Kropotkin entgegen: «Die Staatsidee», schreibt er, «bedeutet wesentlich mehr als die Idee der Regierung. Sie bedeutet nicht bloß die Existenz einer über der Gesellschaft stehenden Macht, sondern auch eine territoriale Konzentration und eine Konzentration vieler Funktionen des Gesellschaftslebens in den Händen einiger oder auch aller. Sie bedeutet neuartige Beziehungen zwischen den Mitgliedern der Gesellschaft.» (Kropotkin l, S. 4) Kropotkin führt hier den Terminus «Beziehung» als Verhältnis zwischen den Menschen in der Gesellschaft und im Staat ein als Kategorie von Herrschaftsverhältnissen.

Kropotkin behauptete, dass Staatsherrschaft in der Regel von den Menschen akzeptiert wird. Alleine schon deshalb, weil der gefügige Staatsbürger keine Alternativen zu dieser Herrschaft kennt. Ein resignativer Moment ist nicht unerheblich bei der Duldung der Staatsherrschaft. Denn, so Kropotkin, der «Staat ist da, sagt man uns. Er existiert, er stellt eine fertige, machtvolle Organisation dar. Warum sie zerstören, anstatt sie nutzbar zu machen? Sie wirkt zum Unheil – gewiß? Das kommt aber daher, daß sie sich in den Händen der Ausbeuter befindet. Wenn sie in die Hände des Volkes fällt, warum sollte sie dann nicht zu einem besseren Zweck ausgenützt werden, zum Heil des Volkes?» (Ebd., S. 28) Solche «Illusionen», «Argumente» zu haben, die Kropotkin auch bei Marxisten ortete, zeigten ihm, dass die Menschen «nicht die geringste Ahnung von der historischen Rolle des Staates» haben. Dem stellt Kropotkin ein konkretes, für ihn zu seiner Zeit das aktuellste Beispiel, Frankreich, gegenüber: «[...] daß die dritte Republik, trotz ihrer republikanischen Regierungsform, in ihrem Wesen monarchistisch geblieben ist» – eine «seltsame Anomalie einer monarchistischen Republik». Die Ursache hierfür sei die ausgebliebene soziale Revolution und daß deshalb Frankreich ein «Staat geblieben ist»: «Die Namen der Machthaber sind [zwar] andere geworden; aber dieses ganze riesige Gefüge von zentralistisch organisierten Staatshämorrhoidariern, dies ganze Nachahmung des zäsarischen Rom [...] ist geblieben [...].» (Ebd., S. 29)

Die «soziale Revolution» aber ist die Voraussetzung für die Beseitigung des Staates; sie ist zugleich die Revolutionierung aller Institutionen, so Kropotkins Überzeugung. Denn es genüge eben nicht, nur den gesellschaftlichen Überbau zu zerstören, auch die Fundamente der Herrschaft müssten beseitigt werden. Erst dann könne sich der Sozialismus frei entfalten. Kropotkin: Es ist «nötig, die Gesellschaft [...] von ihren Grundfesten bis zur Spitze neu aufzubauen. Es handelt sich nicht bloß darum [...], dem Arbeiter, den ‹vollen Ertrag seiner Arbeit› einzuräumen, sondern es handelt sich um den vollständigen Umbau aller sozialen Beziehungen [...].» (Ebd., S. 29f.) Nicht Reformen, sondern Sozialismus, der revolutionär ist, ist für Kropotkin identisch mit dem Anarchismus. Und nur dieser kann dem Prozess der «Zermalmung des Individuums» durch den Staat ein Ende bereiten.

Kropotkin war der Überzeugung, dass die wissenschaftliche und technologische Entwicklung den Bewusstseinsstand der Arbeiter hebe; zugleich würde sich auch das revolutionäre Bewusstsein steigern und somit die soziale Revolution immer wahrscheinlicher. Allerdings sah Kropotkin in dieser Entwicklung keinen Automatismus, sondern nur eine Wahrscheinlichkeit. Gewiss war für ihn jedoch: Die technologische Produktivität wird einen gewissen «Überfluss» an Waren hervorbringen; auch, dass mit der sich mehr und mehr entwickelnden Technologie der Bildungsstand der breiten Volksmassen wachsen würde. Dies alles sind nach Kropotkins Auffassung beste Voraussetzungen für die Anarchie: Die industrielle und landwirtschaftliche Produktion könnte sich bis zum Zehnfachen steigern lassen; die Mechanisierung des ganzen wirtschaftlichen Lebens führe zu einer gewaltigen Entlastung der Handarbeit. Dadurch käme es zu einer Entfaltung von Wohlstand und zu einem gewissen Überfluss von Konsumartikeln und landwirtschaftlichen Produkten. In diesem Prozess käme es zur Aufhebung der traditionellen Trennung von Landwirtschaft und Industrie: «Die Vereinigung von Ackerbau und Industrie; der Mensch, der zugleich im Ackerbau wie in der Industrie tätig ist, ist das Ziel, zu dem uns notwendigerweise die kommunistische Gemeinde führen wird [...].» (Kropotkin II, S. 58)

Kropotkin verlangte kategorisch die Aufhebung der herrschenden strikten Arbeitsteilung; denn die Vielfalt der Arbeit würde die Abstumpfung der Intelligenz und die physische Gesundheitszerstörung beenden. Zu einem erfüllten Leben gehöre auch die Herabsetzung der Tages- und Lebensarbeitszeit: «Wenn jeder bis zu einem Alter von 45 oder 50 Jahren täglich 5 oder 4 Stunden arbeitet, so wird der Mensch [...] leicht alles das produzieren, was notwendig ist, um der Gesellschaft den Wohlstand zu sichern.» (Ebd., S. 79) Mit einem solchen Vier-

> «Wir stellen uns eine Gesellschaft vor, in der die zwischenmenschlichen Beziehungen durch freiwillig eingegangenen und jederzeit wieder auflösbare gegenseitige Verpflichtungen sowie durch freiwillig bejahte Gebräuche und Gewohnheiten geregelt werden – nicht mehr durch Gesetze, dem Erbe einer Vergangenheit in Unterdrückung und Barbarei, auch nicht mehr durch irgendwelche Autoritäten, seien es gewählte oder ererbte. Die Gewohnheiten dürfen dabei nicht durch Gesetze und durch Aberglauben erstarrt und festgeschrieben sein; sie sollen sich in einer ständigen Entwicklung befinden, sich anpassend an neue Notwendigkeiten, den Fortschritt des Wissens, die Erfindungen und Entwicklungsstufen eines mehr und mehr rational orientierten und gehobenen Gesellschaftsideals.
>
> Jedenfalls keine Autorität, die den anderen ihren Willen aufzwingt. Keine Herrschaft des Menschen über den Menschen. Keine Erstarrung des Lebens: eine unaufhörliche Entwicklung, mal schnell, mal verlangsamt – wie dies im Leben der Natur auch der Fall ist. Freiheit im Handeln für das Individuum, damit es alle seine natürlichen Fähigkeiten entfalten kann, *seine Individualität*, alles, was ihm eigen, was ihm möglich ist. Anders ausgedrückt: Das Individuum soll nicht unter Androhung einer wie auch immer gearteten sozialen Sanktion oder einer irrealen, mystischen Strafe zu Handlungen gezwungen werden. Die Gesellschaft verlangt vom Individuum nichts, dem es – auch im betreffenden Moment – nicht freiwillig zugestimmt hätte. Darüber hinaus: vollständige Gleichheit der Rechte für alle.»
>
> (Peter Kropotkin [1913], zit.: Kropotkin VIII, S. 65)

bis-fünf-Stunden-Arbeitstag sah Kropotkin allerdings nur die «Grundbedürfnisse» befriedigt. Der von ihm propagierte «Wohlstand für alle» könne aber nur mit mehr Arbeitsstunden erreicht werden. Voraussetzung für die neuen Arbeitsbeziehungen und den Wohlstand sei allerdings – und da zweifelte Kropotkin nicht –, dass «wir daran arbeiten, die Spaltung der Gesellschaft in Herren und Knechte zu beseitigen, [denn damit] arbeiten wir an beider Glück, am Glück der Menschheit». (Ebd., S. 89)

Für Kropotkin stand fest: Eine dezentrale, kleinindustrielle und landwirtschaftliche Produktion ist das Ergebnis der Beseitigung der Arbeitsteilung. Die autonomen Wirtschaftsvereinigungen, die den eigenen Konsumbedarf decken sollen, würden die regionalen, die nationalen und internationalen kapitalistischen Verflechtungen aufbrechen. Mehr Unabhängigkeit, mehr Überschaubarkeit und Selbstbestimmung in allen wirtschaftlichen Fragen wären die Folgen. Des Weiteren könnte dadurch auch die internationale Arbeitsteilung sukzessive aufgehoben werden. In der «freien Vereinbarung» der dezentralisierten Produktionsgenossenschaften sollten tauschähnliche Beziehungen wiederhergestellt werden, damit die Menschen ein «natürliches» Verhältnis zu den Produkten finden. Die Selbstorganisation aller in allen Institutionen, die freien Vereinbarungen wären die Negation jeder Zentralmacht. Die selbstorganisierten Gruppen hätten sich schon etabliert, so Kropotkin, «ohne uns dessen bewußt zu werden, [in] tausend und abertausend menschlichen Gruppierungen [...], die sich in freierer Weise gebildet haben und bilden – ohne die Intervention eines Gesetzes [...].» (Ebd., S. 98) Als Beweis für positive selbstbestimmte freie Vereinbarungen führte Kropotkin u.a. das Rote Kreuz, die «Schiffergilden» und insbesondere die Eisenbahngesellschaften an: «Das Bemerkenswerteste an dieser [Eisenbahn-]Organisation ist [...], daß es für sie keine europäische Zentralregierung gibt. Nichts dergleichen existiert. Kein Eisenbahnminister; kein Diktator, kein Kontinental-Parlament, kein leitendes Komitee: Alles geschieht auf dem Wege des Vertrages.» (Ebd., S. 100)

«Die ökonomische Revolution», sagt Kropotkin, «kann bei verschiedenen Völkern verschiedenen Charakter und verschiedene Grade der Intensität besitzen.» Aber bei allen «Sozialisten aller Länder» sollte «die unbedingte Expropriation der jetzigen Inhaber des großen Grundbesitzes, der Arbeitsmittel und alles Kapitals durch die Landbebauer, die Arbeiterorganisationen und ländlichen und städtischen Gemeinden» der erste Revolutionsakt sein. (Zit. in: Nettlau II, S. 289) Das sagt nichts anderes, als dass die Menschen «ihre eigenen Angelegenheiten selbständig regeln [...], [denn nur] sie allein können die tausend Einzelheiten, die notwendig dem Bureaukraten entgehen müssen, bemerken und ihnen abhelfen». (Kropotkin II, S. 63)

6. Leo N. Tolstoi (1828–1910)

*T*olstoi kam wie auch Kropotkin aus dem russischen Hochadel. Er schlug die Möglichkeit einer Karriere am Zarenhofe aus. Stattdessen beschäftigte er sich im Privatstudium u.a. mit Jean Jacques Rousseau. Als Zwanzigjähriger versuchte er auf dem ererbten Familiengut soziale Reformen durchzusetzen. Hier gründete er 1849 erstmals eine Schule für die Kinder seiner Leibeigenen. Während seiner freiwilligen Militärzeit (nicht in einem Garderegiment für Adelige, sondern in einem Regiment für «Gemeine») entstehen erste literarische Arbeiten. In diesen Jahren zweifelte er immer mehr an der herrschenden Gesellschaftsordnung und an der Rolle der Kirche. Aber erst in den 1870er Jahren veränderte er sein Denken und Leben vollkommen: Er entwickelte sich zu einem bedeutenden Lebens- und Sozialreformer.

Tolstoi, weltbekannter Romancier («Krieg und Frieden», «Anna Karenina»), wird im allgemeinen nicht in die Traditionskette der Theoretiker/innen des Anarchismus eingereiht. Aber es ist gerade u.a. auch seine kompromisslose Gewaltlosigkeit, die ihn in diesen Rahmen gehören lässt. Sie ist nach wie vor aktuell; sie wird auch gegenwärtig noch im Anarchismus rezipiert.

Auch Tolstoi sah im Staat, wie alle Anarchisten, das «Grundübel». Das «organisierte Christentum» (die russisch-orthodoxe Kirche) im Zarenreich erkannte er als die Hauptstütze dieser die Menschen intellektuell und physisch versklavenden Institution. Das institutionalisierte Christentum empfand er als Gotteslästerung. Im Gegensatz z.B. zu Bakunin und Kropotkin ist Gott in der Vorstellung Tolstois keine versklavende Autorität, sondern der «Befreier». Gott, der Befreier aber ist eine Vernunftkategorie; auch eine Vision vom «Gottesreich auf Erden», was nichts Jenseitiges impliziert; aber irdische Befreiung von aller «Mühsal», Unterdrückung, Abhängigkeit und Gewalt; und: Aufrichtung einer Gesellschaftsordnung der Freiwilligkeit, der Übereinkunft, der Gegenseitigkeit, der «Liebe». «Die wahre Liebe», sagt Tolstoi, «ist stets Verleugnung des persönlichen Wohles.» Diese Liebe gilt es zu vervollkommnen durch individuelle «Revolution» der Selbstaufklärung und damit Veränderung des individuellen und des Gemeinschaftslebens – eine neue Form des Zusammenlebens der Menschen. Die Konsequenz daraus ist, sich allen Herrschaftsinstitutionen zu verweigern, besonders dem Staat. Die Abschaffung des Staates ist alleine schon deswegen notwendig, um die «Bergpredigt» verwirklichen zu können. Jesus, der Verkünder der Bergpredigt, ist keine neue Autorität; er ist in der Sicht Tolstois weder Gott noch dessen Sohn oder der «Erlöser»: Er erkannte in ihm den Revolutionär, den Mitstreiter in der Menschheitsgeschichte um Freiheit von allen Zwängen, um Mitmenschlichkeit.

«Die Regierung im weitesten Sinne mit Einschluß der Kapitalisten und der Presse», postulierte Tolstoi, «ist nichts anderes, als eine Organisation, durch die die Mehrzahl der Menschen sich in der Macht einer über ihr stehenden Minderheit befindet; diese Minderheit aber ordnet sich wieder einer Minderheit unter, und diese abermals einer anderen usw., bis man endlich zu einigen oder zu einem einzelnen Menschen kommt, dem [u.a.] durch militärische Gewalt die Macht über alle anderen übertragen ist [...].» (Tolstoi I, S. 35) Die Regierung ist eine von den Menschen gebaute «schreckliche Machtmaschine», sagt Tolstoi; er fragt, warum die Menschen sich freiwillig dieser ausliefern, sich ihr sklavisch unterordnen: «Sie fürchten sich vor Bomben und Anarchisten, fürchten sich aber nicht vor dieser schrecklichen Einrichtung, die sie jeden Augenblick mit dem allerschlimmsten Unglück bedroht [...].» (Ebd., S. 36) Aber wie kann man ohne Regierung leben? lässt Tolstoi die Menschen fragen und antworten: «Ohne Regierung wird ein Chaos [...] entstehen, alle Fortschritte der Zivilisation werden untergehen und die Menschen werden zum ursprünglichen, wilden Zustand zurückkehren.» (Tolstoi II, S. 50) Tolstoi argumentiert gegen solche Annahmen: Die «Ordnung», die die Regierungen garantieren, sei eine Scheinordnung; denn sie habe weder Raub, Mord, noch alle anderen Laster aus der Welt geschafft. Stattdessen würden die Regierungen den Raub (von Besitz und Land z.B.) und den Mord (z.B. durch Kriege und die Todesstrafe) legitimieren.

Auch Tolstoi war wie Kropotkin der Überzeugung, dass der technologische Fortschritt auch die Gesamtgesellschaft auf dem Weg zur Freiheit voranbringen würde. Tolstoi sprach in diesem Zusammenhang von einem «Erwachen aus dem Schlafzustande, in dem die Regierungen die Menschen gehalten haben [...].» Die Zukunft sah er regierungslos: trotz des Insistierens der Herrschenden, «daß ohne Regierungen die Bildungs-, Erziehungs- und Wohlfahrtsanstalten, die alle brauchen, nicht existieren würden». Tolstoi: «Aber warum soll man das annehmen? Warum soll man glauben, daß Nichtregierungsmenschen es nicht verstehen würden, für sich selbst ihr Leben ebensogut einzurichten, wie es die Regierungsmenschen nicht für sich

> «Wenn wir begriffen haben, daß wir darum krank sind, weil die einen Menschen die anderen brutalisieren, so können wir nicht mehr die Lage der Gesellschaft dadurch zu bessern suchen, daß wir fortfahren, die Gewalttätigkeit, die existiert, zu unterstützen, oder eine neue – eine revolutionäre sozialistische Gewalttätigkeit einzuführen.
>
> Das konnte man nur damals tun, als die Hauptursache der Leiden der Menschen noch nicht bekannt war. Aber sobald es klar wurde, daß die Menschen unter der Gewalt der einen über die anderen leiden, hörte die Möglichkeit schon auf, die Lage der Menschen zu bessern, indem man die alte Vergewaltigungsmethode beibehielt oder eine neue einführte.
>
> Wie es für den kranken Alkoholiker nur ein Rettungsmittel gibt – das Meiden des Weines, der Ursache der Krankheit – so gibt es auch zur Befreiung der Menschen von der schlechten gesellschaftlichen Ordnung nur ein Mittel – das Meiden der Gewalttätigkeit und der Rechtfertigung der Gewalttätigkeit.»
>
> (Leo Tolstoi [1900], in: Degen I, S. 88f.)

selbst, sondern für andere einrichten?» Tolstois Glaube an die Menschen war unerschütterlich: Sie könnten sich «selbst ihr Leben unvergleichlich besser einrichten, als es für sie die regierenden Menschen tun». (Ebd., S. 53) Die vernunftbegabten Menschen wären fähig, ohne Anleitung die für sie notwendigen «gemeinnützigen Unternehmungen» zustande zu bringen: wie Konsumvereine, Genossenschaften, Eisenbahngesellschaften u.ä.

Wie alle Anarchisten lehnte auch Tolstoi die rein politische Revolution ab. Meist identifizierte er diese mit Gewalt. Sei die Revolution aber gewaltsam, so wären dies «Versuche, Gewalt durch Gewalt zu vernichten, [die] bis jetzt nichts erreicht haben, und auch in Zukunft die Menschen offenbar nicht zur Befreiung von der Gewalt und also auch nicht von der Sklaverei» bringen würden. (Ebd., S. 58) Auch sah Tolstoi wenig Sinn in «Massenaktionen», um die herrschenden Zustände zu beseitigen. Er setzte vielmehr auf die individuelle Revolution: Selbstbelehrung, Selbstveränderung, Selbstvervollkommnung, konsequente Ablehnung jeglicher Gewalt; gleichzeitig aber müsse ein weiteres (politisches) Axiom, das der «Verweigerung», die Menschen leiten: u.a. «[...] weder freiwillig noch zwangsweise an den Tätigkeiten der Regierungen teilnehmen und daher weder den Beruf eines Soldaten, noch den eines Feldmarschalls, eines Ministers, eines Steuereinnehmers, eines Bürgermeisters, eines Geschworenen, eines Gouverneurs, eines Parlamentsmitgliedes erfüllen und überhaupt keine Stellung annehmen, die mit Gewalttätigkeiten verbunden ist [...].» (Ebd., S. 68f.)

Ein Individuum, welches sich so dem herrschenden System verweigert, ist nach Tolstoi ein selbstbewusstes, autonomes Individuum. Und erst die autonomen Individuen könnten in freier Vereinbarung eine solidarische Gesellschaft im Sinne der Bergpredigt errichten. Auf diese spitzte Tolstoi die von ihm gewollte herrschaftslose Gesellschaft zu: «Diese Vorschriften [die der Bergpredigt] umfassen so vollständig das Leben jedes Einzelnen, daß das Reich der Wahrheit auf Erden herrschen würde, wenn der Mensch sich nur an ihre Anwendung halten würde.» (Tolstoi III, S. 131)

7. Gustav Landauer (1870–1919)

*L*andauer kam aus einem religiösen jüdischen Elternhaus aus Karlsruhe. Er studierte Germanistik, Philosophie, Literaturwissenschaften und Kunstgeschichte in Heidelberg, Straßburg und Berlin. 1892 wurde er von allen preußischen Universitäten wegen «Majestätsbeleidigung» ausgeschlossen. Im gleichen Jahr wurde Landauer Mitglied der «Jungen», einer sozialistisch-libertären Oppositionsgruppe innerhalb der SPD. 1893 wurde er Mitherausgeber des «Sozialist». Durch seinen Einfluss entwickelte sich diese Zeitung zu einem libertären Organ innerhalb der «Jungen». Als Vertreter der Anarchisten nahm er 1896 in Zürich am dritten Internationalen Sozialistenkongress teil. In den folgenden Jahren muss er mehrere Haftstrafen wegen Pressevergehen antreten.

Landauer förderte Siedlungsgemeinschaften, Genossenschaften, Volksbühnen u.ä. Umfangreiche Publikationen zum Anarchismus, zur Literatur und Philosophie entstehen. 1909–1915 ist er alleiniger Herausgeber des «Sozialist». 1918–1919 beteiligte er sich an der Revolution in Bayern. In der ersten, «anarchistischen» Bayerischen Räterepublik (April 1919) war er Volksbeauftragter für Volksbildung.

Landauers Anarchismus ist stark beeinflusst von Proudhon und Kropotkin; Anregungen erhielt er u.a. von Stirner, Friedrich Nietzsche, vom Freilandtheoretiker Theodor Hertzka, von Meister Eckhart.

Landauers Anarchismus ist vorrangig kulturell ausgerichtet; er orientiert sich an Genossenschaftsvorstellungen, Gemeinschaftssiedlungsbewegungen, an der Lebensreform- und Jugendbewegung. Aus allen diesen Anregungen entwickelt Landauer seinen spezifischen föderalistischen, kulturell-akzentuierten Anarchismus, den er meist als «Sozialismus» bezeichnet. So betitelte er auch sein bekanntestes Werk, den Vortrag «Aufruf zum Sozialismus» (1911): Anarchie und Anarchismus ist Landauer zu diskreditieren. In seinem Sozialismus sieht Landauer den authentischen Sozialismus. Denn dieser «wahre Sozialismus ist der Gegensatz zum Staat und kapitalistischer Wirtschaft. Sozialismus kann nur erwachsen aus dem Geiste der Freiheit und freiwilligen Einung, kann nur erstehen in den Individuen und ihren Gemeinden». (Landauer I, S. 114)

Landauer setzt den Sozialismus-Anarchismus immer wieder in seinen Schriften und Reden vom Marxismus ab und konfrontiert beide. In seinem «Aufruf» kommt dies am krassesten zum Ausdruck: «Der Marxismus ist der Professor, der herrschen will [...]. Der Marxismus ist eine Gemächt, das aussieht, wie sein Vater; und die Marxisten sehen aus wie ihre Lehre.» Diese Marxisten, die «großen, ungeheuren, fast unendlichen Menschenmassen, die Proletarisierten, haben», wenn man der Marxschen Lehre folge, «wirklich fast nichts mehr für den Sozialismus zu tun. Sie müssen nur warten bis es soweit ist.» Hier zitiert Landauer Marx: «die kapitalistische Produktion erzeugt mit der Notwendigkeit eines Naturprozesses ihre eigene Negation» – den Marxschen Sozialismus, wie Landauer schlussfolgerte. Das sei die «wahre Meinung von Karl Marx: der Kapitalismus entwickelt ganz und gar den Sozialismus aus sich heraus, die sozialistische Produktionsweise ‹erblüht› aus dem Kapitalismus [...].» (Landauer II, S. 49f.) «Alte Weiber prophezeien aus dem Kaffeesatz. Karl Marx prophezeite aus dem Dampf», merkte Landauer zu einer solchen Zukunftsfiktion an. (Ebd., S. 56) Der im «Kommunistischen Manifest» von Marx-Engels geforderte «gleiche Arbeitszwang für Alle, Errichtung industrieller Armeen, besonders für den Ackerbau» geißelte Landauer indem er ausrief: dass das «nicht als Beschreibung und Vorahnung der kommenden Herrlichkeiten des Kapitalismus, sondern als eine der Maßnahmen, die sie ‹für die fortgeschrittensten Länder› zum Beginn ihres Sozialismus vorschlugen»! Landauer folgerte: «Es ist wahr: diese Sorte Sozialismus erwächst aus der ungestörten Weiterentwicklung des Kapitalismus!» (Ebd., S. 58) Diesen marxistischen Sozialismus bezeichnet Landauer auch als «Kapitalsozialismus», dem er seinen Sozialismus gegenüberstellt: «der Sozialismus, die Kultur und der Bund, der gerechte Austausch und die freudige Arbeit, die Gesellschaft der Gesellschaften kann erst kommen, wenn ein Geist erwacht, wie die christliche Zeit und die vorchristliche Zeit der germanischen Völker einen Geist gekannt hat, und wenn dieser Geist fertig wird mit der Unkultur, der Auflösung und dem Niedergang, der wirtschaftlich gesprochen Kapitalismus heißt». (Ebd., S. 50f.)

Landauers expressiv-impulsiver Sprach- und Schreibstil befremdet, wenn man z.B. die nüchterne Sprache von vielen Marxisten daneben hält. So ist auch nur seine «Abrechnung» in diesem «Aufruf»-Vortrag zu verstehen: als Aufruf zum sozialistischen Handeln und nicht, sich zu verlieren in «nutzlosen» Theoriedebatten. Was aber nicht heißt: die gesellschaftliche Wirklichkeit zu ignorieren, sondern Landauer will aus ihr heraus den Sozialismus aufbauen – eine «neue Wirklichkeit» herstellen. Dem Marxismus, dem «Philister» spricht Landauer dies gänzlich ab. Dieser «Freund des Massenhaften und des Breiten», dem «ein breiter, zentralisierter Staat [...] seinem Zukunftsstaat schon einigermaßen ähnlich» sieht, sei die «Pest [...] und der Fluch der sozialistischen Bewegung». Deshalb könne der «Sozialismus nur in Todfeindschaft gegen den Marxismus erstehen [...].» (Ebd., S. 51)

Im Mittelpunkt des Landauerschen Sozialismus steht das «sozialistische Dorf». Hier soll die Produktion und Distribution durch eine eng verzahnte Landwirtschaft-Handwerk-Industrie-Kooperation gewährleistet werden. Die sozialistischen Kommunen mit ihren Produktionsgenossenschaften stehen untereinander in Verbindung durch den gerechten Tausch (hier befürwortet Landauer Proudhons Tauschbankkonzept). Landauers ökonomisches Dezentralisationskonzept ist eng angelehnt an das von Kropotkin: das der überschaubaren Regionen des bäuerlichen, handwerklichen und kleinindustriellen Mittelalters. Mittelalter bedeutete für Landauer die «Gesamtheit von Selbständigkeiten, die sich gegenseitig durchdrangen, die sich durcheinander schichteten, ohne daß daraus eine Pyramide oder irgendwelche Gesamtgewalt geworden wäre. Die Form des Mittelalters war nicht der Staat, sondern die Gesellschaft, die Gesellschaft von Gesellschaften.» (Landauer III, S. 43) Auch wenn Landauer im Mittelalter Formen von Sozialismus erkannte, so gab es dennoch für ihn kein Zurück zu diesem Mittelalter. Beispielhaft sah er in dieser Zeit die Bindung der Menschen in Freiheit. Dies gelte es wiederzubeleben um den Sozialismus, die freie Gesellschaft, die Anarchie in der «modernen» Zeit zu errichten.

Der Sozialismus-Anarchismus ist nach Landauers selbstverständlicher Prämisse nur gegen den Staat zu realisieren. Der Staat ist für ihn, wie für alle Anarchisten, der «Feind». «Der Staat», so Landauer, «sitzt nie im Innern der einzelnen, er ist nie zur Individualgemeinschaft geworden, nie Freiwilligkeit gewesen». (Landauer II, S. 31) Im Übrigen sei der Staat «ein Nichts», der, um dieses «Nichts zu verhüllen, [sich] lügnerisch mit dem Mantel der Nationalität bekleidet [...]». (Ebd.) Der Staat, diese organisierte Gewalt, ist «die äußerste, die höchste Form des Ungeistes, der sich eingestellt hat weil der wahre Geist der Verbindung» zwischen den Menschen abgebrochen wurde. (Ebd., S. 31f.) Landauer will den «Zwangsverband Staat» auflösen und durch einen «echten Menschenbund» ersetzen. Der «Bund» ist bei Landauer ein zentraler Begriff; ebenso «Geist». Geist ist Erkenntnis und Bewusstsein. Landauers «Geist» ist in erster Linie eine individuelle Kategorie. Denn «vom Individuum beginnt alles; und am Individuum liegt alles». (Ebd., S. 136) Das Individuum ist nur in Verbindung mit Individuen – dem «Bund» – fähig, dem Kapitalismus und seinem Staat zu widerstehen, ihn zu überwinden, um den Sozialismus aufbauen zu können. Auch: «Es gibt keinen anderen Weg zum Sozialismus, als dass wir lernen und üben, wofür wir arbeiten.» (Ebd.) Der Sozialismus ist aber immer nur ein «Versuch», eine «Kunst»: «Eine neue Kunst, die im Lebendigen schaffen will.» (Ebd., S. 138) Es ist die Kunst der «Umkehr» und des «Neubeginns»: «Sozialismus ist Wiederanschluß an die Natur, Wiedererfüllung mit Geist, Wiedergewinnung der Beziehung.» (Ebd., S. 136)

An anderer Stelle sagt Landauer, dass Sozialismus immer nur ein «werdender» sein kann; dass dieses «Experiment» nie abgeschlossen sein wird: Geschichte ist immer im Aufbruch. So ist es von Landauer konsequent, dass er seinen Sozialismus wiederholt zur Disposition stellt: immer wieder kommen neue Probleme, Aufgaben und Bedürfnisse auf. Dem muss sich der Sozialismus zu jeder Zeit stellen. Diesen Prozess bezeichnet Landauer als unbedingt notwendig: «Das brauchen wir wieder: eine Neuregelung und Umwälzung durch den Geist, der nicht

Dinge und Einrichtungen endgültig festsetzen, sondern *der sich selbst permanent erklären wird.* Die Revolution muß ein Zubehör unserer Gesellschaftsordnung, muß die Grundregel unserer Verfassung werden.» (Ebd., S. 129)

Der Sozialismus aber wird sich nicht, davon ist Landauer zutiefst überzeugt, wie ein Naturgesetz einstellen. Er wird dann kommen, wenn die Menschen ihn «wollen». Und die Menschen werden ihn dann wollen, wenn sie es «nicht mehr aushalten» so zu leben, wie ihnen das die Herrschaftsverhältnisse diktieren. Es bedarf des inneren «Dranges», um sich zu lösen von den tradierten gesellschaftlichen Zwängen. Es geht Landauer um das «Austreten» aus Kapitalismus und Staat. Austreten ist hier gleichzusetzen mit dem «Beginnen» von freiheitlichen gesellschaftlichen Gegenstrukturen zu allen Herrschaftsverhältnissen.

Landauer war ein entschiedener Gegner der so genannten anarchistisch-terroristischen «Propaganda der Tat». Er war tief überzeugter Anhänger der Gewaltlosigkeit. Durch Gewalt komme man nicht zum Sozialismus, denn Gewaltausübung reproduziere immer wieder neue Gewalt und Gewaltverhältnisse in der Gesellschaft. Um die kapitalistische Gesellschaft zu verändern bedürfe es nicht der Tötung ihrer Repräsentanten, vielmehr müsse man diese für sich gewinnen. Denn er sprach jedem Menschen die Fähigkeit zu, sich zu verändern. So wäre auch jeder Mensch fähig, sich am «Aufbauwerk» des Sozialismus zu beteiligen. Mit einem solchen Menschenbild setzte er sich ab von den meisten anarchistischen Theoretikern: Landauer widersetzte sich jeglichem Klassensozialismus; er wollte nicht den Klassenkampf, nicht die «Proletarisierung», sondern Aufhebung der Klassen und «Entproletarisierung». Er wollte eine «Neuerzeugung des Menschenwillens» um eine «neue Wirklichkeit» herbeizuführen. Die Errichtung des Sozialismus als neue Wirklichkeit war für Landauer jederzeit möglich – unabhängig von dem jeweiligen Zustand der Wirtschaft und Technik oder der «Weltmarktgroßindustrie».

Eine wichtige Prämisse des Landauerschen Sozialismus-Anarchismus ist die vorweggenommene «Entstaatlichung» der Gesellschaft. Diese manifestierte sich hauptsächlich in den sozialistischen Gemeinschaftsunternehmungen: Sie haben sich vom Staat abgekoppelt, dessen überflüssige Funktionen beseitigt, die nützlichen aber in Eigenregie und -verantwortung übernommen. So sollte der Sozialismus aus der Gesellschaft dem Staat entgegenwachsen. Dies sollte der «Versuch einer

> **«Die Artikel des Sozialistischen Bundes»**
> «Artikel 1. Die Grundform der sozialistischen Kultur ist der Bund der selbständig wirtschaftenden, untereinander in Gerechtigkeit tauschenden Wirtschaftsgemeinden.
> Artikel 2. Dieser Sozialistische Bund tritt auf den Wegen, die die Geschichte anweist, an die Stelle der Staaten und der kapitalistischen Wirtschaft.
> Artikel 4. Der Sozialistische Bund erklärt das Ziel seiner Bestrebungen die Anarchie im ursprünglichen Sinne: Ordnung durch Bünde der Freiwilligkeit.
> Artikel 6. Die eigentliche Wirksamkeit des Sozialistischen Bundes kann erst beginnen, wenn sich größere Massenteile angeschlossen haben. Bis dahin ist seine Aufgabe: Propaganda und Sammlung.
> Artikel 10. Die Kultur beruht nicht auf irgendwelchen Formen der Technik oder der Bedürfnisbefriedigung, sondern auf dem Geiste der Gerechtigkeit.
> Artikel 12. Der Sozialistische Bund erstrebt das Recht und damit die Macht, im Zeitpunkt des Übergangs durch große, grundlegende Maßnahmen das Privateigentum an Grund und Boden aufzuheben und allen Volksgenossen die Möglichkeit zu geben, durch Vereinigung von Industrie und Landwirtschaft in selbständig wirtschaftenden und tauschenden Gemeinden auf dem Boden der Gerechtigkeit in Kultur und Freude zu leben.»
> (Gustav Landauer [1908], zit. Landauer II, S. 145f.)

Gegengesellschaft [...] [sein], einer qualitativ neuen Art zu leben, die den Bedingungen des Kapitalismus nicht mehr unterliegt, sondern die bestehende Interdependenz an der entscheidenden Stelle aufheben [...].» (Heydorn, S. 17)

8. Emma Goldman (1869–1940)

Goldman wurde im damals russischen Kowno geboren. Sie war Fabrikarbeiterin. Mit 17 Jahren wanderte sie in die USA ein. Die russisch-amerikanische Anarchistin und Feministin setzte sich hauptsächlich ein für Geburtenkontrolle, Frauenrechte, die «Freie Liebe» und gegen den Militarismus. Zu ihrer Zeit war sie die bekannteste Anarchistin. Sie machte unzählige Vortragsreisen durch die USA und auch Europa. Mit ihrem zeitweiligen Lebensgefährten, dem Anarchisten Alexander Berkman, gab sie die Zeitschrift «Mother Earth» heraus.

1919 wurde sie zusammen mit Berkman und anderen russischstämmigen Anarchisten in die Sowjetunion deportiert. Sie protestierte bei Lenin und öffentlich gegen die Verfolgungen von Linkssozialisten, Anarchisten, Syndikalisten u.a. durch die Bolschewiki. 1921 verließ sie mit Berkman die Sowjetunion. Bis zu ihrem Tod war sie aktiv für die anarchistische Bewegung in Deutschland, den USA, Frankreich, Spanien und Kanada.

Neben den amerikanischen Individualanarchisten Josiah Warren und Benjamin R. Tucker war Goldman die wichtigste Vertreterin des amerikanischen Anarchismus. Auch für die internationale anarchistische Bewegung war sie eine sehr wichtige Persönlichkeit.

Goldman wurde beeinflusst von Godwin und Stirner, sowie von der englischen und amerikanischen liberalen Tradition. Nach ihrer Auffassung zwang der Anarchismus Menschen, die sich mit ihm beschäftigen, zum Denken, zum Forschen, zur Analyse der Gesellschaft. Der Anarchismus war ihr keine Theorie, die man sich aneignen kann, um zu «glauben». Er sei die «Philosophie einer neuen sozialen Ordnung». Diese, davon war sie überzeugt, sollte das 20. Jahrhundert entscheidend mitprägen.

Im Zentrum der anarchistischen Auffassungen von Goldman steht die Emanzipation des Individuums und hier vorrangig die der Frau. «Die gefährlichste Frau der Welt», wie sie einst tituliert wurde, sah im «Widerstand gegen die Tyrannei das höchste Ideal des Menschen». Den Begriff Tyrannei bezog Goldman auf alle direkten und indirekten Formen von Herrschaft. So auch auf Konventionen, weil diese in der Regel einen Zwangscharakter aufwiesen. Sich von den gesellschaftlichen Zwängen zu befreien, das war Goldman klar, bedeutet zuerst Abwendung von und Isolierung in der Gesellschaft. Aber gerade in dieser Position konnte die «Verderblichkeit» von Gesellschaft und Staat besser erkannt werden. Diese Erkenntnisse trug Goldman durch ihre Aufklärungstätigkeit (schreibend und durch Vorträge) wieder in die «Gesellschaft»: zu den ArbeiterInnen und auch in geringerem Maße in liberale Kreise. Sie wollte diesen die Erkenntnis, «dass alles Leiden, alles Elend, alle Gebrechen aus dem Grundübel der Unterwerfung herrühren» (Goldman I, S. 102), vermitteln; sie wollte ihnen nahe bringen, dass der Anarchismus, «mehr als irgendeine andere soziale Theorie [...] das menschliche Leben über [alle] Dinge» setzt. Daran anknüpfend schrieb sie 1911: «Alle Anarchisten stimmen mit Tolstoj über diese grundlegende Wahrheit überein: wenn zur Produktion irgendeiner Ware das Opfer eines Menschenleben notwendig ist, sollte die Gesellschaft auf diese Ware verzichten.» (Ebd.)

In ihren Aussagen zur Gewalt vertrat sie aber nicht, wie z.B. Tolstoi oder auch Landauer, rein pazifistische Positionen. Sie billigte Gewalt als Gegengewalt, wenn «elende Lebensbedingungen» nicht durch andere Mittel zu beseitigen sind. Denn in solchen Situationen, wo Menschen aus ihrem Elend heraus zur «Gewalt greifen, in der Überzeugung, dass ihre Gewalt sozial und nicht asozial ist, [...] [wenn] sie nicht für sich selbst Handeln, sondern für die menschliche Natur» (Ebd., S. 84), ist für Goldman Gewalt legitim. Die Gewalttaten («Propaganda der Tat»), die einige Anarchisten begingen, die den Anarchismus in Verruf brachten, waren oft nichts anderes als, so Goldman, «Enten der bürgerlichen Presse [...] oder Provokationen der Polizei». (Ebd., S. 85) Das Ideal einer gewaltlosen freien Gesellschaft, dies stand für Goldman fest, war nicht herbeizubomben, wenn auch der Tat noch so «edle» Motive zugeschrieben wurden.

In ihrem Essay «Das Individuum, die Gesellschaft und der Staat» bekennt sich Goldman, wie fast alle Anarchisten, zum Individuum, «das den befreienden Gedanken und die befreiende Tat hervorbringt». Zuerst habe immer das Individuum die «Idee des Widerstandes gegen die Verhältnisse». Das Individualprinzip dehnt Goldman auf alle Gebiete des persönlichen und gesellschaftlichen Lebens aus: «Stets war es das Individuum, der Mensch mit starkem Denken und dem Willen zur Freiheit, der den Weg für allen menschlichen Fortschritt ebnete, für jeden Schritt zu einer freieren und besseren Welt [...].» (Ebd., S. 69) Diese scheinbare und abstrakte Idealisierung des Individuums und seinen gesellschaftspolitischen Möglichkeiten schränkt Goldman immer wieder ein bei ihren öffentlichen Auftritten: Hier appelliert sie an Gemeinschaftsinitiative und ruft auf zum kollektiven Handeln. Denn der Staat ist nicht mit isolierten Einzelinitiativen abzuschaffen. Der «Druck», dessen es bedürfe, um überhaupt Veränderungen (Reformen) im Staatsapparat herbeizuführen, müsse gewaltig sein. Goldman beruft sich hier auf Kropotkin, wenn sie die «wundervolle[n] Ergebnisse(n) [...] [der] einzigartige[n] Macht der menschlichen Individualität» (Ebd., S. 72) durch die «Gegenseitige Hilfe» bejaht: Kropotkin habe richtig erkannt, dass «nur gegenseitige Hilfe und freiwillige Zusammenarbeit – nicht aber der allmächtige, alles verwüstende Staat – die Basis für ein freies individuelles und gesellschaftliches Leben herstellen kann». (Ebd.) Goldman sah also die Errichtung einer freiheitlichen Gesellschaftsordnung nur als das Ergebnis des Zusammenkommens von individueller und kollektiver Aktion. Hier liege letztlich die Kraft für die Befreiung der Menschen, die «Emanzipation von Autoritäten und dem Glauben». Goldman: Das sei die «Philosophie einer neuen sozialen Ordnung, die auf den befreiten Energien des Individuums und der freien Assoziation befreiter Individuen beruht». (Ebd.)

Wenn Goldman individuelles und auch kollektives Handeln für notwendig hielt, so war sie doch sehr skeptisch gegenüber so genannten Massenaktionen bzw. gegenüber der Verherrlichung der Massen. Denn für sie war, neben einer «handvoll Schmarotzer», die «Masse» an den «schrecklichen Verhältnissen verantwortlich», weil sie diese duldete. Zwischen «Masse» und «Kollektiv» unterschied Goldman klar: die Erstere verhält sich indifferent und unterwirft sich jedem Herrschaftssystem; das Zweite sind bewusst Handelnde mit einer freiheitlichen Konzeption. Die Masse, das «Volk als kompakte Masse», sagt Goldman, ist «niemals für Recht und Gleichheit eingetreten [...]. Es hat die Stimme des Menschen unterdrückt, den Geist des Menschen unterjocht [...]. Als Masse ist sein Ziel immer gewesen, das Leben gleichförmig, grau und eintönig wie die Wüste zu machen. Als Masse wird es immer der Vernichter der Individualität, der freien Initiative, der Originalität sein.» (Zit. in: Oberländer, S. 290f.)

Goldmans theoretische Bedeutung für den Anarchismus ist hauptsächlich in ihrer Enttabuisierung der Sexualität und ihrer Aktualisierung des Feminismus zu sehen. In Reden und Schriften verkündete sie eine freie Sexualmoral und wendet sich gegen die Einrichtung Ehe. Diese vergleicht sie mit der Prostitution: «Wenn [...] [die Frau] es einmal gewagt hat, sie selbst zu sein, ihrer Natur, dem Leben treu zu sein, gibt es kein Zurück: die Frau wird aus den Grenzen, aus dem Schutz der Gesellschaft ausgestoßen. Die Prostituierte wird [...] zum Opfer der Moral [...]. Aber die Prostituierte wird noch in anderer Weise mißhandelt, vor allem durch die Eigentumsmoral, die Frauen zwingt, sich selbst in ihrem Geschlecht als Gebrauchsgegenstand zu verkaufen, [...] im heiligen Pferch der Ehe.» (Goldman I, S. 59) Die Ehe als ein Zwangs- und Eigentumsverhältnis, der hauptsächlich die Frau unterworfen ist, ist für Goldman das genaue Abbild des herrschenden Staates. Ehe und Familie und monogame Sexualität sind Fundamente, auf denen die herrschaftsausübenden Institutionen – Staat, Kirche etc. – ihre Macht stabilisieren. «Religion und Moral sind [..] [das] Druckmittel um Menschen gefügig zu halten [...].» Für Goldman saß diese Scheinmoral so tief, war so «katastrophal, so lähmend [...], dass sogar manche meiner fortgeschrittenen Schwestern sie niemals gründlich überwunden haben». (Ebd., S. 57)

Tragisch am Emanzipationskampf der Frauen war für Goldman, dass auch die Männer, trotz ihrer Vorrechtsposition in der Gesellschaft, sich von dieser Gesellschaft und ihrer moralischen Hegemonie nicht emanzipiert hatten. So kann auch durch die formale Gleichstellung von Frau und Mann das Herrschaftsproblem in ihren Beziehungen nicht überwunden werden. Erst wenn die «Bedürfnisse» gegenseitig anerkannt und toleriert werden; erst wenn jeweils die «eigene Persönlichkeit» bewusst in die Beziehung von Mann und Frau eingebracht wird, dann ist die «Basis» gegeben, auf der sich beide «begegnen» können. Goldman setzt hier den Begriff des Verstehens in den Beziehungen von Frau und Mann ein. Sie meint, dass gegenseitiges Verstehen «ausreichend» sei. «Ich glaube», schreibt Goldman in dem Beitrag «Was ich denke», «wenn die Frau sich ihrer Emanzipation widmet, wird ihre erste Unabhängigkeitserklärung darin bestehen, einen Mann um die Qualitäten seines Herzens und seines Geistes zu bewundern und zu lieben, und nicht um die Quantitäten seines Geldbeutels. Die zweite Erklärung wird darin liegen, dass sie sich das Recht nimmt, dieser Liebe zu folgen, ohne Zustimmung oder Hinderung durch die Umwelt. Die dritte und wichtigste Erklärung wird das absolute Recht auf freie Mutterschaft sein.» (Goldman II, S. 19f.)

Wie viele Anarchist/innen sah auch Goldman in der «Russischen Revolution» (1917) zunächst die erste Manifestierung eines Befreiungskampfes in der Neuzeit nach der Französischen Revolution. Nachdem sie aus den USA zwangsausgewiesen worden war, suchte sie in Russland ein neues anarchistisches Betätigungsfeld. Mit ihrem Gefährten Berkman hielt sie sich zwei Jahre in Russland auf. Ihre Desillusionierung durch die «Russische Revolution» schlug sich 1922 in ihrer Schrift «Die Ursachen des Niedergangs der Russischen Revolution» nieder. In dieser Schrift konstatiert sie die «Erdrosselung» der Revolution durch die Bolschewiki. Nicht nur wegen der Verfolgung, Inhaftierung und Ermordung von oppositionellen Kräften verurteilt sie die Bolschewiki, sondern weil sie das ganze wirtschaftliche, politische und gesellschaftliche Leben ihren Doktrinen un-

> «Für über 100 Jahre wurde die traditionelle Ehe, gestützt auf die Bibel, ‹Bis daß der Tod Euch scheide›, als eine Einrichtung angesehen, die gleichbedeutend war mit der Herrschaft des Mannes über die Frau, mit ihrer völligen Ausgesetztheit gegenüber seinen Launen und Befehlen und absoluter Abhängigkeit von seinem Namen und seiner Unterstützung. Immer wieder hat es sich gezeigt, daß in der traditionellen Ehe die Frau in ihrer Funktion beschränkt war auf seine Dienerin und Mutter seiner Kinder. Und dennoch gibt es viele emanzipierte Frauen, die eine Ehe mit allen Nachteilen der Beschränktheit eines Alleinlebens vorziehen: eingeengt und unerträglich, da moralische und gesellschaftliche Vorurteile sie an der Entfaltung ihrer Persönlichkeit hindern. Die Erklärung für ein derartig inkonsequentes Verhalten vieler fortschrittlicher Frauen liegt darin begründet, daß sie die Bedeutung der Emanzipation nie richtig erkannt haben. Sie dachten, daß das einzig Notwendige die Befreiung von äußeren Zwängen sei; der innere Zwang, der auf das Leben und die Entwicklung einen viel schädlicheren Einfluß ausübt – ethische und gesellschaftliche Konventionen – wurden außer acht gelassen, und sie haben das ihre getan. Sie scheinen in den Köpfen und Herzen der aktivsten Frauenrechtlerinnen genauso verwurzelt zu sein wie schon in den Köpfen und Herzen unserer Großmütter [...].»
>
> (Emma Goldman [1922], in: Degen I, S. 202f.)

terwarfen. Die Zentralisierung ließe keinerlei Raum für die freie Entfaltung der Menschen. Die Unterdrückung des Volkes sei auf vielen Gebieten oftmals brutaler als unter dem Zarismus. Goldman widerspricht der bolschewistischen These, dass das Volk wegen des vierjährigen Krieges alle seine Kräfte aufgebraucht hätte, um die «nötige Ausdauer» zu haben, selbst die Revolution durchzuführen. «Es war die marxistische Staatskunst der Bolschewiki», schreibt Goldman, «die Taktik, die man zuerst als den Erfolg der Revolution unumgänglich notwendig gepriesen hatte, um sie später, nachdem sie überall Elend, Mißtrauen und Antagonismus verbreitet hatte, als schädlich beiseite zu werfen, welche langsam den Glauben des Volkes an die Revolution untergrub.» (Goldman III, S. 14f.) An vielen Stellen ihrer Schrift belegt Goldman die Verfolgung von nichtbolschewistischen Kräften und die Zentralisierung aller Institutionen; und dass der Terror der bolschewistischen Geheimpolizei Tscheka immer mehr jede freie Initiative im Blut erstickte. Goldman unterlegt u.a. diese Behauptung mit einem Artikel-Auszug aus der Tscheka-Zeitschrift: «Im Vorgehen gegen die Feinde Sowjet-Russlands ist es notwendig, die Tortur in Anwendung zu bringen, um Geständnisse aus ihnen herauszupressen und sie nachdem in eine andere Welt zu befördern.» (Zit. in: Ebd., S. 30) Im Zusammenhang der Darstellung des bolschewistischen Terrors fragt Goldman: «Was wird aus dem Marxismus, der da predigt, dass die soziale Revolution der Geburtsakt eines neuen gesellschaftlichen Lebens ist? Ist in den bolschewistischen Prinzipien und Methoden, wie sie in Russland zur Anwendung gelangen, irgendein Anzeichen dafür vorhanden? Der bolschewistische Staat hat den Beweis erbracht, dass er für die russische Revolution eine Verschwörung von vernichtender Bedeutung gewesen ist [...].» (Ebd., S. 31f.)

Trotz aller Rückschläge und Enttäuschungen war Goldman davon überzeugt, dass der Anarchismus realisiert werden wird. Denn sie war der unerschütterlichen «Meinung, dass der Anarchismus viel zu lebendig und verbunden mit der Natur des Menschen ist, als dass er aussterben könnte.» Es bedürfe auch nicht «so großer Veränderungen, wie allgemein angenommen, [...] um den Erfolg einer neuen, von den Anarchisten konzipierten Gesellschaftsordnung sicherzustellen». (Goldman I, S. 172)

9. *Rudolf Rocker (1873–1958)*

Rocker wuchs in Mainz/Rhein in einer gut situierten Steindruckerfamilie auf. Nach dem frühen Tod der Eltern kam er in ein katholisches Waisenhaus. Für kurze Zeit war der 14jährige Schiffsjunge. Es folgte eine Buchbinderlehre. Durch sozialistisch-freidenkerische Literatur stieß er während der Sozialistengesetze zur Sozialdemokratie. Bald verließ er diese wegen ihres legalistischen Kurses. Er schloss sich den «Jungen» an. Nach dem Ausschluss der Anti-Autoritären aus der I. «Internationale» wandte sich Rocker durch den Einfluss der Schriften Bakunins zum Anarchismus. 1891 gründete er eine anarchistische Gruppe, die illegale Schriften verbreitete. Durch Studium der Werke Kropotkins kam er zum kommunistischen Anarchismus.

Der drohenden Verhaftung wegen anarchistischer Propagandatätigkeit entzog sich Rocker und emigrierte nach Paris. Hier lernte er die französische Gewerkschaftsbewegung und deren Syndikalismus kennen. 1895 siedelte er nach London über und wurde dort aktiv im deutschen «Communistischen Arbeiter-Bildungsverein». Er machte in London die Bekanntschaft vieler Persönlichkeiten des internationalen Anarchismus: u.a. Kropotkins und Landauers.

Als Nicht-Jude wurde Rocker zu einem der ersten Wortführer der sich entwickelnden jüdischen Arbeiterbewegung Londons. Zwischen 1898 und 1914 gab er zwei jiddischsprachige Zeitschriften heraus: «Arbeiterfraint» und «Germinal». Auf dem Amsterdamer Anarchistenkongress 1907 wählte man ihn zu einem der drei Sekretäre der anarchistischen Internationale.

Während des I. Weltkrieges (1914–1918) wurde er als «feindlicher Ausländer» in England interniert. Danach Deportation in die Niederlande und 1919 nach Deutschland. Hier wurde er bald der führende Kopf der aus der syndikalistischen Bewegung entstehenden FAUD. Nach der NS-Machtergreifung 1933 emigrierte Rocker in die USA. Ab 1945 Einflussnahme auf die sich in Deutschland neu bildende syndikalistische Organisation «Föderation Freiheitlicher Sozialisten» (FFS).

In der Zeit nach dem I. Weltkrieg bis in die vierziger Jahre des 20. Jahrhunderts wurde Rocker durch seine Schriften zum bekanntesten und einflussreichsten Theoretiker des internationalen Anarchosyndikalismus. Seine Schriften werden noch heute in vielen Sprachen aufgelegt. Sein Hauptwerk «Nationalismus und Kultur» (auch: «Die Entscheidung des Abendlandes»), das 1937 erstmals auf Englisch erschien, ist immer noch ein anarchistisches Standardwerk.

Wie Landauer setzte sich auch Rocker scharf vom Marxismus ab. Dies zieht sich mehr oder weniger durch fast alle seine Schriften. Es ist der marxistische «Historische Materialismus», den er als dialektisch-historischen Fatalismus denunziert. Hiermit verwirft er, wie eigentlich alle Anarchisten, die behauptete Naturnotwendigkeit des historischen Prozesses hin zum Sozialismus-Kommunismus. Rocker spricht hier von der «Unzulänglichkeit aller Geschichtsauffassungen». Auch den Begriff «wissenschaftlicher Sozialismus» lehnt er ab: Sozialismus sei zwar ohne Hilfe der Wissenschaft nicht möglich, aber deswegen sei die Sozialismus-Theorie nicht per se schon wissenschaftlich. Ebenso sei es absurd, alle gesellschaftlichen Erscheinungen (Marx: «Überbau») auf ökonomische Ursachen und Verhältnisse zu reduzieren. Nach Rocker ist es vielmehr der Machtfaktor, der wesentlich die gesellschaftlichen Zustände bestimmt. Deshalb lehnte er es u.a. auch ab, die jeweiligen herrschenden Machtverhältnisse «verbessern» zu wollen; die «Macht als solche» müsse verschwinden. Die Ausschaltung des Machtfaktors ist nach Rockers Auffassung real nur in einer herrschaftslosen Gesellschaft möglich: In ihr gibt es keine Macht mehr zu verteilen bzw. auszuüben.

Schon frühzeitig kam Rocker zu der Überzeugung – wie alle Anarchisten vor ihm –, dass jeglicher «Staatssozialismus» zu einem totalitären Regime führen würde. Den «Staatssozialismus», wie er in der Sowjetunion und in deren Satellitenstaaten praktiziert wurde, bezeichnete er als «Kasernensozialismus» und «Staatskapitalismus». Die Ursachen dieser Erscheinungen lägen in dem «blinde[n] Glaube[n] so vieler Sozialisten, dass mit der Verstaatlichung der Wirtschaft die soziale Frage gelöst werden könnte». Dies aber sei, so Rocker, eine völlige «Verkennung der Aufgabe, die dem Sozialismus gestellt ist. Die wirtschaftlichen Vorgänge in den sog. totalen Staaten, und besonders der Anschauungsunterricht, den uns die ‹proletarische Diktatur› in Russland gegeben hat, haben [...] gezeigt, dass die Verstaatlichung des ökonomischen Lebens [...] einer völligen Verleugnung aller persönlichen Rechte und Freiheiten [...]» gleichkommt. (Rocker I, S. 13) Damit unlösbar verbunden ist eine wuchernde Bürokratie, die der herrschenden Klasse die Macht sichert. Ähnlich «verderblich ist [...] die Rolle der besitzenden Schichten in den kapitalistischen Staaten [...] Die wirtschaftliche Gleichheit des Gefängnisses oder der Kaserne ist sicher kein geeignetes Vorbild für eine höhere Kultur der Zukunft.» (Ebd.)

Rockers Auffassung war es auch, dass «nicht zuletzt dieser freiheitsfeindliche Zug im Lager des Sozialismus, [...] unbewusst und unbeabsichtigt dazu beitrug, der faschistischen Auffassung vom totalen Staate den Weg zu ebnen». (Ebd., S. 13f.) Und überhaupt erblickte er in den «absolutistischen» Vorstellungen im Sozialismus – hauptsächlich marxistischer Prägung – die Tendenz zur «Verstaatlichung des Menschen». Und jedem politischen Machtsystem attestierte er das fast automatische Hinübergleiten in oligarchische Herrschaftsformen. Dies auch dann, wenn der Staat eine demokratische Verfassung habe und mit einem Parlament ausgestattet sei. Denn wo Macht dominiert, meinte Rocker, ist auch die herrschende «Elite» immer bemüht, ihre Machtfunktionen auszuweiten. An diesem Punkt schäle sich der Gegensatz zwischen Macht und Kultur heraus. Beides lasse sich nicht vereinigen: Immer dann, wenn die Macht eines Despoten oder eines Staates ihre Ideologie der Gesellschaft aufzwinge, bedeute dies den Niedergang der Kultur. Und immer erst dann käme es zu einer «kulturellen Neugestaltung des gesellschaftlichen Lebens [...], wenn die sozialen Bindungen [der Beherrschten] [...] stark genug waren, das Überhandnehmen machtpolitischer Bestrebungen zu verhindern oder zeitweilig ganz auszuschalten». (Rocker II, S. 109)

Im Verfallsprozess der mittelalterlichen Gesellschaftsstrukturen, da ist Rocker mit Landauer kongruent, drängten sich «privilegierte Minderheiten» immer stärker in die Sphäre der sich selbstverwaltenden Gemeinden; sie «ersetzen allmählich den Grundsatz des gegenseitigen Ausgleichs und der freien Vereinbarung durch das Prinzip der Macht». «Wo [aber] der Wille zur Macht in Erscheinung tritt, dort wandelt sich die Verwaltung der öffentlichen Angelegenheiten in ein Herrschaftsverhältnis von Mensch über Mensch; das Gemeinwesen nimmt die Form des Staates an.» (Ebd., S. 114) Und die «Religion» des Staates ist in neuerer Zeit, so Rockers Sicht, der Nationalismus. Er sei das Bindemittel des Staates, um die vielfältigen ökonomischen, sozialen, politischen und kulturellen Interessen der Menschen seiner Macht zu unterwerfen; und dies sei nur möglich, weil den Menschen ein gesellschaftliches «Gesamtinteresse» suggeriert würde. Ein solcher gesellschaftlicher Konsens ist, so Rocker entschieden wie alle Anarchisten, absolut unrealistisch.

Die Entstehung des Staates ist eng verbunden mit der Zentralisation aller Lebensbereiche «von oben nach unten». Rocker in der «Prinzipienerklärung des Syndikalismus»: Der «Zentralismus [ist] die extremste Verkörperung jenes Systems, das die Regelung der Angelegenheit Aller einzelnen Personen in Bausch und Bogen überträgt». (Rocker IV, S. 4) «Die Syndikalisten», führt Rocker hier weiter aus, «verwerfen alle willkürlich gezogenen politischen und nationalen Grenzen [...] und [sie] verwerfen prinzipiell alle Bestrebungen zur Erzielung einer sogenannten nationalen Einheit, hinter der sich doch nur die Herrschaft der besitzenden Klassen verbirgt.» (Ebd., S. 5) Um die herrschende Klasse und ihren Staat zu entmachten, bedarf es einer starken, aktionsfähigen, unabhängigen gewerkschaftlichen (anarchosyndikalistischen) Organisation; sie stützt sich auf selbstbewusste Mitglieder, die auf allen Ebenen der Organisation autonom Beschlüsse fassen und Aktionen durchführen können. Diese Organisation ist föderalistisch aufgebaut (von unten nach oben) und ohne dominierende «Zentrale»; sie ist zugleich eine Organisation, in der sich ihre Mitglieder auf die Übernahme ihrer «Arbeitsstätten» vorbereiten und gesamtgesellschaftlich gestaltend tätig werden. Rocker spricht hier von einer «*Reorganisation der Gesellschaft im Sinne des Sozialis-*

mus [in der] *die wirtschaftliche Kampforganisation* [die Gewerkschaft] *die einzig gegebene Basis*» darstellt. (Ebd., S. 15) Die Parteien hingegen – auch die die «*Diktatur einer bestimmten Partei*», der sog. «proletarischen», anstrebten –, seien nur fähig, die jeweilige Macht abzulösen, um ihre Macht und ihren «Despotismus» einzuführen. Rocker: «Gegen die[se] Politik des Staates und der Parteien setzt der revolutionäre Syndikalismus die Wirtschaftspolitik der organisierten Arbeit, gegen die zersetzende Tätigkeit der Berufspolitiker die konstruktive Verwaltungstätigkeit der wirtschaftlichen Organisation.» (Ebd.)

Die herrschaftslose Gesellschaft sah Rocker aufgefächert in Interessensverbänden, die sich gegenseitig befruchten und sich föderieren. Hier knüpft Rocker an Proudhon an. Er «glaubte», so Rocker diesen interpretierend, «daß eine politische Neugestaltung der europäischen Gesellschaft in Form kleiner Gemeinwesen, die durch gegenseitige freie Verträge auf einer föderalistischen Basis untereinander verbunden sind, der verhängnisvollen Entwicklung der modernen Großstaaten einen Damm entgegensetzen könne». (Rocker V, S. 21) Voraussetzung einer Gesellschaft ohne Kapitalismus und Staat, das «Reich der Anarchie», sei nur möglich – hier stützt sich Rocker wiederum auf Proudhon –, wenn sich die «geistige Einstellung» der Menschen ändere. Ein geeignetes Mittel dafür seien u.a. die praktischen Erfahrungen, die bei einer «politische[n] Dezentralisation, welche dem Staate mehr und mehr seiner Funktionen entziehen sollte», gemacht würden. Denn dies sei das «geeignete Mittel, die Abschaffung jeglicher Regierung [...] vorzubereiten und praktisch in die Wege zu leiten». (Ebd.)

Nach 1945 fand Rocker zu moderateren Positionen. Er hob mehr den Gehalt des Liberalismus für den Anarchismus hervor. Keinesfalls wandelte er sich aber zum Staats- oder Kapitalismusapologeten. Nach wie vor verwarf er diese Formen. Und nach wie vor war er der Überzeugung, dass die Menschen nur dann frei wären, wenn sie ihre «Dinge» selbst bestimmen könnten. Um dies zu erreichen, setzte er sich ein für eine «Neuorientierung des [...] Anarchismus und Anarchosyndikalismus in Richtung einer vielfältigen, föderativen, basisdemokratischen, auf der Grundlage freier Vereinbarung, gegenseitiger Hilfe und freien Genossenschaftswesen sowie kommunaler Selbstverwaltung aufgebauten libertären Bewegung [...].» (Mohrhof, S. 110)

> «[...] glauben wir [...], daß eine Reorganisation des gesellschaftlichen Lebens im Sinne des Sozialismus weder durch die politische Tätigkeit der Parteien noch durch eine wie immer geartete staatliche Organisation erreichbar ist. Denn, wenn die Befreiung der Arbeit das Werk der Arbeiter selber sein muß, dann kann auch der wirtschaftliche und soziale Aufbau einer neuen Gesellschaft nur das Werk der Arbeiter selbst sein. Die Verstaatlichung des Grund und Bodens und der Arbeitsinstrumente kann nie den Sozialismus, sondern nur den Staatskapitalismus bringen, der die schlimmste Form der Knechtschaft darstellt, die nur zu einer vollständigen Bürokratisierung des gesamten öffentlichen Lebens führen müsste.
>
> Staatskapitalismus und Diktatur sind die gefährlichsten Gegenpole des Sozialismus, da sie die Auslieferung aller gesellschaftlichen Lebensbetätigungen an den Staat zu Voraussetzung haben. Ein solcher Zustand aber ist der Triumpf der Maschine über den Geist, die Rationalisierung des Denkens, Handelns und Empfindens nach den festgesetzten Normen einer geistlosen Bürokratie und folglich das Ende jeder geistigen Kultur überhaupt. Es spielt auch keine Rolle, unter welcher Flagge die Diktatur segelt; denn sie ist Tyrannei in jeder Form [...].»
>
> (Rudolf Rocker [1953], in: Rocker VIII, S. 117f.)

Inhaltlich ist die Aussage Kropotkins, wenn sie auch in unserer Zeit moderater vorgetragen wird, für alle Anarchisten akzeptabel: «Die Zertrümmerung der Staaten, und das Aufkommen neuen Lebens in tausend und abertausend Zentren, gegründet auf die lebendige Initiative des Einzelnen und der Gruppen und auf die freie Vereinbarung [...]» ist das Ziel; dies ist die Alternative gegenüber dem «Staat, der das individuelle und örtliche Leben zermalmt, alle Gebiete menschlicher Tätigkeiten mit Beschlag belegt; mit ihm die Kriege und die inneren Kämpfe um die Macht, dazu jene Oberflächenrevolutionen, die nur einen Wechsel in der Person der Tyrannen bedeuten [...]» würde. (Kropotkin I, S. 56) Vereinfacht genommen sind es theoretisch nur sekundäre Unterscheidungen, in denen Anarchismus-Theoretiker voneinander abweichen: Sie differieren hauptsächlich in dem «richtigen» Weg hin zu einer herrschaftslosen Gesellschaft (z.B. gewaltlos, gewaltarm oder auch gewaltsam), und auch in der Eigentumsfrage (eingeschränktes Privateigentum, kollektives Eigentum oder Eigentumsmischformen).

Alle anarchistischen Autoren haben es allerdings abgelehnt, ein perfektes Konzept einer herrschaftslosen Gesellschaft vorzulegen: Die Zukunft ist für vieles offen; menschliche Bedürfnisse können nicht programmiert werden. Gemeinsam ist allen anarchistischen Theoretikern auch ein mehr oder weniger positives Menschenbild: Ist die Natur der Menschen durch die historische und aktuelle politische und ökonomische Unterdrückung auch deformiert, so ist sie dennoch regenerierbar: Unter freiheitlichen Verhältnissen wird dies möglich sein. Allerdings – und hier liegt die Crux solcher Vorstellungen – muss dies mit dem Bewusstsein der Menschen der «alten» Gesellschaftsordnung erreicht werden! Ohne diesen Regenerierungs-Prozess – von Anarchisten oft überzeichnet –, ohne diese «idealistische» Denkweise und Überzeugung, dass dies möglich ist, hätte der Anarchismus kein theoretisches Fundament. Dass die Aufhebung von jeglicher Herrschaft realisiert werden kann, das ist ein anarchistisches Axiom.

V. Exkurs: Zum Problem der «Klassiker»

Jeder Marxist, Marxist-Leninist – gleich welcher Richtung – erkennt Marx, Engels und (fast immer auch) Lenin als «Klassiker» und/oder als «wissenschaftliche» Autoritäten an. Für Anarchisten dagegen gibt es keine verbindlichen «Klassiker» oder Lehrmeinungen. Anarchisten verschreiben sich keinen wie auch immer gearteten «Heilsschriften». Es gibt für sie keine «unfehlbaren» Lehrmeister.

Ohne Marx kein «Marxismus». Ohne Bakunin, ohne Rocker etc. kann es dennoch einen Anarchismus geben. Da der Anarchismus viele Väter und Mütter hat, sind die Einzelnen nie das für den Anarchismus, was Marx für den Marxismus ist: die Autorität per se. So sind auch die hier vorgestellten anarchistischen «Klassiker» zu verstehen: als eine subjektive Auswahl mit allerdings unter Anarchisten weit verbreitetem Konsenscharakter zu ihrer Bedeutung für Entstehung und Entwicklung der anarchistischen Theorien. Aber sie sind nur für diejenigen verbindlich, die sie für sich anerkennen.

Die oft widersprüchlichen Theorien der anarchistischen «Klassiker» sind die Quellen der Anarchismen. Es ist das Potential, aus dem sich der – immer wieder totgesagte – Anarchismus erneuert. Er erneuert sich hauptsächlich deshalb, weil er die Theorien der «Klassiker» eben nicht verabsolutiert, sondern aus ihnen das filtriert, was noch «aktuell», «zeitgerecht» und zukunftsbildend ist. Und das, was der Zeit nicht mehr standhält, ist Geschichte. Das ist keine Demontage der «Klassiker», sondern letztlich ihre Aufwertung: Die Pluralität ihrer Theorien fordert geradezu heraus, diese weiter zu entwickeln, ohne aber ihren Geschichtsballast mitzuschleppen. Es besteht also nicht nur völlige Interpretationsfreiheit, sondern geradezu ein Zwang zur Überwindung der «Klassiker», um ihre Wurzeln freizulegen, um diese für die jeweils aktuelle Diskussion zu instrumentalisieren.

Die in ihrer Zeit verhafteten «Klassiker» haben, aus heutiger Sicht, nicht nur eine Menge Stilblüten hervorgebracht; sie haben unserem heutigen Verständnis nach auch eine Menge «Unkorrektheiten» begangen: Proudhon z.B. mit seiner Frauenfeindlichkeit, Stirner zu «antisozial», Bakunin und Kropotkin mit ihrem (zeitweisen) «Antigermanismus», Goldman gelegentlich zu «feministisch» etc. Diese «Unkorrektheiten» sind meist ihrem Zeitgeist geschuldet. Dennoch sind sie nicht mehr akzeptabel. Deshalb müssen sie, wo nötig, konkret benannt werden. Sie sind also bei intensiver «Klassiker»-Beschäftigung mitzudenken, offen zu legen und keinesfalls zu verdrängen.

Es bestehen Denkansätze, einen Anarchismus ohne seine «Klassiker» zu installieren. Dahinter stecken richtige Feststellungen: dass das sehr optimistische Menschenbild der anarchistischen Klassiker im Wesentlichen veraltet ist, dass Staat und Kapitalismus sich so gewandelt hätten, dass sie nichts mehr von ihrer Gestalt im 19./Anfang des 20. Jahrhunderts aufweisen würden. Dagegen ist (pauschal) zu halten: Einen Baum ohne Wurzeln kann man nicht pflanzen und er kann somit nicht wachsen. So sind die anarchistischen «Klassiker» – trotz aller heutigen und kommenden Abstriche – das Fundament, auf dem alle Anarchismus-Theorien fußen. Der Anarchismus kann nicht neu erfunden werden. Aber er muss immer wieder neu interpretiert, aktualisiert, formuliert werden. Dazu ist es u.E. unerlässlich, auch die «Klassiker» zu studieren – und sie nicht nur aus zweiter oder dritter Hand zu zitieren.

Ein stetiges Analysieren der realen gesellschaftlichen Verhältnisse bedarf selbstredend auch eines stetigen Anpassens. Dabei bleiben jedoch die grundlegenden Feststellungen der «Klassiker» über die Emanzipation der Menschen und dem Willen zu einer gerechten und freien Gesellschaftsordnung bestehen.

VI. Konfrontationen

1. Staat

«**D**er Staat ist nur eine der Formen, welche die Gesellschaft im Laufe der Geschichte annimmt.» (Kropotkin I, S. 3) Im Staat erkannte Kropotkin «eine Einrichtung, die im Laufe der Geschichte der menschlichen Gemeinschaften entwickelt wurde, um die Anknüpfung von Verbindungen zwischen den Menschen zu hindern, um die Entfaltung der lokalen und individuellen Initiative zu hemmen, um bestehende Freiheiten zu zermalmen und das Aufkeimen neuer zu verhindern». (Kropotkin VI, S. 52) Landauer war der Überzeugung: je weniger die Menschen Beziehungen miteinander hätten, desto mehr konzentriert und dirigiert der Staat diese. Die Existenz des Staates als ein Ausdruck schwindender menschlicher Beziehungen. Würden die Menschen diese wieder intensivieren, würde der Staat seine, von der Gesellschaft usurpierten Funktionen, wieder verlieren. Sie würden erneut in die Gesellschaft integriert. Nach Landauer ist der Staat ein «Verhältnis», eine «Beziehung», auf die sich die Menschen einlassen können – oder auch nicht.

Schon rein äußerlich gesehen ist das Wesen des Staates Zwang und Macht. Diese Attribute werden gerechtfertigt durch die «Staatsidee». Diese beruht auf der Usurpation kultureller, rechtlicher, religiöser und ethischer Traditionen der Gesellschaft. Der Staat legitimiert seine Macht als «Träger» dieser gesellschaftlichen Errungenschaften.

Die Ursachen für die Entfremdung der Menschen ist in den modernen Gesellschaften der Staat, so der Anarchosyndikalist Arthur Müller-Lehning 1933. Der Staat ist kein «organisches Produkt der Gesellschaft [...], sondern [...] [auf] außerökonomische Mittel und fast immer [...] [auf] außerökonomische Gewalt [zurückzuführen]: durch Raub, durch Krieg, durch Unterwerfung. [...] Staaten sind nie auf andere Weise entstanden, als indem zwei heterogene soziale Gruppen feindlich aufeinander stießen, wobei die eine die andere überwältigt und unterjocht. [...] der Staat ist nie etwas anderes gewesen als eine Einrichtung, vermöge welcher die eigenen Gruppen sich ihren Lebensunterhalt von den unterlegenen beschaffen lassen.» (Müller-Lehning I, S. 53) In enger Anlehnung an Kropotkin schreibt

Müller-Lehning von den Menschen, die in einem «vorstaatlichen Zustand» gelebt haben. Dieser sei «nicht ganz allmählich in die Geschichte übergegangen, sondern mit der Staatengründung, die mit der Eroberung und Wanderung anfängt [...]». Das ist die entscheidende, „ganz neue Epoche in der Geschichte». Erst wo die Stammesgrenzen überschritten werden, um Beute zu machen, um Menschen zu versklaven, entsteht die Notwendigkeit, diese Eroberungen abzusichern. Dazu bedarf es Herrschafts- und Repressionsstrukturen. Die «Entstehung des Staates [ist] gegeben». (Ebd.)

Der Liberalsozialist Franz Oppenheimer hatte schon 1907 einen solchen Staatsbegriff in seiner soziologischen Studie «Der Staat» herausgearbeitet. Er widersprach mit seiner Formulierung, «was der Staat alles *nicht* ist», allen jenen Staatstheorien, die den Staat aus dem «Bedürfnis des Zusammenschlusses» (Platon) entstehen, oder in ihm ein «Gebilde der Natur» (Aristoteles) sahen; klar stellte Oppenheimer in Abrede, dass der Staat deshalb entstanden sei, um den «Krieg aller gegen alle» (Hobbes) zu beenden. Der Staat, stellte er auch fest, «ist ebenso wenig das Ergebnis eines ‹contrat social›, wie schon lange vor Rousseau Grotius, Spinoza und Locke glauben machen wollten». Letztlich sah Oppenheimer in allen modernen Staatsdefinitionen reine Staatsapologien. Mit seiner «soziologischen Staatsidee» vertrat er eine Position, die logischerweise die Frage nach der Legitimation des Staates herausfordert. Oppenheimer: Der Staat «ist seiner Entstehung nach ganz und seinem Wesen nach auf seinen ersten Daseinsstufen fast ganz eine gesellschaftliche Einrichtung, die von einer siegreichen Menschengruppe einer besiegten Menschengruppe aufgezwungen wurde mit dem einzigen Zwecke, die Herrschaft [...] zu sichern. Und die Herrschaft hatte keinerlei andere Endabsicht als die ökonomische Ausbeutung der Besiegten durch die Sieger.» (Oppenheimer, S. 13ff.)

Der Staat ist also nicht der Notwendigkeit entsprungen, die innergesellschaftlichen Probleme auf einer übergeordneten Ebene zu regeln. Er ist den Gesellschaften von außen aufgezwungen worden, um innergesellschaftlich ökonomische und politische Machtinteressen von Herrschaftseliten durchzusetzen. Der sich so gerierende «Machtstaat» (Oppenheimer) definiert sich selbst immer als unbedingt notwendiger Ordnungsfaktor; er vertritt eine «Gebietsordnung» mit dem Anspruch totaler Souveränität. So gesehen, schreibt Rüdiger 1947, «ist ‹Staat› jede logische Ordnung». Aber «Staat [ist] – und diese

Auffassung ist historisch berechtigt – die zentralistische Gebietsorganisation mit souveräner Machtvollkommenheit nach innen und außen, der alle anderen gesellschaftlichen Institutionen untergeordnet sind und als bloße Werkzeuge dienen. Diese Definition erfasst alle Staatsformen vom Fürstenstaat des 16. Jahrhunderts bis zur atomistisch-zentralistischen Demokratie unserer Tage einschließlich der Diktaturstaaten.» (Rüdiger I, S. 32)

Alle Staatsformen – so das anarchistische Axiom – weisen gemeinsame Merkmale und Institutionen auf: Verfassungen, geschriebene Gesetze, Gerichte, Polizei, Gefängnisse, Geheimdienste, Militär u.a.m.; allen – auch in den «Demokratien» – gemeinsam ist, dass die Menschen weder Einfluss auf deren Einsetzung noch auf deren Gestalt noch auf ihre Handhabung haben. Es sind Herrschaftseliten, die die wirkliche Verfügungsgewalt über die von ihnen geschaffenen Gesetze und Institutionen haben. Durch vermeintliche demokratische Wahlen lassen sie sich diese periodisch legitimieren. Ihre Macht- und Herrschaftsprivilegien sind sakrosankt. Die jeweilige Regierung besitzt die Definitionsmacht; sie diktiert die Staatsräson. Kraft der von ihr geschaffenen Verfassung setzt sie diese durch. Der so genannte «Souverän», das Volk, ist bei der Machtausübung und -sicherung der Herrschaftseliten nichts als Manövriermasse. Denn «solange der moderne Staat *Souveränität* beansprucht, das heißt ein höheres, ja höchstes Recht, und solange dieses Recht von den Unterworfenen stillschweigend oder ausdrücklich anerkannt wird, droht nach anarchistischer Auffassung die Gefahr, dass er sich in bloßer Ausführung seines Rechts in jenen menschenverschlingenden Moloch verwandelt, als den ihn die Geschichte immer wieder zeigt». (Heintz, S. 43) Deshalb verwerfen die Anarchisten jeglichen Staat. Deshalb wollen sie ihn und seine Regierungen abschaffen. Sie wollen dessen Machtmissbrauch beseitigen. Sie wollen den Institutionen und den einzelnen Menschen keine Macht über Menschen zugestehen. Denn Macht – so die klassische anarchistische Auffassung – unterliegt grundsätzlich dem Missbrauch.

Machtmissbrauch des Staates ist zugleich gekoppelt mit dessen Gewaltausübung. Das traditionelle Gewaltmonopol des Staates richtet sich fast ausschließlich gegen die Gesellschaft als Ganzes, gegen gesellschaftliche Gruppen und gegen Individuen – sobald diese den vom Staat aufgezwungenen gesellschaftlichen Basiskonsens versuchen zu verlassen. Für die Staatsmacht ist dieses Vorgehen nichts als logisch: Die Sicherung ihres Herrschaftsmonopols ist für sie zugleich die «Pazifizierung» der Gesellschaft.

Zentral in der anarchistischen Staatsauffassung ist: Staat und Gesellschaft sind nicht kompatibel. Jedoch setzt sich der Staat meist gleich mit der Gesellschaft. Er eignet sich die Kompetenz an, die von ihm definierten gesellschaftlichen Interessen zu bündeln; er gibt vor, diese stellvertretend für die Individuen, in deren Sinne zu vertreten. Diese staatliche Machtdemonstration ist immer eine Vergewaltigung der Freiheit der Individuen bzw. der Gesellschaft, weil ihr die Freiheit, über sich selbst zu bestimmen, nicht zugestanden wird. Zugleich demonstriert der

> «Die moderne Gesellschaft gründet sich politisch auf das System der Macht und ökonomisch auf das System des konzertierten Kapitals. Ihre politische Manifestation ist der Staat; ihre ökonomische Manifestation ist das kapitalistische Produktionssystem. Ihre zentripetale Tendenz bewirkt, daß sich die politische Macht immer mehr im Staat konzentriert und daß sich die ökonomische Macht stetig von einem System des Privatkapitalismus zu dem des Monopolkapitalismus und letztendlich zu dem des Staatskapitalismus wandelt. So entsteht der totalitäre Staat durch die Verschmelzung der politischen und ökonomischen Macht zu einer Einheit. Aber diese Identität von Staat und Kapital ist ja nichts Neues. Der Staat kann durchaus als die Umsetzung ökonomischer in soziale Formen der Gesellschaft angesehen werden. Als exekutives Instrument dient er denen, die kraft ihrer durch Kapital erlangten ökonomischen Macht die herrschende Klasse des Landes bilden. Ebenso wie das durch die Vergrößerung und Vereinigung von Unternehmen wachsende Kapital unter die effektive Kontrolle einer zusehends schrumpfenden Klasse gerät, so konzentriert sich auch der Staat mehr und mehr, bis die klaren Parallelen des politischen und ökonomischen Lebens im totalitären Staat verschmelzen.»
>
> (George Woodcock [1987], zit.: Woodcock, S. 93)

Staat damit aber auch seine Ohnmacht gegenüber der Gesellschaft; denn die «hoheitlichen» Akte des Staates entbehren der Legitimation durch die Gesellschaft, weil es keinen einheitlichen gesamtgesellschaftlichen Willensbildungsprozess gibt, geben kann.

Die Staatsmacht sieht dagegen in der Gesellschaft letztlich nur einen Monolithen, dem sie einen Gesamtwillen zudiktiert.

Dieses aber sind irrige, zweckgerichtete Auffassungen von Gesellschaft; denn diese setzt sich immer aus unzähligen Interessensgruppen (z.B. Berufsgruppen, Bürgerinitiativen, intellektuellen Zirkeln, Wohlfahrtsverbänden, Gewerkschaften, Genossenschaften) zusammen. Landauer brachte dies auf die eingängige Kurzformel: «*Gesellschaft ist eine Gesellschaft von Gesellschaften von Gesellschaften; ein Bund von Bünden von Bünden; ein Gemeinwesen von Gemeinschaften von Gemeinden; eine Republik von Republiken.*» (Landauer II, S. 124) Die reale Basis einer jeden Gesellschaft aber sind die Individuen. Der Staat dagegen wird getragen von Interessensgruppen, die die ihr genehmen Regierungen einsetzen. Diese zwingen der überwältigenden Mehrheit der realen Gesellschaft ihre Vorstellungen, ihre Interessen auf. So ist Staat die Gewalt der absoluten Minderheit in der Gesellschaft gegen die absolute Mehrheit der Gesellschaft. Vermittels seiner Vorstellung, definitiv das «Recht» zu verkörpern, versteht sich der moderne Staat als «Rechtsstaat». Dieser Terminus ist die ideologische Verbrämung der Gewalt, die der Staat ausübt. Mit «Recht» als freiwillige Rechtsbeziehungen, als freiwillige Übereinkünfte in der Gesellschaft, hat der «Rechtsstaat» nichts gemein. Die «Rechtshoheit» des Staates ist die Legitimierung der Anmaßungen der Herrschaftseliten, ihre Ansprüche und Interessen permanent mit allen Mitteln in der Gesellschaft durchzusetzen.

Die anarchistischen Auffassungen vom Klassen- und Gewaltcharakter des Staates unterscheiden sich wenig von denen Marx-Engels´ und vieler ihrer frühen Epigonen. Und die Gewaltmaschine Staat abzuschaffen, das war einst auch deren selbstverständliche marxistische Intention. Bei den Marxisten, so konstatierte Müller-Lehning, wurde diese «Theorie der staatslosen Gesellschaft als eine abstrakte Ideologie» eine gewisse Zeit lang aufrechterhalten. «Der Gedanke der staatslosen Gesellschaft hat [dann] aber allmählich weder in der Realität der gesellschaftlichen Verhältnisse noch in der geistigen Einstellung» bei den Marxisten Raum gewonnen. Stattdessen habe sich die Vorstellung einer klassen- und staatslosen Gesellschaft in der politisch-sozialen «Wirklichkeit» verloren und zu der Formel gewandelt: der Staat «stirbt ab». (Müller-Lehning I, S. 49) In diesem Absterben sahen Marx-Engels einen sehr langwierigen Prozess. Lenin, der in seiner Schrift «Staat und Revolution» das marxistische Staatsverständnis aktualisieren wollte, interpretierte das Absterben so: «Von dem Augenblick an, da alle

Mitglieder der Gesellschaft oder wenigstens ihre übergroße Mehrheit *selbst* gelernt haben, den Staat zu regieren, selbst die Staatsregierung in ihre Hände genommen haben, die Kontrolle ‹in Gang gebracht› haben über die verschwindende Minderheit der Kapitalisten [...] über die Arbeiter, die durch den Kapitalismus tief demoralisiert worden sind, – von diesem Augenblick an beginnt die Notwendigkeit irgendeines Regierens überhaupt zu schwinden. Je vollständiger die Demokratie, um so näher der Zeitpunkt, zu dem sie überflüssig wird. Je demokratischer der ‹Staat›, der aus bewaffneten Arbeitern besteht und der ‹schon kein Staat im eigentlichen Sinne mehr› ist, um so rascher beginnt *jeder* Staat abzusterben.» (Lenin III, S. 86)

Der Prozess des Absterbens des Staates sollte getragen werden von der «Diktatur des Proletariats». (In Wirklichkeit waren es dann von Beginn an die bolschewistische Parteielite bzw. die selbsternannten Kader.) In dieser Übergangsperiode sollte die den kapitalistischen Klassenstaat verkörpernde Bourgeoisie vernichtet werden. Lenin vertrat diese Theorie noch in der o.a. Schrift 1918. Also noch zu dem Zeitpunkt, als sich in Gestalt der «Diktatur des Proletariats» die Bolschewistische Partei unter der diktatorischen Führung des gleichen Lenin als bolschewistischer Zentral- und Terrorstaat in rasantem Tempo etablierte. Müller-Lehning brachte diesen Vorgang auf den Punkt: «Der Glaube, daß ein bis aufs äußerste zentralisierter, militarisierter Staat, daß eine despotische Diktatur einfach von selbst in die höhere Phase des staatslosen Kommunismus übergehen werde, ist die hoffnungsloseste Utopie, der die Arbeiterklasse jemals zum Opfer gefallen ist.» (Müller-Lehning I, S. 54)

Spätestens mit der Etablierung des bolschewistischen Systems in Russland wurde die Diskussion über die Abschaffung des Staates im Marxismus-Leninismus verwässert. Fast nur noch die Unterschiede zwischen «reaktionärem bürgerlichen Staat» und «fortschrittlichem Arbeiterstaat» wurden rezipiert. Die Vorstellungen von staatenlosen Gesellschaften wurde von marxistisch-leninistischer Seite fortan als kleinbürgerlich-anarchistische Utopie diffamiert. Marx-Engels` zeitweise Vorstellungen vom Endziel des Sozialismus als einer Gesellschaft ohne Staat blieb hauptsächlich in den Marx-Engels-Werken (MEW) verbannt. Das «Absterben» des Staates durfte z.B. in der DDR «nicht ‹undialektisch›, dogmatisch interpretiert werden», weil «neben dem sozialistischen System [...] ein imperialistisches System» existierte. Durch deren reale Gegnerschaft, so die DDR-Auffassung, waren die «objektiven und subjektiven Bedingungen» des Prozesses des «Absterbens» des Staates nicht gegeben. (Klaus/Buhr, S. 1037f.) So wurde die Staatsfrage wesentlich (gerade aber auch im westlichen Marxismus) nur noch als Frage nach der objektiv sinnvollsten Funktionalität des Staates – «bürgerlicher» oder «sozialistischer» Staat – geführt. Es ging nur noch um die Transformation des bürgerlichen in den «sozialistischen» Staat. Gekoppelt damit war, dass die Funktionen des sozialistischen Staates einen weitaus größeren Umfang haben würden als der bürgerliche Staat: Die Zentralisierung der Wirtschaft z.B. als die weitgehende Beseitigung ihres privaten Sektors würde alleine schon eine erhebliche Ausweitung der Staatsbürokratie und -exekutive erfordern. Am vergangenen «real existierenden Sozialismus» ist diese Tatsache zu exemplifizieren: Überall wo sich einmal die sog. «Diktatur des Proletariats» etablierte, hat sich der staatliche Sektor mehr und mehr ausgedehnt – wie eine Krake eisern die Gesellschaft umklammert, sie fast zum Ersticken gebracht. Der Staats-Leviathan stand vor seinem endgültigen Triumph.

Unbestreitbar ist, dass sich der Staat im Laufe seiner Entwicklung, hauptsächlich bedingt durch den technisch-sozialen Fortschritt, Funktionen angeeignet hat, deren Ausführungen für die Gesellschaft lebensnotwendig sind. Würden sie von heute auf morgen beseitigt, wäre dies nichts anderes als eine soziale Katastrophe. Diese banale Tatsachenfeststellung ist im Wesentlichen der (meist unbewusste) Grund, warum die überwiegende Mehrheit der Menschen den Staat bejahen. Ursächlich steckt dahinter die Angst vor der unbekannten, noch nicht erlebten Freiheit. Auch die geschürte Angst vor der «Anarchie». Und dies ist die «falsche Identifizierung der Anarchie mit dem Chaos und die ständige Wiederholung der These, ohne Herrschaft gäbe es keine Ordnung», so der ehemalige Hamburger Justizsenator Prof. Ulrich Klug; das aber, so Klug weiter, «sind uralte Methoden, mit denen die Herrschenden den Beherrschten die unumstößliche Notwendigkeit ihrer Herrschaft suggerieren. [...] der Erfolg dieses vernebelnden Vorgehens [wäre] geringer, würde man [...] deutlich zum Ausdruck bringen, [...] ein Zustand der Gleichberechtigung sei kein geordneter Zustand. Das Widersinnige jener Lieblingsthese aller Herrschenden käme [damit] ans Tageslicht.» (Klug, S. 288)

Trotz aller staatlichen Repressionen ist es dennoch bisher nicht gelungen, die Gesellschaft im Staat aufzulösen. Denn die Gesellschaften würden erst wirklich dann aufhören zu existieren, wenn es dem Staat gelänge, jede einzelne ihrer Tätigkeiten, jedes einzelne Tun der Individuen zu regulieren. An dieser Aufgabe sind bisher noch alle totalitären Staaten gescheitert. Und trotz des fortschreitenden staatlichen Sektors (und das trotz «Privatisierungen» etc.) in den Gesellschaften, ist immer noch eine starke Immunität der Individuen gegen die Staatsindoktrinationen zu konstatieren.

Die «Befreiung der Gesellschaft vom Staat» (Erich Mühsam) ist für Anarchisten notwendig. Denn nur ohne Staat ist die größtmögliche Selbstbestimmung der Individuen möglich. Diese Befreiung wird kein Sprung aus der Staatsherrschaft ins Reich der Freiheit sein können. Eher wird dies ein Kriechgang werden. Ein Prozess, der sich innerhalb der herrschenden Staats- und Kapitalsysteme vollziehen kann – ein Bewusstwerdungsprozess, der umschlägt in die Praxis systematischer (Wieder-)Aneignungen der an den Staat verlorenen, von ihm entwendeten gesellschaftlichen Funktionen: die Ausweitung des gesellschaftlichen Sektors gegen den staatlichen. Dieser Prozess kann sich heute auf eine latent staatsabweisende Mentalität in der Gesellschaft stützen. Diese Gesellschaft lebt quasi bereits schon neben dem Staat, auch wenn sie sich noch dem Staatsdiktat beugt; auch identifizieren sich die Individuen noch bis zu einem gewissen Grade mit dem Staat, weil sie von dessen «Wohltaten» profitieren; darüber hinaus wird der Staat aber weitgehend ignoriert. Die Gesellschaft ist ein Machtfaktor. Diesem würde der Staat weichen müssen, wenn sich die Gesellschaft bewusst und konsequent mit ihren Machtpotentialen gegen ihn stellt.

Die Überwindung des Staates erfordert konkrete Bedingungsfaktoren; diese müssen einer Loslösung der Gesellschaft vom Staat vorausgehen. Es bedarf der «Übergänge», die sich in den real-existierenden Gesellschaften entwickeln. Nettlau schrieb in diesem Kontext von der notwendigen «[...] *sachliche[n]* Selbsterziehung und Erziehung der entwicklungsfähigsten Teile der Menschheit zur Freiheit durch gemeinsame Arbeit und Erfahrung ist das [...] Mittel, freiheitliche Milieus, eine sich immer weiter verbreitende *freiheitliche Mentalität* zu schaffen [...]. Die Menschheit wird nicht zu ihnen [den Anarchisten] kommen, um Belehrung zu verlangen, wäre ihre Lehre noch so vollkommen. *Sie müssen zu den Menschen gehen und sie für unsere Ideen aufnahmsfähig zu machen, indem sie an die vielen, wenn auch noch so unscheinbaren freiheitlichen Anfänge und Ansätze intelligent, geduldig und duldsam anknüpfen.*» (Nettlau III, S. 76) Nettlau ging es um einen Selbstlernprozess, d.h. um praktische Erfahrungen durch Gewinnung von mehr alltäglichen Freiheiten. Diese Entwicklung verstand er als «geistige Befreiung». Praktischer Ausfluss einer «geistigen Befreiung» sollte sein, so Kropotkin (1913), sich die «ausgesprochene Tendenz unsrer Zeit zu Nutze machen, tausende verschiedene Gruppierungen [...] zu begründen, die darauf ausgehen, für all die Aufgaben, die der Staat an sich gerissen hatte, an die Stelle des Staates zu treten, [...] anstatt [...] den bürgerlichen Staat dadurch zu stärken, daß sie ihm ihre Kräfte und ihren Geist leihen». (Kropotkin VI, S. 79)

Diese Periode der Selbstbewusstwerdung war für Müller-Lehning die Zeit für die praktische Bildung von Räten in allen gesellschaftlichen Zusammenhängen. Er setzte sich für eine Übergangszeit ein, in der freie, föderalistisch vernetzte gesellschaftliche Organisationen nach dem Räteprinzip mehr und mehr die gesellschaftlichen Angelegenheiten regeln sollten. Dem liegt der Gedanke zugrunde, dass die konkret arbeitenden, nicht-zentralistischen Räte auf lange Sicht die Dezentralisierung der Staatsmacht bewirken. Weil die «Räte [...] die Verneinung des politischen Prinzips der Staatsorganisation, des Regierungssozialismus und jeder Form der Staatsdiktatur» sind. So können die «Räte [...] Organe sein, die eine *freiheitliche Entwicklung der Gesellschaft ermöglichen*», meinte Müller-Lehning. In ihnen erblickte er aber kein «Allheilmittel für den Sozialismus. Wenn der sozialistische Geist, der sozialistische Wille und die notwendigen praktischen Fähigkeiten nicht vorhanden sind, dann wird auch mit den Räten kein Sozialismus möglich sein.» (Müller-Lehning II, S. 194 u. S. 195)

Den Räten kann in einer Übergangszeit ein «sozialistischer Wille» nicht generell zugesprochen werden. Denn die Räte als Interessensverbände aus allen gesellschaftlichen Schichten sind politisch-sozial heterogen. Allerdings ist ihre Funktion auch in diesem, noch weitgehend nicht-sozialistischen Stadium, schon «freiheitlich». Im Gegensatz zu dem klassischen, rein proletarisch gebundenen Räteprinzip und Räteorganisation, eröffnen in den modernen parlamentarisch-demokratischen Staaten direkt-demokratische (plebiszitäre) Elemente erhebliche «demokratische» Möglichkeiten: direkte Durchsetzung der vielfältigen Interessen der Betroffenen in ihren überschaubaren Lebensbereichen. So werden die Entscheidungsprozesse, z.B. im kommunalen Bereich, unmittelbar von ihnen wahrgenommen. Die Zwischenschaltung von Parteien, staatlichen Gremien – diese Fremdsteuerung entfällt.

Nicht alle Anarchisten vertraten/vertreten die Räteidee. So hatte z.B. Nettlau ganz erhebliche Einwände gegen sie: Weil «*jedes Rätesystem zum sich durch Kompromisse dahinfristenden Parlamentarismus oder zur Diktatur werden* oder [in] *eine chaotische Diskussionsanstalt*» ausarten würde. Stattdessen plädierte er a) für eine «*viel größere* Vorbereitungsarbeit [...] [um damit] eine wesentliche Änderung der Mentalität und Gewohnheiten» der Menschen herbeizuführen; (Nettlau III, S. 152) und b) für eine intellektuelle Entwicklung, in der sich die Individuen fortwährend mehr «*geistige Selbstständigkeit*» aneignen, um einen «Einblick in Natur und Geschichte, [in] das Räderwerk des politischen und sozialen Lebens und vieler Geistesströmungen» zu bekommen: «eine zur *Kritik* befähigende geistige Grundlage [zu] schaffen und ähnliches bei anderen an[zu]regen: [denn] sonst werden auch die Bindungsmittel nur Kanäle für sie, durch welche *sie autoritäre Denkweise, einerlei ob kapitalistische oder sozialistische,* in sich aufsaugen». (Ebd., S. 161)

Nettlau hat bewusst keine konkreten Schritte über die «Übergangsphase» hinaus aufgezeigt. Proudhon hingegen wurde an diesem Punkt konkreter: 1851 skizzierte er eine Gesellschaft, die den Staat außer Kraft setzt, die auf Solidarität und freie Vereinbarung fußt: «An die Stelle der Gesetze werden wir Verträge setzen. Es wird keine von einer Majorität oder gar einstimmig erlassenen Gesetze mehr geben. Jeder Bürger, jede Stadt, jede industrielle Vereinigung wird sich ihre eigene Gesetze geben. An Stelle der politischen Mächte werden wir die ökonomischen Kräfte setzen.» (Zit. in: Oberländer, S. 19) In diesem Kontext sind weitere zentrale Vorstellungen Proudhons von einer nicht-staatlichen Gesellschaft aufzuzeigen, die Rüdiger auf den Punkt bringt: «Die öffentliche Macht, die souveräne Staatsmacht wird durch die organisierte Kollektivmacht ersetzt. Anstelle der Polizei braucht die menschliche Gesellschaft die Identität ihrer Interessen, anstelle der politischen Zentralisation und Beraubung der Freiheit braucht sie ökonomische Zusammenarbeit.» (Rüdiger I, S. 188)

Eine neuere Version des Ablösungsprozesses der Gesellschaft vom modernen Staat gab der Anarchosyndikalist Fritz Linow. Er setzte sich für die «Verbreiterung der Demokratie» in den parlamentarisch-demokratisch verfassten Staaten ein. In erster Linie müsse gegen deren erschreckende fortschreitende Bürokratisierung Widerstand organisiert werden. Auf dem Gebiet der Wirtschaft gäbe es noch immer die «starke Waffe des

Streiks als Mittel der Gegenwehr». Ein weiteres Instrumente dieser «Gegenwehr» wäre die Stärkung von unabhängigen «öffentliche Foren, [...] Bürgerschutzgemeinschaften, [...] Nachbarschaften, [...] Wählergesellschaften usw. [die] bereits [...] am Werke» seien. Aufgabe von Sozialisten sei es, so Linows Auffassung, hier mitzuwirken: Die «Kräfte der Gegenwehr zu verstärken und richtunggebend zu beeinflussen, bleibt eine vordringliche [...] Aufgabe des Sozialismus und [...] er kann sich nicht zur Wirkung bringen, wenn er nicht der Gesellschaft gegenüber dem Staat das Übergewicht schafft [...] [Denn] Sozialismus ist fortschreitende Vergesellschaftung, d.h. eine willensmäßig beeinflusste Entwicklung, die die Elemente des Sozialismus, Freiheit und Genossenschaftlichkeit, Selbstbestimmung und Selbstverwaltung zum Tragen bringen will, weil diese Elemente die Grundlage bilden, auf der eine höhere Form der menschlichen Kultur erwachsen kann.» (Linow, S. 58) Linows «höhere Form der menschlichen Kultur» war für ihn die herrschaftslose Ordnung – die Anarchie.

Was Linow unter «Bürgerschutzgemeinschaften» verstand, das drückt sich heute in etwa darin aus, was in den Bürgerinitiativen praktiziert wird. In diesen betätigen sich Anarchisten seit ihrem Aufkommen und dies oft an führenden Stellen.

Pauschal kann behauptet werden: Die heutigen Anarchisten (in den parlamentarischen Staaten) sind nicht primär auf die Abschaffung des Staates fixiert; sie wollen sich aber immer größere Freiheitsräume erkämpfen; sie wollen durch gesellschaftliche Praxis aufzeigen, dass Freiheit erlebbar, möglich ist; sie wollen in der Gesellschaft durch «Aufklärung» und praktisches Handeln den Einfluss und die Macht des Staates verringern, ihn immer weiter zurückdrängen. Letztlich wird er überflüssig werden.

2. *Parlamentarische Demokratie versus «allgemeine Freiheit Aller»*

Die bürgerlich-parlamentarische Demokratie wird von allen Anarchisten als eine der Herrschaftsformen abgelehnt. Sie ist für die Anarchisten im Gegensatz zur Diktatur oder Oligarchie die «Tyrannei der Mehrheiten» (Proudhon). Die Demokratie unterwirft die Souveränität der Einzelnen ihrem politisch-sozialen Basiskonsens. Die Konsensfindung der herrschenden «Demokraten» über die Interessen der Einzelnen ist somit ein grundlegendes Prinzip demokratischer Herrschaft.

In den vorherrschenden (Parteien-)Demokratien ist die «Koalitionsfreiheit» der Parteien zur Mehrheitsfindung eine grundlegende demokratische «Errungenschaft». Diese Parteienkoalition, die (in der Regel und im Gegensatz zur Einparteienherrschaft) Regierung vollstreckt den «Volkswillen». So jedenfalls die klassische Definition der «Volksherrschaft» als Demokratie. Das Filtern des «Volkswillens» in den Parteien und Parlamenten dient erstens der Machterhaltung der Parteien, d.h. jener Interessensverbände, die die Parteipolitik letztlich bestimmen; zweitens hat es den Sinn und Zweck, den ursprünglichen «Souverän» Volk davon abzuhalten, seine Souveränität durchzusetzen. Das demokratische Repräsentationssystem, so der libertäre Marxist Johannes Agnoli, ist der «Kern des Parlamentarismus – [es] wurde als Verfassungsnorm erdacht, gewollt und verwirklicht mit einer genauen repressiven Aufgabe [...]. Es galt, friedlich aber wirksam die Mehrheit der Bevölkerung von den Machtzentren des Staates fernzuhalten.» (Agnoli, S. 25) Denn es «dient keinem Herrschaftssystem, wenn die Techniken des Herrschens den Beherrschten zum Bewusstsein gebracht werden». (Ebd., S. 12)

Die parlamentarische Demokratie ist eine Form von Klassenherrschaft. Die durch Wahlen demokratisch legitimierte Regierung ist Ausdruck der gerade jeweilig herrschenden Kapitalfraktionen, die durch Wahlen abgewählt und durch eine andere ersetzt werden kann. Die siegreich aus den Wahlen hervorgegangenen Parteien repräsentieren, wenn auch nur in Nuancen, verschiedene Kapitalfraktionen. So erweisen sich die Wahlen lediglich als Zirkulation der Machteliten. Die Klassenherrschaft wird von allen staatstragenden Parteien gestützt.

Diese Gegebenheit spitzte Malatesta schon 1909 in seiner Abhandlung «Die Anarchie» zu: «Die kapitalistische Klasse ist immer bestrebt [...] durch mehr oder weniger gewalttätige Mittel [...] eine Regierung ein[zu]setzen, [...] die aus ihren eigenen Mitgliedern besteht [...] Die Regierung besteht heute vollständig aus Besitzenden und aus solchen Leuten, die ihnen dienen; und darum steht sie vollkommen zu Diensten der Besitzenden [...].» (Malatesta, S. 14)

Das demokratische System ist nichts Abstraktes. Es ist, wie das zu ihr gehörende Parlament, eine historisch entstandene Einrichtung. Deren Funktionen haben sich bisher den gewandelten Zeiten hervorragend angepasst, ohne aber je von der Funktion der Kapitalsicherung und Kapitalexpansion abzulassen.

Eine entscheidende Funktion der parlamentarischen Demokratie ist die Integration genuin demokratischer, außerparlamentarischer, politischer Regungen via Parlamentarismus in die politische Maschinerie des Staates. Diese Verstaatlichung von Menschen durch das staatlich-demokratische System setzt eine Manipulation derselben voraus, die suggeriert: Nur die Teilnahme am «gesellschaftlichen», politischen (richtig: staatlichen) Geschehen berechtige zur Partizipation. Real heißt das: Nur systemimmanentes Handeln wird vom herrschenden demokratischen System toleriert. Alles andere verfällt der Ausgrenzung, verdeckter oder offener Repression.

Das parlamentarisch-demokratische System der BRD stützt sich auf fünf Säulen: 1.) Die BRD-Demokratie ist ein reines Repräsentationssystem, ohne jegliche Einflussnahme von nicht im Parlament vertretenen nicht-konformistischen Parteien, sozialen Bewegungen etc. Dagegen haben systemkonforme Interessenverbände durch ihre Lobbyisten in den Parteien zuweilen direkte Einflussmöglichkeiten bzw. sie bestimmen mehr oder weniger die Politikfelder. 2.) Die Beschränkung der BRD-Demokratie als reine Parteiendemokratie bewirkt einen Konformitätszwang, welcher die ganze Politik als Parteipolitik offeriert. Damit wird direkt und indirekt außerparlamentarische Politik als unwirksam und als der Sache der «Demokratie» abträglich denunziert. Der demokratische Willensbildungsprozess wird einzig dem Parlament zugeordnet. 3.) Die parlamentarische Demokratie wird, auch historisch, als alternativlos deklariert. Die Zustimmung zu dieser Demokratie holen sich die herrschenden Kräfte durch periodisch stattfindende Parlamentswahlen, die (bisher) immer von einer Mehrheit der Wähler (die aber nicht notwendigerweise eine Mehrheit der Bevölkerung ist) durch ihre Teilnahme an denselben sanktioniert wurden. Rechtlich spielt es dabei keine Rolle, wie hoch der Prozentsatz der Wahlbeteiligung ist: Mehrheit ist Mehrheit und wird so zur «Tyrannei der Mehrheit». 4.) Das Parlament ist die demokratische Fassade des herrschenden Systems: Alle relevanten politischen, ökonomischen, sozialen, kulturellen Entscheidungen, die das Parlament fällen soll, werden von ihm tatsächlich nur abgesegnet. Die Entscheidungen fällen die Ministerialbürokratien bzw. vor ihnen die Interessenverbände, d.h. die «Eliten» der Kapitalfraktionen. Diese Entscheidungen unterliegen keiner neutralen Kontrolle. Sie werden meist im Parlament (oft erst nach Schaukämpfen), auch mit dem Mittel des Fraktionszwangs, abgesegnet. In dieser Formaldemokratie ist kein Spielraum für Plebiszite. 5.) Letztlich hat das Parlament in der Demokratie die Funktion der Kanalisierung gesellschaftlicher Widersprüche mit dem Ziel, einen Basiskonsens der herrschenden Klassen mit den Beherrschten herstellen zu können.

Der ehemalige baden-württembergische Ministerpräsident Lothar Späth charakterisierte 1985 dieses Elend des parlamentarisch-demokratischen Systems: «Es ist, in Wahrheit, nicht weit her mit der ‹Macht› demokratisch legitimierter Politik [...]. In den meisten Fällen tendiert der politische Handlungsspielraum gegen Null.» (Späth, zit. in: Degen I, S. 21) Die fast völlig eingeschränkten Handlungsmöglichkeiten der «Volksvertreter» beruhen u.a. auch darauf, dass die Regierungsvertreter stets aus der herrschenden politischen Klasse, immer aus ihren Fraktionen gestellt werden. So ist die «Volksherrschaft» real eine «demokratische» Oligarchie.

In diesem Kontext steht die Feststellung Agnolis: «Beklagt sich die Öffentlichkeit zuweilen über die ‹Ohnmacht› des Volkes gegenüber der Volksvertretung, über die ‹Ohnmacht› der Volksvertretung gegenüber dem exekutiven Apparat oder der Parteien gegenüber den Verbänden, so vergisst sie zu fragen, ob diese *Ohnmacht* nicht *Bestandteil und Garantie des Machtsystems* ist, zu dessen Stärkung sie, die Öffentlichkeit, auch durch diese Vergesslichkeit beiträgt.» (Agnoli, S. 55)

Die Crux der Demokratie, der «Volksherrschaft» ist, daran ändert auch keine Definitionsakrobatik etwas, dass das Volk alleine schon deswegen nicht «herrschen» kann, weil ein «allgemeiner» Wille nicht herzustellen ist. Deshalb kann – den günstigsten Fall angenommen – höchstens ein Teil des Volkes «herrschen». Im Gegensatz zu der Illusion des so genannten allgemeinen Willens vertreten die Anarchisten die «allgemeine» Freiheit Aller. Diese «allgemeine» Freiheit in der Anarchie ist die unbeschränkte Freiheit des Individuums. Diese findet ihre Einschränkung nur dort, wo die Freiheit des Einzelnen die Freiheit eines anderen Einzelnen zu beschneiden droht.

Rüdiger sieht in den parlamentarischen Demokratien «atomistische», d.h. zentralistische Demokratien. «Die atomistische Demokratie», sagt er, «ist das Erbe der Französischen Revolution. Sie beruht auf dem rationalistischen Freiheitsbegriff, dem Individualismus und dem Kult der ‹Nation› bzw. der unteilbaren Republik [...]. Einheit des Staates ist der zentrale Gedanke dieser politischen Auffassung, es soll nur eine Macht, einen Willen geben. [...] [Und] auch bei denen, die im Kampf gegen den ‹willkürlichen Despotismus› des 18. Jahrhunderts die Idee der Gleichheit in den Vordergrund rück[t]en, ist der Glaube an den Staat unbegrenzt.» (Rüdiger I, S. 87f.) Vom Gleichheitsgedanken getragen, sollte mit der «Idee der Teilung der Gewalten» im Staat, der Demokratie und der Freiheit der Individuen Vorschub geleistet werden. Solange aber Demokratie als reine Staatsform praktiziert wird, wird der Freiheitsbegriff pervertiert. Diese Widersprüchlichkeit kommt am klarstem im «Contrat social» Rousseaus zum Ausdruck, wie Rüdiger feststellt: «Durch den Gesellschaftsvertrag verliert der Mensch seine natürliche Freiheit, aber er gewinnt die bürgerliche Freiheit – zu der er […] von Staatswegen gezwungen werden kann.» (Ebd., S. 88) Nach Rüdiger ist «weder die moderne Demokratie noch der Sozialismus […] über Rousseaus Theorien hinausgekommen. Und die demokratischen politischen Parteien, sobald sie aus der Opposition heraustreten, haben nie ein anderes Evangelium als […] diese Religion von der ‹richtigen volonté générale› (allgemeiner Willen), die sie selbst vertreten.» (Ebd., S. 90)

Die den Staat tragenden politischen Parteien sind nach Rocker das genaue Spiegelbild des Staates: «Ihr ganzer organisatorischer Aufbau ist dem Staate nachgebildet, und wie die Regierung sich stets durch Gründe der *Staatsräson* leiten lässt, so folgt die Partei stets den Erwägungen einer besonderen *Parteiräson*. […] Dabei erweist sich die freiwillige Disziplin, welche die Partei ihren Anhängern auferlegt, in der Regel als bedeutend wirksamer als die Bedrohung durch das Gesetz, da ja die *Knechtschaft aus Prinzip* stets tiefer wurzelt als die, welche den Menschen durch äußeren Zwang auferlegt wird.» (Rocker III, S. 612) Ausdrücklich schließt Rocker (wie auch alle anderen anarchistischen Theoretiker) die so genannten sozialistischen und Arbeiterparteien hier ein. Die parlamentarische Betätigung der Arbeiterbewegung ist ihm «bestenfalls […] eine gewisse Form der allgemeinen politischen Aktion […], [aber] nur [als] die unbedeutendste und schwächste Form des politischen Kampfes». Die Klasseninteressen der Lohnabhängigen gegenüber den «Interessen der Bourgeoisie als Klasse sind so diametral […], daß jede Vermittlung auf dem Boden des bürgerlichen Parlamentarismus nicht nur zwecklos, sondern direkt schädlich für die Arbeiter ist […]». Rocker meint, dass solchem politischen Handeln die Herabwürdigung des «Klassenkampfes zur würdelosen Komödie» zukäme. (Rocker VI, S. 2)

Im Gegensatz zu den anarchistischen «Klassikern» des 19. Jahrhunderts wurden nach der Wende zum 20. Jahrhundert von den Anarchisten differenziertere Auffassungen von Staat, politischer Demokratie und Parlamentarismus vertreten. Gerade auch der Wert von Meinungs- und Organisationsfreiheit in parlamentarischen Demokratien – gegenüber deren totaler Unterdrückung in faschistischen und bolschewistischen Diktaturen – brachte Anarchisten zu nuancierteren Stellungnahmen. Zum Beispiel wurden in Kommunal- oder Regionalwahlen von einigen Anarchisten bzw. Anarchosyndikalisten genuin demokratische Akte gesehen. Allerdings hieß das nicht, dass der grundsätzliche Integrationsfaktor dieses Parlamentarismus', plötzlich verkannt wurde. Es ging letztlich einfach nur darum, die Werte der «bürgerlichen Freiheiten» neu zu gewichten und zu beurteilen. Und auch darum, auf dem Boden der bürgerlichen Demokratie um mehr Freiheiten für die Individuen zu kämpfen.

Getrieben von den Vorstellungen, für die Individuen mehr Freiheiten in der Gestaltung ihrer unmittelbaren Lebensbedingungen zu erreichen, ließen sich in den 40er, 50er und 60er Jahren des 20. Jahrhunderts schwedische Anarchosyndikalisten auf das Experiment Kommunalpolitik ein: Mit parteiunabhängigen Arbeiter/innen bildeten sie in Nordschweden das «Freie Kommunalvolk», das in vielen Kommunen – besonders auch dort, wo Anarchosyndikalisten relativ stark verankert waren – in die Kommunalparlamente gewählt wurde. Dieser Vorgang (ein gewisser anarchistischer Tabubruch) löste in der schwedischen anarchosyndikalistischen Gewerkschaft SAC (Zentralorganisation der schwedischen Arbeiter) heftige und kontroverse Diskussionen aus. Hieraus entstand eine diese Diskussion widerspiegelnde Arbeit: «Syndikalismus und Parlamentarismus» (deutsch: «Sozialismus und Parlamentarismus») von Rüdiger.

Rüdiger schreibt: «Die alten anti-parlamentarischen Parolen taugen nicht für die Ewigkeit! Was z.B. um die Jahrhundertwende [vom 19. zum 20. Jahrhundert] brauchbar war, ist heute unbrauchbar; denn der Freiheitliche Sozialismus als Oppositionsbewegung muß Lösungen für heute, nicht für gestern aufzeigen!» (Rüdiger III, S. 17) Rüdiger plädiert für die grundsätzliche Überdenkung der überkommenen anarchistischen Grundanschauungen, d.h. er will sie «immer wieder neu [...] analysieren, [...] revidieren und [...] ergänzen». (Ebd., S. 16) Dabei kommt er zu dem Schluss, «daß die Syndikalisten nicht nur für die Abschaffung des Kapitalismus kämpfen, sondern sich auch für Reformen einsetzen [sollten]. Aber für diese Aufgabe betrachten sie den Parlamentarismus als ein ungeeignetes Instrument. [...] Der Parlamentarismus hat [...] die eigentliche Arbeiterbewegung der Berufspolitik untergeordnet.» (Ebd., S. 14ff.)

Ein «libertärer Kommunalismus» ist dagegen schon per definitionem nicht mit dem überkommenen Parlamentarismus, dem zentralistischen Vertretungssystem gleichzusetzen. Denn seine Zielsetzung geht in eine andere Richtung: «Der Libertäre Kommunalismus hat sich [...] zum Ziel gesetzt, das in der heutigen Kommunalverfassung schlummernde demokratische Potential wieder zum Leben zu erwecken und daraus eine Basisdemokratie oder direkte Demokratie zu entwickeln.» (Biehl, S. 6)

In den vorherrschenden «demokratischen» Vertretungssystemen ist eine Tendenz zunehmender Zentralisierung auf ein einziges System zu konstatieren. Die Anarchisten dagegen sprechen sich für eine direkte Vertretung der Individuen auf allen gesellschaftlichen, politischen, kulturellen, sozialen Ebenen aus. Und idealerweise wollen sie auf diesem Wege die dezentralisierte föderalistische, basisbestimmte Konsensdemokratie erreichen. Dem zugrunde liegt die Auffassung, dass nur die auf den kleinsten gesellschaftlichen Ebenen erreichte Willensbildung (Konsens) freiheitlichen Charakter aufweist. Dies nur garantiert den Individuen ein Maximum an Freiheit. Im Kontext hierzu sah Rüdiger die grundsätzliche Notwendigkeit einer «Vertretungsreform», die die politischen Parteien, die noch immer die «eigentlichen Träger der Vertretung sind», «ausklammern». «Dies ist», schreibt er, «eine wesentliche Position des Föderalismus [des Anarchosyndikalismus]. Er wünscht sich eine Vertretung für reale Aufgaben und bestimmte gesellschaftlich nutzbringende Zwecke, eine Aufteilung des Vertretungssystems, das konkreten sozialen Aufgaben anstelle von politischen Machtinteressen Raum geben soll.» Eine ideale, konfliktfreie «Vertretung» wird es auch im günstigsten Fall der Lösung des Problems nicht geben. Denn «immer werden Spannungen zwischen den Forderungen der Gemeinschaft und den Ansprüchen des Individuums, zwischen Autorität und verschiedenen Formen von Freiheit die politischen und sozialen Kämpfe der Menschen kennzeichnen». (Rüdiger III, S. 71f.)

Um die autoritären parlamentarisch-demokratischen Systeme aufzubrechen, plädiert Agnoli für «das *organisierte* Nein» gegen die «staatsbürgerlich-parlamentarische Gleichschaltung [...], [um] den Führungskonflikt wieder zu einem Herrschaftskonflikt ausweiten» zu können. Hier sieht er die Notwendigkeit der «Wechselwirkung von Massenspontaneität und Bewusstseinsorganisation der [den] politische[n] Staat ins Wanken» bringen kann. Allerdings birgt das immer auch eine Gefahr in sich: eine Stabilisierung des Systems, «wenn die Opposition ihren fundamentalen Charakter ablegt und sich konstitutionalisiert». (Agnoli, S. 74) (Eine klassische Bestätigung dieser These ist die Entwicklung der «Grünen» zu einer äußerst verlässlich-systemstabilisierenden Partei.)

Das «*organisierte* Nein» oder die «große Verweigerung» (Herbert Marcuse) gegen den oligarchischen Parteienstaat ist natürlich nicht schon dessen Überwindung. Auch diese findet noch unter der Repression der herrschenden Staatsräson statt. Und nur hier wird zukünftige Politik zu verhandeln sein. Dabei ist das BRD-Grundgesetz durchaus offen – auch, wenn dies das herrschende Parteienkartell, ihre Vorbeter und Claqueure immer in Abrede stellen – für einen Systemwechsel in Richtung eines freiheitlicheren Vertretungssystems.

Der Weg zu einer freien Gesellschaft ist höchst unbequem. Er setzt eine Politisierung der Massen voraus, wie sie heute noch schwerlich denkbar ist. Wer aber selbst über sich bestimmen will, muss erst zu dem Bewusstsein gelangen, das ihn fähig macht, kompetent über Probleme (die hauptsächlich ihn betreffen) urteilen zu können. In einer Rätedemokratie z.B. wäre ein solcher Selbstfindungsprozess durchaus gegeben, weil die Rätedemokratie die heutigen zentralistischen Institutionen, Verbände, Konzerne etc. in eine unendliche Menge sich selbstbestimmender «Kollektive» auflöst. In diesen Kollektiven ist durch Überschaubarkeit der Probleme eine ständige Intervention von Einzelnen möglich. Dadurch wird eine Willensbildung und eine kompetente Entscheidung sehr erleichtert.

Gerade auch in den heutigen hochkomplexen Industriegesellschaften – die kaum noch sinnvoll zentral geleitet werden –, ist eine radikale Dezentralisierung (also gegenläufig zu den heutigen allg. Zentralisierungstendenzen) im Interesse der Gesamtgesellschaft. Wobei die Dezentralisierung alle Lebensbereiche erfassen sollte. Nicht zuletzt wäre die Rekommunalisierung (Stärkung der Kommunen u.a. durch Wiederaneignung verlorener Kompetenzen) davon ein Ausdruck. Zugleich wäre das eine Verfestigung von Basisdemokratie.

Vision ist auch hier – wie auf anderen gesellschaftlichen Ebenen –, die Wiederaneignung gesellschaftlicher Kompetenzen von Staat, Wirtschaft und Kultur. Das ist der Prozess einer Neustrukturierung der Gesellschaft; ist die Verwirklichung und Entfaltung auch ihrer eigenen Interessen.

3. *Kapitalismus oder freiheitliche Wirtschaftsordnung*

*N*ach dem Verschwinden des sog. «Staatssozialismus» wurde der sog. «Privatkapitalismus» (real ist er ohne Adjektiv der gewöhnliche Kapitalismus geblieben) als Sieger aus dem Zweikampf «Kapitalismus-Sozialismus» von seinen Adepten gefeiert. Die Weltgeschichte sollte sogar an ihrem Ende angelangt sein: Mit dem Sieg der «liberalen Demokratie» auf der politischen und gleichzeitig des Kapitalismuses auf der ökonomischen Ebene über die «staatssozialistischen» Systeme. Nach anarchistischer Auffassung sind Staat und Sozialismus unvereinbar. So gesehen war der Sieg des «westlichen» (liberalen) Kapitalismus ein Sieg über den «östlichen» (autoritären) Staatskapitalismus.

Bookchin, ein aktueller US-amerikanischer Theoretiker des Anarchismus und der Ökologie, vertritt die Auffassung, dass der Kapitalismus sich der «Aufklärung» bemächtigte und dessen «Ziele verfälschte [...] [indem er] die Vernunft auf einen harschen industriellen Rationalismus reduzierte, der mehr auf Effizienz als auf aufgeklärte Intellektualität abzielt; daß er Wissenschaft benutzte, um die Welt zu quantifizieren und Denken und Sein zu dualisieren; daß ihm die Technik dazu diente, die Natur, einschließlich der menschlichen Natur auszubeuten [...].» (Bookchin III, S. 165)

Anarchisten definieren Kapitalismus nicht einheitlich. Der Begriff Kapitalismus setzte sich erst gegen Mitte des 19. Jahrhunderts durch. Seine wesentlichen Eigenschaften hatten sich zu dieser Zeit schon herausgebildet. Der Kapitalismus (der im Verlauf seiner Existenz sich verschiedener Adjektive bediente bzw. auch von seinen Gegnern zugeschrieben bekam) entwickelte sich seit der Neuzeit als eine Wirtschaftsweise, die in wenigen Jahrhunderten die wirtschaftlichen, gesellschaftlichen und kulturell gewachsenen Strukturen grundlegend veränderte, verdrängte und zerstörte.

Das Aufkommen der Industriellen Revolution forcierte diesen Prozess enorm. Durch ihn löste sich der vorindustrielle Kapitalismus aus seiner engen Gebundenheit an die politisch herrschende Klasse und entwickelte sich zum mehr oder weniger (gebundenen) Industriekapitalismus. Aus diesem erwuchs die sog. «freie» «Soziale Marktwirtschaft». Charakteristisch ist hierbei die Auflösung der traditionell-feudalen Arbeitsbeziehungen in Landwirtschaft, Handwerk und Kleinindustrie. Stattdessen kam es zur Zwangsbindung der Arbeitskraft an die modernen industriellen Produktionsstätten und -abläufen. Lohnarbeit wurde «frei»; sie wurde der kapitalistischen Verwertung ausgeliefert: Es entstand ein «Arbeitsmarkt», auf dem die Lohnabhängigen ihre Arbeitskraft anbieten mussten, um ihr Dasein zu sichern. Real bedeutete dies – u.a. bedingt durch ein Überangebot von lohnabhängigen Arbeitskräften –, dass ihre «Vertragsfreiheit» dem Zwang, der Willkür, weitgehend dem Lohndiktat, dem «Wohlwollen» der Kapitalisten unterworfen wurde. Diesem Faktum ist hauptsächlich die ökonomische und politische Klassenspaltung zuzuschreiben. Das hieraus resultierende Gewaltverhältnis spiegelt das ökonomische Herrschaftsverhältnis in der kapitalistischen Gesellschaft wider.

Der Kapitalismus, die kapitalistische Produktionsweise entwickelte seit ihrer beginnenden Massenproduktion eine stürmische Dynamik, die hauptsächlich dem «technischen Fortschritt» geschuldet ist. Mit diesem einher gingen die Spezialisierung und Rationalisierung von Arbeitsabläufen und Arbeitsteilung; die Auflösung fast aller gesellschaftlichen Strukturen gipfelte primär in der Polarisierung von «Kapital und Arbeit»: Die sozialen Klassen bildeten sich heraus, deren Interessenslagen gegensätzlicher kaum sein konnten. Diese Polarisierung erfasste letztlich die ganze Gesellschaft. Das kapitalistische Wirtschaftssystem etablierte sich zu seiner Absicherung als staatspolitisches und ordnungspolitisches System. Die kapitalistische Klasse eroberte den Staat, indem sie mit materiellen Zugeständnissen, die von ihr Abhängigen auf sich einschwor. Einer «liberalen» Schicht gelang es, gegen den monarchistischen Obrigkeitsstaat die politische Demokratie durchzusetzen; dieser gelang es auch, wenn meist nur vordergründig, das Politische als das gesamtgesellschaftlich Bestimmende auszugeben. Tatsächlich wurde aber der demokratische Staat der «Staat des Kapitals» (J. Agnoli).

Formal ist dennoch, auch im «Staat des Kapitals», die politische und die allgemeingesellschaftliche Sphäre von der rein ökonomischen getrennt. Der Staat als der ideale Gesamtkapitalist hat u.a. die Aufgabe, die meinungsdivergierenden sozia-

> «Eine einstimmige direkte Demokratie ist nur funktionsfähig, solange es zwischen *allen* Mitgliedern einer Gemeinde substantielle Übereinstimmung in den Angelegenheiten von größerer Bedeutung gibt. Da auf der Grundlage der Einstimmigkeit eine einzige Gegenstimme jede Bewegung unmöglich macht, wird die geringste Nichtübereinstimmung in wichtigen Angelegenheiten die Handlungsfähigkeit der Gesellschaft zum Stillstand bringen. Sie wird aufhören, als eine politische Gemeinschaft zu funktionieren, und in den Zustand der Anarchie verfallen (oder zumindest in einen Zustand der Illegitimität; eine faktische Regierung kann natürlich auftauchen und die Kontrolle an sich reißen). Jedoch sollte man sich die Sache nicht so vorstellen, daß die einstimmige direkte Demokratie zu ihrer Existenz eine perfekte Harmonie der Interessen oder Wünsche ihrer Bürger erfordert. Es steht völlig im Einklang mit einem solchen System, daß es eine scharfe, ja sogar heftige Opposition innerhalb der Gemeinschaft gibt, vielleicht von einer bestimmten ökonomischen Art. Die einzige Notwendigkeit besteht darin, daß die Bürger, wenn sie zusammenkommen, um über die Mittel und Wege zu beraten, solche Konflikte zu lösen, zu einem einstimmigen Beschluß über die Gesetze, die angenommen werden sollen, gelangen.»
>
> (Robert P. Wolff [1970], zit.: Wolff, S. 27f.)

len Kräfte zu bündeln, um im «Gesamtinteresse» handeln zu können. Denn eine auf Warenwirtschaft, auf Verwertung und Profitmaximierung fußende kapitalistische Gesellschaft ist nicht nach den Bedürfnissen der Individuen ausgerichtet. Stattdessen werden diese so manipuliert, dass sie mit den Bedürfnissen des kapitalistischen Marktes identisch sind.

Die heutige Durchkapitalisierung der Gesellschaften ist Ausdruck des Monopolkapitalismus, indem die Kapitalien in der Verfügungsgewalt von Wenigen, meist Kapitalgesellschaften sind. Diese Konzentration der Kapitalien als «private» Monopole hat sich seit Fortfall des «Staatskapitalismus» (Staat als Alleinmonopolist) weltweit enorm ausgedehnt. Die Aneignung gesellschaftlichen Reichtums und Wertabschöpfung durch Privatunternehmer oder Kapitalgesellschaften enteignet und entmündigt permanent die von ihnen abhängigen Lohnabhängigen – alle die, die durch nichtselbständige Arbeit in abhängigen Arbeits- und Sozialverhältnissen ihre Existenz sichern müssen.

Gemeinhin wird unter «Kapital» die Akkumulation von Geld verstanden. Dessen Erwerb wird hauptsächlich als Ergebnis der Warenproduktion gesehen. Hinzu kommen weitere Dinge mit Kapitalcharakter: Produktionsstätten, Wohnhäuser u.a. Sachkapitalien. Auch aus diesen werden Profite erzielt. Meist sind dies Kapitalien, die nicht durch persönliche Leistungen erworben wurden. Dazu zählt auch der Besitz an Boden, Bodenschätze etc. Ebenso erzielt das Kapital seine Profitmaximierung aus zinstragendem Geld und aus dem Handel. Für den Kapitalisten sind diese Unterscheidungen nebensächlich. Es ist ihm nämlich gleichgültig, aus was er Gewinn erzielt: leistungsloser oder durch Leistung erbrachter Profit sind gleichermaßen betriebswirtschaftlich Profit.

Der Kapitalismus hat die Marxsche (soziale) Verelendungstheorie ausgehebelt: Mit massiver Unterstützung der «reformistischen» Arbeiterbewegung wurden in der westlichen Hemisphäre Wohlstands-Sozial-Staaten geschaffen, in denen die Arbeitsbeziehungen durch vertragliche Absicherungen eine hochgradige Form von «Befriedung» der Klassengegensätze garantieren. Damit einher ging/geht eine psychische Verelendung durch grenzenlosen Konsumismus, durch die Freizeitindustrie: eben durch «Brot und Spiele». Diese, das Kapital stützende psychologische Kategorie des Kapitalismus, hat verheerende Auswirkungen: dass die Menschen tagtäglicher Ausbeutung und Entmündigung, Gängelung, Beschneidung ihrer Bedürfnisse ausgesetzt sind. Dieses zu erdulden bzw. dieses in ihrer überwältigenden Mehrheit gar mitzutragen, ist auf eine massive psychische Deformation zurückzuführen. Diese Abrichtung, diese Manipulierung, z.B. durch die herrschende Meinungsindustrie, zeigt offensichtlich Wirkung: Unverkennbar ist die allgemeine Zustimmung zum kapitalistischen System. Sie gebiert eine demütige Geisteshaltung, einen Lebensstil, der tief fatalistisch ist. Dagegen gibt es keine wirklich effektive Gegenöffentlichkeit.

Im entwickelten Kapitalismus geriert sich der Zeitgeist «individualistisch». «Individualismus» wird in diesem Gesellschaftssystem als «Selbstverwirklichung» deklariert. Dem setzt Bookchin entgegen: «Der Kapitalismus produziert keine Individuen, er produziert völlig in sich selbst zerfallene Egoisten.» (Bookchin II, S. 12) Zugleich brachte es das kapitalistische System fertig (das Bookchin auch als «hierarchische Gesellschaft» identifiziert), «das fragwürdige Wunder der Verwandlung des Menschen in ein bloßes Instrument der industriellen Produktion, in ein Objekt, nur noch mit Werkzeug und Maschine vergleichbar, wobei Menschlichkeit durch ihre Nutzbarkeit für ein universales Elendssystem, [...] für ein System des Warenaustausches definiert wurde». (Ebd., S. 10)

Die so stattfindende Entfremdung der Menschen produziert eine sich ständig ausweitende Entsolidarisierung in der Gesellschaft. Die derart zugerichteten Individuen empfinden die allgegenwärtige Repression in der Arbeitswelt, ihre soziale Ausgegrenztheit – z.B. als Arbeitslose – als eine gewisse, hinzunehmende gesellschaftliche «Normalität». Dieses manipulierte Bewusstsein verschließt sich mehr und mehr der Vorstellung, das dies verursachende repressive System direkt anzugehen. Die sich hier aufstauenden Aggressionen wenden sich stattdessen fast ausschließlich gegen noch stärker Abhängige und sozial Schwächere; gegen Andersdenkende und fast immer auch in verschiedenen Formen gegen sich selbst.

Die sich verstärkende Zentralisation der Produktionsprozesse, die sich fortentwickelnde Technologie, ist oft bedingt durch die schnelle ökonomische Globalisierung. Dieser Prozess unterliegt einzig dem kapitalistischen Verwertungsprozess. Eindeutige Alternativen hierzu sind nur schwach ausgebildet. Eine zentrale Alternative ist auch hier – wie beim staatlichen Sektor – eine umfassende Dezentralisierung.

Ein grundlegender Widerspruch im Kapitalismus ist, dass er den Menschen, die er als Objekte verwertet, gleichzeitig Bildung zukommen lassen muss. Denn ohne den gerade erforderlichen Bildungsstand der Lohnabhängigen ist der entwickelte Kapitalismus überhaupt nicht in Gang zu halten. Ein Ausdruck dieses Widerspruches im Kapitalismus ist die Durchsetzung des «Reformismus» und die Schaffung der «Wohlfahrts-Sozial-Staaten».

Die Verschränkung ökonomischer und politischer Macht ist, wenn auch unterschiedlich im Verlauf der Geschichte gewichtet, einer der Hauptkritikpunkte von Anarchisten an den heutigen herrschenden autoritär-demokratischen Systemen. Illusionär ist es, diese Systeme durch die von ihnen diktierten «demokratischen» Spielregeln aufbrechen zu wollen. Denn auch die inneren Widersprüche, die das kapitalistische Herrschaftssystem permanent auf allen gesellschaftlichen Ebenen hervorbringt, werden durch dessen Integrationsmechanismus befriedet. Deshalb schlägt Bookchin vor, dieser wahrhaftigen Teufelsspirale mit «Gegenaufklärung» zu kontern: «Die Bedeutung der neuen Aufklärung besteht jedoch darin, daß sie die *unbewussten* Mechanismen im Individuum auswechselt, bevor sie *bewußt* als gesellschaftliche Theorie oder als Bindung an politische Überzeugungen artikuliert werden können.» (Bookchin II, S. 23) Er verneint die Möglichkeit, «die Kluft zwischen der vorhandenen Gesellschaft und der zukünftigen zu überbrücken». Ein solcher (reformistischer) Prozess ist für Bookchin ein «Trugschluss». Stattdessen befürwortet er revolutionäres Vorgehen: «Revolution ist ein Bruch nicht nur mit der etablierten gesellschaftlichen Ordnung, sondern auch mit der Psyche und der Mentalität, welche sie prägt.» (Ebd., S. 41)

In diesem Kontext erblickt Bookchin einen radikalen gesellschaftlichen Verfall bzw. Umbruch im Kapitalismus: «Die patriarchalische Familie, das Klassensystem, die Stadt und der Staat brechen aufgrund ihrer eigenen Voraussetzungen zusammen – und noch schlimmer: Sie werden zur Ursache massiven sozialen Zerfalls und sozialer Konflikte.» An diese Feststellung knüpft Bookchin die Vorstellung, dass die «Institutionen, die sich [...] mit der hierarchischen Gesellschaft etablierten, [...] nunmehr ihre geschichtliche Grenze erreicht» hätten. (Ebd., S. 55) Das ist eine anarchistische «Hoffnung»; real könnte sie dann werden, wenn die «Eigenaktivität des Einzelnen» (Bookchin) einsetzt. Diese Einzelnen müssten sich «klar darüber sein, daß die fortgeschrittenste Form von Klassenbewußtsein das Selbstbewußtsein ist. Die Individuation der Massen zu bewußten Einzelnen, die Heranbildung von Individuen, die eine direkte, unvermittelte Kontrolle über die Gesellschaft und ihr eigenes Leben wahrzunehmen imstande sind.» (Ebd., S. 13)

Voraussetzungen hierfür sind, sich immer wieder zu vergegenwärtigen, dass wirtschaftliche Ausbeutung, politische Unterdrückung, kulturelle Gängelung unabdingbar zur Herrschaft gehören. Mit der Beseitigung oder «Aufhebung» der wirtschaftlichen Ausbeutung muss synchron die Beendigung aller Herrschaftsverhältnisse und die Zerstörung ihrer Strukturen erfolgen. Dazu bedarf es ökonomischer bzw. politischer «Macht», der die meisten Anarchisten sehr skeptisch und ablehnend gegenüber stehen.

Eine solche «Macht» kann, anarchistisch definiert, nichts anderes als ein hoher Grad von Organisiertheit von Individuen sein, die jegliche Gewalt abwehren kann: diese durch «direkte Aktionen» unterläuft, sich gewaltlos über die vorhandenen Herrschaftsstrukturen hinwegsetzt, sie somit zerschlägt und an ihrer Stelle vorhandene organisierte freiheitliche Gegenstrukturen ausbaut. (In ihnen können auch ehemals Herrschende als Gleiche unter Gleichen am Aufbau einer freien Gesellschaft mitwirken.)

Um das «eigene Leben wahrzunehmen» (Bookchin), setzen Anarchisten sich dafür ein, abstrakt-theoretische Ebenen zu verlassen, um gesellschaftliche Praxis – hier ökonomische – einzuüben. Zumindest aber – als Vorstufe zu dieser Praxis – konkrete Alternativen aufzuzeigen.

Wie schon die anarchistischen «Klassiker», so haben auch heutige Anarchisten keine einheitliche Auffassung von einer zukünftigen Wirtschaftsform. Vereinfacht kann noch immer von drei Auffassungen einer freiheitlichen Wirtschaft gesprochen werden: der «kollektivistischen» und der «individualistischen» bzw. ein Mix aus beiden; hierbei spielt die Frage nach den Eigentumsformen eine zentrale Rolle: Gemeineigentum («Gütergemeinschaft») oder «Privateigentum», soweit dieses nicht auf Ausbeutung beruht. Für kapitalistische Elemente ist – so ein anarchistischer Konsens – in einer freien Wirtschaft kein Platz. Und allen anarchistischen Vorstellungen liegt zugrunde, dass diese Wirtschaft antimonopolistisch sein muss.

Nur ganz wenige heutige Anarchisten konkretisieren ihre diesbezüglichen Vorstellungen als generelle ökonomische «Theorien». Das aber wird nicht unbedingt als Manko für den Anarchismus empfunden; denn angesichts der heutigen rasenden ökonomischen Umbrüche, hauptsächlich bedingt durch die Globalisierung, wird die Herausarbeitung einer umfassenden ökonomischen Theorie als wenig sinnvoll gesehen. Was nicht heißt, dass Anarchisten sich nicht in die aktuellen Diskussionen um Alternativen zum Kapitalismus einbringen.

In derartigen Diskussionen geht es immer wieder um das anarchistische Axiom: Auch in der technologisch, organisatorisch verflochtenen, monopolisierten und globalisierten Welt ist ein freiheitliches, auf Selbstbestimmung fußendes Wirtschaftsmodell möglich. Der US-amerikanische Anarchist Noam Chomsky räumte in einem Interview ein, dass gerade die entwickelten Industriegesellschaften dem anarchistischen Konzept reale Gestaltungsmöglichkeiten eröffnen: «Ich denke, daß die Industrialisierung und der Fortschritt der Technologie Möglichkeiten der Selbstverwaltung über ein breiteres Spektrum eröffnet, die früher einfach nicht bestanden. Und genau das ist zweckmäßig für eine hochentwickelte und komplexe Industriegesellschaft, in der dann die Arbeiter sehr wohl ihre eigenen, unmittelbaren Angelegenheiten bewältigen können: Also in der Leitung und Führung der Geschäfte ebenso wie in der Position, um die wichtigsten Entscheidungen bezüglich der wirtschaftlichen und gesellschaftlichen Strukturen sowie der lokalen und regionalen Planung und darüber hinaus zu treffen.» (Chomsky I, S. 52f.)

Chomsky greift mit diesen Ausführungen alte anarchistische Forderungen auf, ausgehend von der Selbstbestimmung im ökonomischen Sektor übergreifend auf alle gesellschaftlichen Ebenen: Wie im industriellen, handwerklichen und Handelssektor ein Netzwerk von «Arbeiterräten» die ökonomische Seite der Gesellschaft verwaltet und gestaltet, so auch allgemein im «politischen» Sektor. Chomsky spricht hier über «ein System der Leitung, das auf lokalen Versammlungen aufbaut, [...] – wieder regional föderiert und regionale Angelegenheiten behandelnd, über Handwerk, Handel und Industrie usw. und ebenso im Rahmen der Nation und darüberhinaus durch Föderation usw.» (Ebd., S. 53)

4. *Gewerkschaft, Syndikalismus und Anarcho-Syndikalismus*

Die Gewerkschaftsbewegungen in den kapitalistischen «Sozialstaaten» sind traditionell mehrheitlich sozialdemokratisch ausgerichtet und somit staatsfixiert. Über Jahrzehnte hinweg haben sie gesellschafts- und sozialpolitische Reformen in kapitalistischen Systemen, meist mit dem Staat, durchgesetzt. Heutzutage werden gewerkschaftliche Forderungen nicht mehr gegen, sondern mit dem Kapital und ihrem Staat verhandelt und gegebenenfalls erfüllt. Für diese ist die «Einheitsgewerkschaft» der ideale «Sozialpartner». Denn in den «pluralistischen Gesellschaften» fungieren die Einheitsgewerkschaften als soziale Regulatoren: als Vermittlungsinstitutionen zwischen Lohnabhängigen und der herrschenden Klasse. Nicht selten gehören heute auch die Führungskader der Gewerkschaften (sozial und politisch) zur herrschenden Klasse. Im kapitalistischen Staat nehmen die Gewerkschaften eine sozialpazifizierende Funktion ein. Konsequenz daraus ist eine ansteigende Dominanz der Kapitalinteressen in der Gesellschaft. Offensichtlich ist, dass die Kapitalvertreter an diesem Zustand ein dauerndes Interesse haben: Die Einheitsgewerkschaft als Sozialpartner sichert ihre Existenz ab. So verwischen sich (anscheinend) die objektiven Widersprüche zwischen Herrschern und Beherrschten, zwischen Kapital und Lohnabhängigen.

Im kapitalistisch-demokratischen Staat ist die Funktion der Einheitsgewerkschaften also nicht die einer «Opposition» gegen den Kapitalismus, sondern sie sind Mitspieler bei der Ausbalancierung von sozialen Machtinteressen. Dass die Gewerkschaften keine Gegenmacht zum Kapitalismus sind, das zeigt sich immer gerade auch dann, wenn ökonomische Krisen das kapitalistische System mehr oder weniger erschüttern: Es kommt zu einer verstärkten Zusammenarbeit von Kapital und Gewerkschaften unter der Ägide des Staates um die Krise im gesellschaftlichen «Gesamtinteresse» zu überwinden. Letztlich heißt das: Die vom Kapital verursachten Krisen werden durch die Leidtragenden – meist mit erheblichen sozialen Einbußen – aufgefangen. Das macht sich sowohl in der Tarifpolitik (geringe Lohnsteigerung oder gar tarifliche Nullrunden) als auch in den Verhandlungen um Arbeitszeiten (nicht weniger, sondern wieder mehr Arbeitsstunden) bemerkbar. Unter dem Strich sind seit der neoliberalen Offensive und deren Globalisierung – u.a. auch bedingt durch Massenarbeitslosigkeit – die Lohnabhängigen und die sozial Marginalisierten gleichsam sozial auf dem Rückzug bzw. schon im Aus.

Je länger die sozial-ökonomische Krise anhält, desto mehr unterwerfen sich Einheitsgewerkschaften dem sozialen Selbstdomestizierungsprozess. Die kapital- und staatsfixierte Kooperationspolitik der Gewerkschaften ist fast bedingungslos. Daran ändern auch die gewerkschaftlichen Pseudoaktivitäten zur Erhaltung von Arbeitsplätzen und Reallohnabsicherung nichts. Es ist das «mangelnde Bewusstsein» der Masse der Gewerkschafter – so eine anarchistische Verallgemeinerung –, welche es hinnimmt, dass die Gewerkschaftshierarchie solche, für die Lohnabhängigen negative, herrschaftsstabilisierende Politik betreiben kann.

Die Anarchisten haben früh erkannt, dass die reformistischen Gewerkschaften schon in ihren Anfängen einen kompromisslerischen und systemreformerischen Kurs steuerten. Allerdings hatten die Anarchisten in dieser Entwicklungsphase außer Gegenaufklärung dem wenig entgegenzusetzen. Und diese zeitigte kaum Erfolge. Das wiederum führte dazu, dass Anarchisten (auch hier mit wenig Erfolg) in diesen Gewerkschaften mitarbeiteten. Dieser Erfolglosigkeit ist u.a. zuzuschreiben, dass Anarchisten dazu übergingen, eigene Gewerkschaften zu bilden bzw. sich in bestehende oppositionelle syndikalistische bzw. revolutionär-syndikalistische Organisationen einbrachten. Deren parteiunabhängige, staatskritische bis staatsablehnende Ausrichtung entsprach anarchistischen Vorstellungen. Das Ein-

«Sozialismus ist monopolfreie Wirtschaft, und freiheitlicher Sozialismus ist nichts Geringeres als die Verallgemeinerung des Reichtums. Diese aber schließt jede Art von Monopolbesitz an den Wirtschaftsmitteln aus. Sie ist vielmehr die Methode, die es jedem Gesellschaftsmitglied möglich machen will, an dem Reichtum der Gesellschaft teilzuhaben unter voller Wahrung seiner persönlichen Freiheit und Unabhängigkeit. Das Monopol an den Wirtschaftsmittel aber schließt diese wichtigen Bestandteile des freiheitlichen Sozialismus aus; dabei bleibt es völlig gleichgültig, von wem ein solches Monopol ausgeübt wird. Der freiheitliche Sozialismus ist kein Kollektivismus. Der Mensch, nicht die Sache, steht im Mittelpunkt der zu treffenden ökonomischen Maßnahmen. Nicht das Prinzip der Unterordnung des Individuums unter wirtschaftliche Notwendigkeiten ist dem freiheitlichen Sozialismus eigentümlich, sondern sein Bestreben ist, Bedingungen zu schaffen, die den Menschen veredeln, die ihn auf ein höheres sittliches Niveau heben und zur Erfüllung seines Menschentums befähigen.»
(Fritz Linow [1949], in: Degen IV, S. 55)

bringen der Anarchisten in diese Gewerkschaftsbewegungen bedeutete quasi ihren Eintritt in die «Politik».

Der Begriff «Syndikalismus» kommt aus dem französischen und bedeutet nichts anderes als «Gewerkschaft». Syndikalismus wurde aber immer auch als Abgrenzung gegenüber den «reformistischen» Gewerkschaften benutzt. So stand er immer für «revolutionäre» Gewerkschaft. Und seit dem verstärkten Eindringen anarchistischer Vorstellungen in den «reinen» Syndikalismus, der noch stark vom Marxismus geprägt war, sprach man von Anarcho-Syndikalismus. «Für die sich selbst als a-politisch definierenden Anarchisten konnte der revolutionäre Syndikalismus [...] einerseits als die praktische Anwendung ihrer Ideen auf die wirtschaftlichen Verhältnisse erscheinen; andererseits sahen einige wenige Marxisten [...] in ihm eine Erweiterung des Marxismus: als Fortschritt gegenüber dem Reformismus der Sozialdemokratie.» (Degen III, S. 253)

Syndikalisten sahen ihr Ziel darin, «außerhalb jeder politischen ‹Schule› die Lohnabhängigen zur Verteidigung ihrer moralischen, materiellen, wirtschaftlichen und beruflichen Interessen, zum Kampf zur Vernichtung des Lohnsystems und des Unternehmertums und für die vollständige Befreiung der Lohnabhängigen zu organisieren». (Degen III, S. 253) Zur Durchsetzung dieser Ziele entwickelten sie die Kampfformen der «Direkten Aktion»: Streiks, Massendemonstrationen, Boykott, Sabotage und schließlich den Generalstreik.

Die Anarcho-Syndikalisten übernahmen dieses Kampfinstrumentarium. Gegenüber den «reinen» Syndikalisten präzisierten sie ihre Staatsablehnung und ihre föderalistischen Vorstellungen; sie konkretisierten ihr alternatives Konzept einer herrschaftsfreien, sozialistischen Gesellschaft: dass die Syndikate «beim Aufbau der neuen sozialistischen Gesellschaft als Zellen des sozialen Organismus [...] vor allem die Regelung der Produktion, zu erfüllen haben». Die Anarcho-Syndikalisten hatten die Vorstellung, dass in einer solchen Gesellschaft die «Betriebe in die Selbstverwaltung der Lohnabhängigen über[gingen]», und dass die «Lenkung der gesamten Wirtschaft [...] durch die Syndikate, teils lokale, teils übergebietliche Föderationen – nicht aber durch zentrale Instanzen ausgeübt werden» sollte. (Ebd., S. 254) Auch sollte keine Funktionärshierarchie entstehen. Die ehrenamtliche Ausführung aller Funktionen sollte dazu das Haupthindernis sein.

Für die Anarcho-Syndikalisten war die Arbeiterklasse zugleich die Produzentenklasse; sie identifizierten diese als die überwiegende Mehrheit in den Industriegesellschaften. Für sog. Zwischenschichten war in ihrem Konzept wenig Raum. Hier setzte eine der frühen Kritiken ein: Eine solch eindimensional ausgerichtete Gesellschaftsformation müsse autoritär sein, weil die Produzentenklasse eine Herrschaft der Mehrheit über die Minderheit ausüben würde. Die anarchistische Kritik an diesem Gesellschaftsmodell brachte Nettlau schon früh auf den Punkt: nicht «Klassensozialismus, sondern Menschheitssozialismus». Kropotkin sah die syndikalistische Bewegung als eine Ergänzung der anarchistischen; er erkannte, dass «Syndikalismus in der Tat nur ein neuer Name für eine alte Taktik [....]: der Taktik der direkten Aktion, der Arbeit gegen das Kapital auf wirtschaftlichem Gebiete» sei. (Kropotkin VII, S. 2) Kropotkin machte auch deutlich, dass der Syndikalismus keine Erfindung von Anarchisten sei, sondern er erkannte in ihm die Zusammenströmung vieler Gedanken, u.a. auch Proudhon'scher: *«die Idee, daß die Arbeiterorganisationen für Produktion, Austausch und Verteilung die Stelle der bestehenden kapitalistischen Ausbeutung und des Staates einnehmen müssen. Und daß es Pflicht und Aufgabe der Arbeiterorganisationen ist, die neue Form der Gesellschaft auszuarbeiten.»* (Ebd., S. 11)

Der Anarcho-Syndikalismus hat, da er die Umstrukturierung der gesamten kapitalistischen Gesellschaft will, eindeutig eine völlig andere Funktion als «reformistische» und «gelbe» Gewerkschaften. Rocker brachte das klar in der «Prinzipienerklärung des Syndikalismus» zum Ausdruck, wenn er darlegt: «Die Syndikalisten [...] erblicken [...] in der Gewerkschaft keineswegs ein vorübergehendes Produkt der kapitalistischen Gesellschaft, sondern die Keimzelle der zukünftigen sozialistischen Wirtschaftsorganisation.» (Rocker IV, S. 4f.) Aber nur eine *«vom revolutionären Geiste erfüllte Wirtschaftsorganisation [...]»*, führt Rocker weiter aus, *«kann sich* [auf] *die Reorganisation der Gesellschaft vorbereiten»*. (Ebd., S. 14) Diese «Reorganisation der Gesellschaft», so Rockers Auffassung Mitte der 20er Jahre des letzten Jahrhunderts, konnte nur eben mit dieser «wirtschaftlichen Kampforganisation» durchgesetzt werden – «*die einzig gegebene Basis»,* während sich z.B. das Parteiensystem als unfähig dafür erwiesen habe. (Ebd., S. 15)

Das Einstellen, die Vorbereitung auf die Übernahme der gesellschaftlichen, ökonomischen und sozialen Funktionen ist der Kerngedanke des Anarcho-Syndikalismus wie auch des Anarchismus: dass die herrschaftslose Gesellschaft aus der kapitalistischen Gesellschaft heraus- und ihr entgegenwächst. Rocker formulierte das so: «Das Wichtigste ist, daß sich Arbeiter mit den Fragen der Neugestaltung der Gesellschaft beschäftigen, um sich darüber klar zu werden, durch welche Einrichtungen die bestehenden Institutionen des wirtschaftlichen und gesellschaftlichen Lebens ersetzt werden sollen. [...] Die [gesellschaftlichen] Verhältnisse allein werden uns den Sozialismus nicht bringen, dazu gehört auch der *Wille* und der *klare Einblick der Arbeiter in den wirtschaftlichen Organismus der Gesellschaft.* Auf diesem Gebiete liegt hauptsächlich der Schwerpunkt der sozialistischen Erziehung der Massen [...].» (Ebd., S. 20)

Rocker war es dann auch, der ab Anfang der 30er Jahre des 20. Jahrhunderts diese Auffassungen von der alleinigen Gestaltung der Gesellschaft durch die Lohnabhängigen und ihrer Organisationen revidierte. Seine gewerkschaftlichen und politischen Erfahrungen, seine historischen Studien ließen ihn zu dem Schluss kommen: Nur eine pluralistische Gesellschaft kann auch eine freie Gesellschaft sein. Der Anarcho-Syndikalismus war für ihn nun – und für fast alle Anarcho-Syndikalisten heute – nur eine der Ausdrucksformen freiheitlich-sozialistischen Willens.

Es sind mehrere Gründe, warum das Modell des klassischen Syndikalismus/Anarcho-Syndikalismus nicht zum Zuge kam; und auch dort, wo er in Ansätzen die Theorie an der Praxis messen konnte – in der Ukraine und in Spanien – scheiterte. Ein wohlwollender sozialdemokratischer Kritiker des Syndikalismus, Erich Gerlach, schrieb 1959: «Der Syndikalismus musste als sozialrevolutionäre Bewegung scheitern, weil das seinen Auffassungen zugrunde liegende Modell des Kapitalismus nicht der Wirklichkeit entsprach. [...] Die Syndikalisten erkannten die in der Struktur der modernen Gesellschaft begründete Zwangsläufigkeit der schnellen Ausdehnung des staatlichen Machtbereichs nicht, die rein wirtschaftliche Kampfmittel unwirksamer machte.» (Gerlach, S. 274) Einen weiteren Kritikpunkt sah Gerlach in der fehlenden Praxis der Syndikalisten, die die Ausdehnung des Staates mit ermöglichten.

Aber Gerlach meinte auch, dass durch die «Enttäuschung über den Wohlfahrtsstaat und den totalitären Staatssozialismus [...] syndikalistische Gedanken in der theoretischen und sozialistischen Diskussion wieder Interesse» finden würden. (Ebd., S. 275) Hier bezog sich Gerlach auf revisionistische Tendenzen in den internationalen anarcho-syndikalistischen Bewegungen. Verkürzt bezeichnete der schwedische Anar-

> «Nach [klassischer] syndikalistischer Auffassung ist die Befreiung der mit der modernen Arbeiterklasse gleichgesetzten Produzenten von jeder ökonomischen und politischen Abhängigkeit nur möglich, wenn zugleich mit dem die gesellschaftliche Klassenspaltung begründenden Kapitalverhältnis auch die Umklammerung der Gesellschaft durch den Staat aufgehoben wird. Für die Syndikalisten ist der Staat weder bloßes Exekutivorgan der ökonomisch herrschenden Klasse (Marxismus) noch neutraler Träger des «Allgemeinwillens» (reformistischer Sozialismus), sondern eine gegenüber der Gesellschaft verselbständigte, eigengesetzliche, unterdrückende Institution, deren Existenzgrund letzten Endes die zentralistische und bürokratische Organisation der Verwaltungsfunktionen ist.
>
> Diese zweifache *Zielsetzung* bedingt die für den Syndikalismus typische Gleichzeitigkeit von Revolution und – ausschließlich im nichtstaatlichen Raum durchzuführender – konstruktiver Neuordnung.»
>
> (Erich Gerlach [1959], zit.: Gerlach, S. 271)

cho-Syndikalist Evert Arvidsson (ebenfalls 1959) dies als die Entscheidung zwischen «toten oder lebenden Glauben». Zum «lebenden Glauben» gehöre Verständlichkeit seiner Vorstellungen; es gehöre dazu, dass die syndikalistischen/anarcho-syndikalistischen Prinzipien von «den Menschen [...] als für sie selbst interessant erkannt werden können, und dass man Anhänger sammeln kann, die versuchen, diese Ideen praktisch anzuwenden». Sollten die Prinzipien dazu nicht geeignet sein, «dann sind sie untaugliche, schlechte Prinzipien. Denn die Vorstellung, Prinzipien könnten richtig sein, aber die Menschen, die sich nicht mit ihnen befassen wollen, sozusagen ‹falsch›, ist gefährlich.» (Arvidsson, S. 49)

Heutige Anarcho-Syndikalisten lassen sich wenig von programmatischen Abstraktionen leiten. Vermehrt arbeiten sie in reformistischen Gewerkschaften als «oppositionelle Gewerkschaftler» ohne Illusionen, diese von ihrem Kurs abbringen zu können. Oft geht es bei dieser Gewerkschaftsarbeit von Anarcho-Syndikalisten darum, Funktionäre in Organisationsstellungen zu bringen, wo sie sich für die strikte Anwendung der gewerkschaftlichen Programmprinzipien einsetzen. Der Spielraum in den Zentralgewerkschaften ist erschreckend eng: Ihr Organisationsaufbau ist so zentralistisch und hierarchisch, dass für grundsätzliche Veränderungen keine Möglichkeit besteht. Deshalb auch sind die meisten Anarcho-Syndikalisten aktiv am Aufbau eigener Organisationen beteiligt. Fast alle dieser Organisationen sind jedoch wegen ihrer Kleinheit nicht in der Lage, gesellschaftlichen Einfluss auszuüben. Dennoch werden anarcho-syndikalistische bzw. anarchistische Vorstellungen von Anarcho-Syndikalisten in allen möglichen gesellschaftlichen, sozialen und politischen Zusammenhängen eingebracht und diskutiert. Für «Außenstehende» sind diese Vorstellungen oft nicht erkennbar, auch dann nicht, wenn sie von diesen rezipiert und in anderen Zusammenhängen weitergetragen werden.

Einen «reinen» oder «revolutionären Syndikalismus» gibt es nicht mehr. Der Anarcho-Syndikalismus ist heute der gewerkschaftliche Arm des Anarchismus. Aber ein Anarchist ist deshalb nicht schon automatisch ein Anarcho-Syndikalist. Wie es verschiedene Auffassungen von Anarchismus gibt, so existieren auch verschiedene Ausdrucksformen des Anarcho-Syndikalismus. Bei allen Verschiedenheiten bleiben doch einige zentrale Zielsetzungen: "1. Der Appell an das Freiheitsbedürfnis und an den spontanen ‹Freiheitswillen› des Einzelnen; 2. die Verwerfung jeder Form von Zentralismus und Staatlichkeit und stattdessen der Wunsch nach einer ‹reichstrukturierten› föderalistischen Gesellschaft; 3. auf dem Weg hin zur neuen, föderalistisch-sozialistischen Gesellschaft, d.h. in der Kampftaktik, in den Organisationsformen keinerlei autoritäre oder zentralistische Positionen zu tolerieren.» (Degen III, S. 267)

5. *Gewalt, Staat, Militarismus*

Alle Anarchisten verstehen unter einer freien Gesellschaft eine gewaltlose Gesellschaft; sie hat den Teufelskreis von Gewalt und Gegengewalt durchbrochen. In ihr soll es keiner Instanz mehr möglich sein, repressiv zu handeln. Die Idealvorstellung ist: Wo es keine Herrscher gibt, kann es auch kein Herrschaftssystem geben; und wo dieses nicht vorhanden ist, kann es keine Repression geben. Eine repressionsfreie Gesellschaft ist aber keineswegs eine konfliktfreie Gesellschaft.

Gewalt ist ein äußerst vielschichtiges Problem, da sie in verschiedenen Formen auftritt. Verkürzt definierte der Friedensforscher Johan Galtung sie folgendermaßen: «Gewalt liegt dann vor, wenn Menschen so beeinflußt werden, daß ihre aktuelle somatische und geistige Verwirklichung geringer ist als ihre potentielle Verwirklichung.» (Zit. in: Walther, S. 7) Gewalt ist, schreibt Walther, «wenn von einer Person einer anderen ein physischer oder psychischer Schaden zugefügt wird. [...] Es gibt aber viele [...] Formen von Gewalt, bei denen die ‹Täter› nur schwer oder gar nicht auszumachen sind, bzw. wo nur Stellvertreter, Ausführende auszumachen sind. [...] [Gewalt] sind z.B. sämtliche Folgen von Krieg, Bürgerkrieg u.a., aber auch alle Formen von sozialer und sonstiger Unterdrückung, wie sie sich u.a. [...] zeigen in [...] Arbeitsunfallgefährdung, Obdachlosenasylen, aber auch an Hand hoher Selbstmordraten [...].» Grundsätzlich und schwerwiegend für eine herrschaftslose Gesellschaft ist die in kapitalistischen Staatssystemen unterlassene freie Entwicklung der «körperliche[n] und seelischen[n] Entwicklung, denn auch die Unterdrückungsmöglichkeiten von objektiv gegebenen Entwicklungs- und Verwirklichungsmöglichkeiten sind als Gewalt anzusehen». (Ebd.)

Gewalt ist die Voraussetzung von Herrschaft. Der Staat hat die Gewalt für sich monopolisiert. Dieses Gewaltmonopol drückt sich aus in unzähligen Gesetzen, die die Herrschaft von (demokratischen und diktatorischen) Oligarchien besiegeln. Wie sich das Gewaltmonopol des Staates als Doppelmoral in der Staatsgesellschaft auswirkt, das entlarvte Sigmund Freud: «daß der Staat dem Einzelnen den Gebrauch des Unrechts untersagt [...], nicht weil er es abschaffen, sondern weil er es monopolisieren will. [...] Der kriegführende Staat gibt sich jedes Unrecht, jede Gewalttätigkeit frei, die den Einzelnen entehren würde. [...] Er löst sich los von Zusicherungen und Verträgen, durch die er sich gegen andere Staaten gebunden hatte, bekennt sich ungescheut zu seiner Habgier und seinem Machtstreben, die dann der Einzelne aus Patriotismus gutheißen soll.» (Zit. in: Krippendorff, S. 17) Der Sozialpsychologe Friedrich Hacker kommt Freuds Ausführungen sehr nahe, auch wenn er seine nicht explizit auf den Staat münzte, sondern sie nur als ein gesamtgesellschaftliches Phänomen einschätzte: «Der nur anderen gepredigte oder auferlegte völlige Gewaltverzicht kaschiert die eigene Aggression und bereitet Gewaltanwendung durch deren Rechtfertigung als Gegengewalt vor.» (Hacker, S. 14.)

Anarchistische Stellungnahmen zur Gewalt sind meist Stellungnahmen zu Staat-Krieg-Pazifismus. Dahinter steht folgendes Argument: Mit der Entwicklung der Nationalstaaten ging die des Militärs synchron – mit wachsender Repression nach innen (z.B. mit der Kriegsdienstpflicht) und der Ausweitung militärischer Aggression nach außen. Diese Vorstellung ist eng verknüpft mit der anarchistischen Stellung zum Staat, die den Staat, das Militär, den Kapitalismus als Herrschaftssymbiose gegenüber der Gesellschaft erkennt. Und es ist eine Art innerliche Gesetzmäßigkeit, dass sich der Staat mit seinen Herrschaftsinstrumentarien permanent in einem Ausdehnungsprozess in den Gesellschaften befindet. Diese Herrschaftslogik kann nur Bestand haben, wenn sich Staat, Militär und Ökonomie nicht auseinander dividieren lassen. So offensichtlich bedrückend diese Verschränkung von Macht und Gewalt oft auch empfunden wird, wird sie dennoch (quasi wie ein Naturgesetz) als selbstverständlich angesehen und hingenommen.

«Die kriegtreibenden Kräfte des Staates haben die Anarchisten immer sehr beschäftigt», schreibt April Carter: Schon «Godwin beobachtete, ‹*daß der Krieg eine unzertrennliche Allianz mit den politischen Institutionen eingegangen ist*› . Aber in diesem [20.] Jahrhundert wurde der Krieg in anarchistischen Schriften zu einem beherrschenden Thema. [Herbert] Read stellt fest: ‹*Der Krieg wächst an Intensität und Wirkung, wie die Gesellschaft ihre zentrale Organisation entwickelt [...]. Dieses Problem von Krieg und Frieden [...] war eine fixe Idee meiner*

Generation. Es gibt kein anderes Problem, das so unvermeidlich zum Anarchismus führt.› [...] Geoffrey Ostergaard behauptet, [...] daß die ‹*Allgegenwart nuklearer Vernichtung klar die Anti-Staatlichkeit der Anarchisten und Syndikalisten rechtfertigt. Krieg ist eine Funktion des Staates*›.» (Carter I, S. 65f.)

Der Friedensforscher Ekkehart Krippendorff führt in seinem Werk «Staat und Krieg» aus, dass die «beiden Zwillingsinstitutionen *Staat* und *Militär*, [...] synonym für Herrschaft und organisierte Gewalttätigkeit stehen». (Krippendorff, S. 11) Und Krippendorff, der den Staat grundsätzlich nicht in Frage stellt, an anderer Stelle: «[...] kam ich notwendig auf den *eigentlichen Gegenstand der Kriegsfrage*, nämlich die militärisch, d.h. aus Gewalt entstandene und mit monopolisierter Gewalt gesicherte Herrschaft, DEN STAAT. Ich habe den unauflöslichen Zusammenhang von Militär bzw. Gewalt und Staat nicht erfunden [...].» (Ebd., S. 10)

Die Kombination Gewalt und Militär ist in allen Herrschaftssystemen, sobald sie Staatsformen annehmen, zwingend für die herrschende Klasse. Und es ist eine grundsätzliche Auffassung im Anarchismus, dass die herrschende Klasse diesen Zustand nicht zur Disposition stellen kann, da sie das Fundament ihrer Herrschaft ausmacht. Deshalb (und aus vielen anderen Gründen noch) ist es nach anarchistischer Auffassung sinnlos, einen Dialog darüber mit den Herrschenden zu führen. Stattdessen geht es darum, das System reformistisch zu destabilisieren: z.B. das Militär durch einen konstruktiven Pazifismus und antimilitaristischen Kampf herauszufordern: «Krieg dem Kriege!»

Konstruktiver Pazifismus der Anarchisten unterscheidet sich grundsätzlich vom «bürgerlichen» Pazifismus. Bürgerliche Pazifisten wollen den Staat nicht abschaffen – deswegen sind sie für Anarchisten nicht konstruktiv; sie sehen die Ursache von Gewalt und Militär im Staat nicht. Deshalb hat der antimilitaristische Kampf immer auch die Beseitigung des Staates als Zielrichtung. Bürgerlicher Pazifismus ist dagegen immer darauf aus, den Staat zu pazifizieren, indem er an die Vernunft der Herrschenden appelliert. Und schon im gewährten «Ersatzdienst» (statt Kriegsdienst – verschleiert als «Wehrdienst») sieht er einen Schritt hin zu einer «friedlicheren» Gesellschaft. Statt «Wehrdienst» und «Ersatzdienst» propagieren die heutigen Anarchisten die «Totalverweigerung». Und statt Arrangements – wie «Ersatzdienst» oder «Freiwilligenarmee» statt der heutigen «Wehrpflichtarmee» – wollen die Anarchisten die

Abschaffung des Militärs als Gewaltinstitution und Disziplinierungsinstanz, indem sie primär den Staat bekämpfen.

Rocker rief 1919, in seiner in der gesamten Arbeiterschaft verbreiteten Rede («Keine Kriegswaffen mehr!»), auf der «Reichskonferenz der Rüstungsarbeiter Deutschlands» zum völligen Boykott jeglicher Zuarbeit für den Militarismus auf: «Fabrizieren wir keine Mordwerkzeuge mehr! Liefern wir dem Staat keine Kanonen, keine Gewehre mehr! Drücken wir dem kalten Mörder nicht selbst die Mordwaffe in die verruchte Hand! Sorgen wir dafür, daß die Betriebe der Zerstörung und der grausamen Menschenschlächterei sich in Betriebe segensreicher und friedlicher Arbeit verwandeln. [...] Hier ist bängliches Schwanken nicht am Platz. Jedes Zaudern ist Verbrechen, ist Begünstigung des Mordes.» (Rocker VII, S. 7) Rocker zum unmittelbaren Ziel der antimilitaristischer Aktionen: «Ist es nicht höchste Zeit, der brutalen Gewalt Einhalt zu gebieten, indem man ihr die Gewaltmittel verweigert?» (Ebd., S. 8)

Rocker begriff, wie viele Anarchisten, den Militarismus nicht nur als eine äußerliche Machtdemonstration des Staates. Vielmehr sah er als dessen Voraussetzung die psychische Deformierung der Einzelnen und der Gesellschaft. So setzen die Anarchisten beim antimilitaristischen Kampf, wie bei allen Aktionen gegen den Staat, das Erkennen der Einzelnen in ihrer gesellschaftlichen Stellung als Unterdrückte voraus. Erst wenn dieser Erkenntnisprozess erfolgt ist, kann der Widerstand gegen das Herrschaftssystem konstruktiv sein: indem alternative Organisations- und Lebensformen einher mit Widerstand gehen. Dies aber bedeutet eben die Überwindung der «Knechtseligkeit des Menschen» und der «Erdrosselung jeder persönlichen Verantwortlichkeit» (Rocker) das Ende zu bereiten – durch Selbsterziehung und Lernen im (gewaltfreien) Widerstand.

Selbsterziehung soll dazu führen, dem Staat generell das Recht abzusprechen und zu verweigern, Menschen zu Gewaltaktionen zwingen zu können. Denn es ist eine Vermessenheit des Staates, die Menschen zu verpflichten, ihn zu verteidigen bzw. für ihn anderen Menschen Gewalt anzutun oder gar für ihn zu sterben. Dem Staat das Gewaltmonopol zu nehmen, ist die eine Sache; die andere ist eine der zentralen Fragen der Anarchisten: die der Gewaltanwendung im Widerstand gegen die herrschenden Zustände. «Anfangs bekämpften sie [die Anarchisten] die Gewaltmittel des gegnerischen Staates, ohne selbst auf Gewalttätigkeit zu verzichten. [...] [Dies ging] einher mit individueller Kriegsdienstverweigerung, Dynamit-Euphorie mit antimilitaristischer Propaganda. [...] Durch die Rezeption der syndikalistischen Lehre vom Generalstreik verteidigte die revolutionär-syndikalistische Internationale Arbeiter-Assoziation gleichermaßen die ‹*Bekämpfung des Militarismus in jeder Form*› und die ‹*Gewalt als Verteidigungsmittel gegen die Gewaltmethoden der regierenden Klassen*›.» In den 1920er Jahren wurde dann die «Lehre von der ‹*direkten Aktion*› [...] zunehmend als Möglichkeit für einen fundamentalen sozio-ökonomischen Wandel ohne Gewalttätigkeit verstanden». (Linse, S. 21)

«Die massive und bestorganisierte Gewalt geht selbstverständlich von denen aus, die im Besitz der meisten ökonomischen Ressourcen sind: den häufig mit den Reichen verbündeten Nationalstaaten. [...]

In fast allen Ländern besteht die Wehrpflicht. Sie zerreißt den Lebensweg der Menschen, erzieht sie zum Militarismus und stärkt die Macht des Staates. Sie fordert ihren Tribut sowohl von der Bevölkerung auf dem Lande als auch von den Bewohnern der Städte und trifft auf jeden Fall die Armen und die Arbeiterschaft am härtesten. [...]

Das Kriegssystem erzielt seine entmenschlichende Wirkung, indem es die Soldaten brutalisiert. Psychologisch gesehen ist es unmöglich, jemanden zu töten, den man achtet. Die Spirale der Gewalt und Gegengewalt erniedrigt selbst jene, die für eine gute Sache kämpfen. Die unterdrückerische Konformität des Militarismus mindert die Fähigkeit der Menschen, ihr Leben selbst zu bestimmen.

Massengewalt ist eine Technik mit organisatorischen Imperativen eigener Art. Nichts ist unmarxistischer als die Behauptung mancher Sozialisten, Technik ließe sich von der Struktur trennen und ein von Wehrpflichtigen verübter Massenmord wirke befreiend, wenn er hehren Idealen dient und unterdrückend, wenn er schlechten Idealen dient. Wirksames Massenmorden erfordert eine autoritäre Organisation, egal wie freiheitlich ihre Ziele sein mögen. Diese Organisation wiederum formt ihre Ziele, beeinflußt das Verhalten ihrer Angehörigen, ermächtigt die Herrschenden, unterdrückt die Unterworfenen. Ungeachtet offensichtlich kurzfristiger Ausnahmen verbleibt die langfristige Dynamik solcher Organisationen. Eine Befreiungsarmee ist ein Widerspruch in sich.»

(Georg Lakey / Michael Randle [1988]: Lakey/Randle, S. 27f.)

Die sich besonders nach dem I. Weltkrieg ausbreitende Tendenz, den Staat nicht mehr mit seinen Mitteln (der Gewalt) zu bekämpfen, sondern ihn durch Gewaltlosigkeit (direkte Aktionen) zu überwinden, wurde nicht von allen Anarchisten akzeptiert. So kam es gelegentlich zu einem Nebeneinander von Gewalt und Nichtgewalt: «Während der Ruhrarbeiterstreiks 1919/20 erprobte der deutsche Anarcho-Syndikalismus die ‹direkte Aktion› bis zu Fabrikbesetzung; Rocker warnte jedoch die Syndikalisten, die sich der ‹Roten Ruhrarmee› angeschlossen hatten, vor der bewaffneten Aktion, da beim Stand der Militärtechnik das Militär den Arbeitern überlegen sei; stattdessen empfahl er [...] den Boykott der Herstellung von Heeresgerät.» (Ebd., S. 23f.)

Der österreichische Anarchist Pierre Ramus (Rudolf Großmann) propagierte die Direkte Aktion mit gleichzeitigem zivilen Widerstand («antimilitaristisch-sozialwirtschaftliche Selbstverteidigung»). Dieses Konzept wurde bei der Ruhrbesetzung durch französisches Militär (1923) von Anarchisten angewandt: Sie riefen die Ruhrarbeiter dazu auf, das von der Reichsregierung «empfohlene alte syndikalistische Konzept des passiven Widerstands zu übernehmen, das Mittel jedoch revolutionär gegen jede Form von Kapitalismus und Imperialismus, auch die des eigenen Landes, anzuwenden». (Ebd., S. 24)

Der Spanische Bürgerkrieg (1936–1939) hitzte die Diskussion über Gewalt oder Gewaltlosigkeit unter den Anarchisten an. Der antifaschistische Abwehrkampf gegen den militärischen Franco-Putsch fand viele Anarchisten unter Waffen. Deutsche Anarcho-Syndikalisten kämpften an der Front in den anarcho-syndikalistischen Milizen. Darunter auch bis dahin konsequent Gewaltlose. Die Kapitulation der deutschen Arbeiterbewegung vor dem Nationalsozialismus erlebt, in den Militärputsch der spanischen «Faschisten» unmittelbar involviert, sahen die meisten Anarcho-Syndikalisten keine Alternative als die der militärischen Gegengewalt. Andere Anarcho-Syndikalisten (hauptsächlich außerhalb Spaniens) sahen darin einen Bruch mit ihren antimilitaristischen Prinzipien. Die anarchistische antimilitaristische Internationale zerbrach an diesem Konflikt.

Nach Ende des II. Weltkrieges wurden die Anarchisten in ihrer großen Mehrheit – woran auch ihre relative Bedeutungslosigkeit beitrug – zu konsequenten gewaltlosen Antimilitaristen. Sie prägten entscheidend die Diskussion über gewaltlose Strategien zur Überwindung der Militärgesellschaften mit; sie nahmen erheblichen Anteil an der Ausarbeitung und praktischen Anwendung von «gewaltfreien Aktionen» für Bürgerrechte, gegen Rassendiskriminierung, gegen Umweltverschmutzung, gegen Atomenergie, gegen Militärdienst, gegen kalte und heiße Kriege (z.B. in Vietnam). Sie hatten ihren Anteil an der Sensibilisierung der Gesellschaft gegenüber den Auswüchsen der Staatsherrschaft. Sie propagierten und übten den gewaltfreien Widerstand gegen alle repressiven Strukturen.

Im Gegensatz zu Marx, der den Übergang von der «alten Gesellschaft» zu der neuen und deren «Geburtswehen» mit «revolutionärem Terrorismus» beschleunigen wollte, vertreten die Anarchisten (bis auf eine winzige Minderheit) den konsequenten gewaltlosen Kampf: den gewaltfreien Widerstand mit allen direkten Aktionen. Carter setzt diese in Beziehung zueinander und entwickelt so ein Szenario zur Erreichung einer herrschaftslosen Gesellschaft: 1.) «In einer Kampagne gewaltfreier Aktion lassen sich drei grundlegende Stufen unterscheiden: ‹verfassungsmäßige› Aktionen einschließlich Propaganda; symbolische Aktionen und direkte Aktionen.» (Carter II, S. 13) 2.) Zwischen symbolischen Demonstrationen und wirtschaftlichen Aktionen in Form von Streiks und Boykotts allerdings unterscheidet Carter.

Der Anarchist Manuel Walther setzt Anarchismus und Gewaltfreiheit in eins, weil sie sich «bedingen», weil sie jegliche Herrschaft ausschließen. Und eine «Gesellschaft, die auf Freiheit gleich Herrschaftslosigkeit beruht, [kann] keine gewaltsame Konfliktregelung beinhalten, da andernfalls wieder Unterdrückung vorliegen würde». (Walther, S. 18) Allerdings anerkennt Walther, dass das eine ideale und abstrakte Position ist. Realistischer ist dagegen, wenn Anarchismus und Gewaltfreiheit in einem «Wechselbezug» stehen.

Die anarchistische Ablehnung der Gewalt ist eng gekoppelt mit der Verneinung der traditionellen Machtausübung: Denn wenn Anarchisten sich dieser Macht verschreiben würden, müssten sie logischerweise auch zu Gewalt greifen. Das aber wäre die Absage an die Herrschaftslosigkeit, die auf der Gewaltlosigkeit aufbaut. Nach Landauers Verständnis ist die Herrschaftslosigkeit, die Anarchie nur real, wenn die Anarchisten «solche Menschen [sind], die keine Gewalt mehr [aus]üben».

VII. Anarchismus und Praxis. Anarchismus und Revolution

Mit den Zielen einer herrschaftsfreien und gewaltfreien Gesellschaft kann sich wohl ein Großteil der Menschen identifizieren. Deren Verwirklichung aber wird generell als nicht machbar angesehen. Die Ablehnung des Anarchismus bzw. der Anarchismen begründet sich u.a. auch auf die nicht genügend vorhandene anarchistische «Praxis» und auf das idealistische Menschenbild, das AnarchistInnen oft zeichnen.

Die AnarchistInnen haben sich nie mit den jeweils real herrschenden politischen und ökonomischen Systemen abgefunden. Seit sie mit der Kritik aller gesellschaftlichen Herrschaftsverhältnisse hervorgetreten sind, wollen sie deren Überwindung. Trotzdem waren AnarchistInnen beim Aufbau einer freiheitlicheren und gerechteren Welt seit dem 17. und verstärkt seit dem ersten Drittel des 19. Jahrhunderts aktiv beteiligt. Allerdings zeigte sich hier, dass die einzelnen Anarchismen unterschiedliche Auffassungen von der Überwindung der Herrschaftsverhältnisse durch Revolution haben: Sie reichen von gewaltfreien Widerstand (Verweigerung, sich an bestehenden Systemen zu beteiligen; Proudhon: Veränderung durch Vorleben alternativer Modelle; oder etwa Stirner: der lediglich «Empörung» als ausreichend sah, um den Staat überflüssig werden zu lassen) bis hin zum bewaffneten Umsturz, der eine radikale Veränderung durch Zerstörung aller autoritären Institutionen hervorbringt (z.B. Bakunin).

Trotz der unterschiedlichen Vorstellungen zur Ereichung einer freiheitlichen Gesellschaft stimmen alle Anarchisten in der rigorosen Ablehnung des Staates und seiner hierarchischen Institutionen überein. Die radikalen Ansichten der AnarchistInnen, ihre aktive Einbringung in freiheitliche Bewegungen, haben der abendländischen Kultur bis heute zwar nicht die Arroganz gegenüber anderen Kulturen sowie den Chauvinismus der Herrschaftseliten nehmen können; sie haben aber seit der Französischen Revolution zu einer stetigen gesellschaftlichen Veränderung beigetragen. Dazu gehört z.B. die Idee, die Selbstorganisation auf allen gesellschaftlichen Ebenen dem praktizierten Delegationssystem entgegenzusetzen.

Die Pariser Kommune 1871, mit der erstmalig durchgeführten regionalen Selbstverwaltung, war nicht zwingend der Beginn freiheitlicher Bestrebungen. Selten aber hat eine freiheitliche Revolte wie die der Pariser Kommune eine solche Ausstrahlung gehabt, dass sie sich noch auf die Russische Revolution von 1905 und 1917 wie auch auf die Spanische Revolution von 1936–1939 auswirkte.

Erklärte AnarchistInnen haben in der Pariser Kommune keine dominierende Stellung eingenommen. Dies geschah erst in der Mexikanischen Revolution (1910–1919). Und in der Spanischen Revolution waren sie dann zeitweise dominierend.

Die Rolle der Avantgarde in einer sozialen und/oder politischen Bewegung war und ist bisher mehr den sozialistischen und kommunistischen Bewegungen zugefallen. AnarchistInnen setzen mehr auf die Kräfte des «Wollens» der Menschen, die aktiv zum Handeln übergehen; sie sind der Meinung, dass ihre sozialen Vorstellungen letztlich den unbewussten «Wünschen» fast aller Menschen nahe kommen. Somit geht es im Prinzip nur darum, den Menschen Möglichkeiten aufzuzeigen, ihre «Wünsche» zu erkennen, zu artikulieren, «lebendig» werden zu lassen, aber sie keinesfalls in eine Schablone zu pressen.

So gilt für AnarchistInnen: «Die weltweite Ausdehnung der Revolution erfolgt aufgrund der überzeugenden Kraft des vorgelebten revolutionären Gesellschaftsmodells, das die Unterdrückten der übrigen Welt zur Nachahmung anregt. Sie werden dem Beispiel freiwillig folgen, bis schließlich die ganze Welt ein föderativer Zusammenschluss freier und gleicher Menschen ist.» (Grosche, S. 88)

Letztendlich genügt es den AnarchistInnen, eine revolutionäre Situation herbeizuführen. Dann, so hoffen sie, werden die Menschen sich für ein radikal anderes Gesellschaftsmodell entscheiden. «Sie [die AnarchistInnen] fungieren gewissermaßen als GeburtshelferInnen der Revolution, ihre Aufgabe ist die Bewusstseinsarbeit sowie die aktive Unterstützung der Selbstorganisation der Massen. Föderalismus, Kollektivismus und kommunistischer Anarchismus sprechen gleichermaßen den RevolutionärInnen jeglichen Führungsanspruch ab.» Und schlussendlich: «Eine egalitäre, freie Gesellschaft kann nur über eine antiautoritäre, dezentrale Organisation verwirklicht werden. Dies bedeutet auch, die Mittel der politischen Organisierung, eine Beteiligung am Parlament und am Staat abzulehnen. Eine soziale Revolution verlangt gesamtgesellschaftliche Organisierung und Kampf.» (Ebd., S. 89)

1. Von der Französischen Revolution zur Pariser Kommune 1871

Als Jean-Jacques Rousseau (1712–1778) seinen «Du Contrat social ou principes du droit politique» (Vom Gesellschaftsvertrag oder Grundsätze des Staatsrechtes; kurz: Gesellschaftsvertrag) 1762 veröffentlichte, war ihm sicher nicht klar, hiermit dem modernen Liberalismus ein Fundament gegeben zu haben.

Von Rousseau wird der Mensch als von Geburt aus frei und gleich dargestellt. Er beugt sich freiwillig dem gesellschaftlichen Willen und der Staat garantiert dafür die Freiheit des Einzelnen. Das Volk wird zum Souverän. Im Glauben an Gott, an Gesetze, die sich in einer Gesellschaft bewähren, die auch vom Souverän wieder abgeschafft werden können, soll sich diese neue Staatsphilosophie begründen. Der Staat habe nie den Anspruch auf Ewigkeit: So, wie der neugeborene Mensch bereits den Tod in sich trägt, so sei jeder Staat dem Untergang geweiht. Gleich welche Regierungsform sich die Gesellschaft auch gibt. Diese durchaus anarchische Betrachtungsweise des Staates bringt Rousseau allerdings nicht zum Schluss: dass auf den Staat überhaupt verzichtet werden kann. Die Entscheidung über die Staatsform will er dem Souverän überlassen. Aber solange das Volk seine eigene Souveränität nicht wahrnimmt, wird der Staat diese auch ignorieren.

Rousseau ging davon aus, dass das Volk nie seine Souveränität freiwillig an irgendeinen Herrscher abgegeben hat und abgeben würde. Deshalb sei das Volk auch berechtigt, sich diese Souveränität immer wieder anzueignen. Rousseau, der Liberale, wollte keine Revolution, aber seine Schriften schärften das kritische Bewusstsein der Menschen über ihre prekäre gesellschaftliche Situation und ihr Geist mündete letztendlich in der Französischen Revolution von 1789–1799.

Rousseau war bei weitem nicht der Erste und Einzige in seiner Zeit, der per Wahl durch das Volk die Staatsform bestimmt sehen wollte, anstelle der herrschenden feudalistischen Monarchien. Auch Philosophen wie David Hume, Thomas Hobbes, Voltaire hatten sich seit Beginn des 17. Jahrhunderts bereits mit verschiedenen Staatsformen auseinandergesetzt.

In Großbritannien z.B. wurde das Parlament unter der Regentschaft der hannoveranischen Dynastie mit George I zu Beginn des 18. Jahrhunderts bereits gestärkt. Dies führte 1832 zu einer Wahlrechtsreform, bei der das Parlament einen größeren politischen Einfluss bekam und das immer stärker werdende Bürgertum an der Macht beteiligte. So wird verständlich, dass die Französische Revolution in Großbritannien nicht die Wirkung zeigte wie etwa auf dem europäischen Festland. Auf der anderen Seite förderte der englische Parlamentarismus die bürgerlichen Umsturzversuche nicht nur im restlichen Europa, sondern führte auch in den amerikanischen Kolonien zu Autonomiebestrebungen, die am 4. Juli 1776 mit der Unanbhängigkeitserklärung, und nach dem Befreiungskrieg 1783 die Unabhängigkeit für dreizehn Kolonien brachte.

Im Aufbegehren gegen politische Unterdrückung, aber auch gegen die wirtschaftliche Ausbeutung der Menschen spielte die Französische Revolution wohl die größte Rolle in der freiheitlichen Geschichte der letzten 2.000 Jahre. Nachhaltig hat sie die Welt verändert; sie fand in drei Etappen statt: einer gemäßigten, einer radikalen und einer «Roll-back-Phase», die zur Alleinherrschaft des 1805 zum Kaiser gekrönten Napoleon Bonaparte (Napoleon I.) führte.

Das Motto der Französischen Revolution «Freiheit, Gleichheit, Brüderlichkeit» war unvollkommen: nicht nur weil es in der Sprachregelung den weiblichen Teil der Bevölkerung aussparte, sondern weil der Absolutismus eines Ludwig XVI. die Verelendung der Tagelöhner auf dem Lande und die Verarmung der städtischen Unterschicht bewirkte. Diese Kluft war nicht zu überbrücken. Zwischen diesen standen die Reformkräfte des Groß- und Bildungsbürgertums, welche gesellschaftspolitisch tonangebend wurden.

Die Französische Revolution war durch und durch bürgerlich. Sie verhalf eher dem aufstrebenden, ökonomisch stärker werdenden Bürgertum zu mehr politischer Macht. Das verhinderte einen breiten gesellschaftlichen Konsens, welcher «Vertragsfreiheit» unter freien Menschen ermöglicht hätte. Deshalb musste dieser Versuch zur Befreiung der Menschen scheitern. Die anfängliche Massenrevolution mündete in den Kampf der bürgerlichen Fraktionen um die Macht. Während das Bürgertum seine Forderungen im krisengeschüttelten Parlament durchsetzte, stürmte das Volk die Bastille. Diese «Arbeitsteilung» blieb während der gesamten Revolution bestehen und trug wesentlich zum Bruch zwischen Bürgertum und den breiten Massen bei.

Immerhin wurden 1791 mit der Verkündung der Bürger- und Menschenrechte ein erster Schritt in die moderne Geschichte gewagt. Erschwerend hinzu kamen die «innerrevolutionären» Kämpfe zwischen den Girondisten («Großbürgerliches» Lager, welches die konstitutionelle Monarchie befürwortete) und den Jakobinern («Kleinbürgerliches» Lager, welches eine soziale Republik favorisierte). Hinzu kamen die ständigen Kriege gegen die äußeren und inneren Feinde der Revolution. Die soziale Frage wurde zur politischen. Mit der Hinrichtung von Robespierre 1794, dem Jakobiner und führenden Mitglied des Wohlfahrtausschusses, kam die Revolution ins Stocken. Das war die Wende zugunsten des Bürgertums. In dieser Krise gelangt 1799 Napoleon Bonaparte durch einen Staatsstreich zur Macht und beendete die Revolution. Die darauf folgenden Jahre waren die der «Restauration»: Das Großbürgertum verband sich mit der Aristokratie und die Monarchie feierte ihre Auferstehung.

Da die soziale Frage nicht gelöst worden ist, Arm und Reich sich weiterhin unversöhnlich gegenüberstanden, begann nun die «Zeit der Theorien»: in England z.B. erschien noch 1793, durch die verschiedenen Beurteilungen der Französischen Revolution beeinflusst, Godwins Werk «Political Justice», welches den Grundstein für den modernen Anarchismus legte.

2. Die Pariser Kommune von 1871

Nachdem das zweite Kaiserreich unter Napoleon III. 1871 den Krieg gegen die verbündeten Truppen der deutschen Länder verloren hatte, war derselbe bereit, Paris nach monatelanger Belagerung den Siegern zu überlassen. Zu dieser nationalen Krise kam der Widerstand breiter Bevölkerungskreise gegen eine unsoziale Innenpolitik hinzu. Der Widerstand gipfelte am 18. März 1871 in Paris im Aufstand. Daraufhin floh die Regierung nach Versailles und überließ der Nationalgarde die Regierungsgewalt. Die Bevölkerung von Paris aber nahm das nicht hin: Nach monatelangen Entbehrungen schafften es vornehmlich die ArbeiterInnen, die Kanonen zur Verteidigung von Paris unter ihre Kontrolle zu bekommen. Kropotkin beschreibt diesen Vorgang sehr prosaisch: «Die Regierung verschwand wie eine Pfütze stinkenden, faulen Wassers beim Wehen des Frühlingswindes, und am 19. März fand sich Paris von dem Schmutze befreit, der die große Stadt verpestet hatte.» (Zit. in: Schneider, S. 23) Die Kommune von Paris konstituierte sich.

Ende März wurden Wahlen zur Kommune und zum Kommunerat durchgeführt, welche durch die Abwesenheit des

> «Zwei große Strömungen bereiteten die Revolution vor, führten sie herbei und führten sie durch. Die eine Strömung, die *ideelle* – die Flut neuer Ideen über die politische Erneuerung der Staaten –, kam von der Bourgeoisie. Die andere, die des *Handelns,* kam von den Volksmassen – den Bauern und den städtischen Proletariern, die unverzügliche und durchschlagende Verbesserungen ihrer wirtschaftlichen Lage zu erreichen suchten. Und als diese beiden Strömungen sich in einem gemeinsamen Ziele trafen, als sie sich eine Zeitlang gegenseitigen Beistand leisteten, da war es zur Revolution gekommen.»
> (Peter Kropotkin III, S. 11)

Großbürgertums mehrheitlich in die Hände des Proletariats – oder wie eben die bürgerliche Geschichtsschreibung es folgerichtig nennt: Kleinbürgertums – gelangten. Dies schlug sich auch in entsprechenden Beschlüssen nieder. Allerdings konnten diese aufgrund der Zusammensetzung der Gremien (gemäßigte und radikale Kräfte), nicht in der Konsequenz durchgesetzt werden, wie es sich z.B. Bakunin vorstellte.

Dieser hatte bereits ein halbes Jahr zuvor (September 1870) folgende Thesen in seiner «Proklamation der revolutionären Föderation der Kommunen» entwickelt:

«Die katastrophale Lage, in der sich das Land befindet, die Ohnmacht der Regierung und die Gleichgültigkeit der privilegierten Klassen haben das französische Volk an den Rand des Abgrunds gebracht. Wenn das revolutionär organisierte Volk nicht bald handelt, hat es seine Zukunft verspielt, und die Revolution ist verloren. In Anbetracht der ungeheuren Gefahr und im Bewußtsein, daß das von seiner Verzweiflung bestimmte Vorgehen des Volkes keinen Augenblick mehr zurückgehalten werden darf, schlagen die in einem Zentralkomitee zusammengeschlossenen Föderierten Komitees zur Rettung Frankreichs vor, sofort folgende Resolutionen anzunehmen: Artikel 1: Die Verwaltungs- und Regierungsmaschinerie des Staates ist machtlos geworden und wird abgeschafft. Das französische Volk erhält sein uneingeschränktes Selbstbestimmungsrecht. Artikel 2: Alle Straf- und Zivilgerichte werden aufgelöst und durch die Volksgerichtsbarkeit ersetzt. Artikel 3: Steuer- und Hypothekenzahlungen werden abgeschafft. Die Steuer wird durch Abgaben an die föderierten Kommunen ersetzt, die entsprechend den Erfordernissen zur Rettung Frankreichs von den reichen Klassen erhoben werden. Artikel 4: Nachdem der Staat abgeschafft ist, wird er keine Privatschulden mehr eintreiben können. Artikel 5: Alle bestehenden Gemeindeverwaltungen werden aufgelöst und in allen föderierten Kommunen durch Komitees zur Rettung Frankreichs ersetzt, die unter direkter Kontrolle des Volkes alle Macht ausüben. Artikel 6: Jede Departementhauptstadt schickt zwei Delegierte in einen Revolutionären Konvent zur Rettung Frankreichs. Artikel 7: Dieser Konvent soll sofort im Rathaus von Lyon zusammentreten, denn Lyon ist die zweitwichtigste Stadt Frankreichs und am ehesten in der Lage, sich energisch um die Verteidigung des Landes kümmern zu können. Dieser Konvent wird mit Unterstützung des ganzen Volkes Frankreich retten. Zu den Waffen!» (Zit. in: Schneider; S. 7)

Dieser von vierundzwanzig Personen unterzeichnete programmatische Aufruf wird Bakunin zugeschrieben, der zu dieser Zeit in Lyon weilte.

Die Kommunarden erklärten Paris zur unabhängigen und freien Stadt. Hier bewahrheitete sich: Revolutionen verlaufen meist anders, als sich das Revolutionstheoretiker vorstellen. In Paris wurde die organisierte Arbeiterschaft von den Ereignissen überrascht. Und während der kommunistische Flügel der sozialistischen Bewegung darin nur ein Manko der Organisation sah und für sie deshalb die Revolution scheitern musste, war den AnarchistInnen jede Art von Aufstand recht, solange die Akteure einen emanzipatorischen, auf Gegenseitigkeit beruhenden revolutionären Prozess in Gang setzten.

«Der Communalismus», so Kropotkin, «war gewissermaßen ein von Nichtanarchisten gehandhabter Anarchismus [...]». «Dies [Prinzip der Pariser Kommune] ist gewiß nicht eigentlich Anarchie [...], aber es zeigt, wie sehr der Föderalismus Proudhons und der Kollektivismus der Internationale die wirklichen Sozialisten der Communezeit beeinflussten, wie das die sehr verschiedenen Kräfte vereinigende Streben war: *vom Staat weg*, im Gegensatz zu dem autoritär-sozialistischen Streben: *dem Staate zu!*» (Nettlau II, S. 163 und S. 169)

Die Kommune war kein von langer Hand vorbereiteter Aufstand; er war spontan. Neben dem sozialen kam ein patriotischer Aspekt hinzu. Die PariserInnen hatte nichts mehr zu verlieren. Im Gegensatz zum sozialistischen Aufstand von 1848 proklamierten sie diesmal aber keine soziale Lösung für ganz Frankreich, sondern einen Verbund von «freien Kommunen».

Der Kommunerat, bestehend aus etwa achtzig Personen, schaffte es nicht, in den siebzig Tagen des Bestehens der Kommune für die ArbeiterInnen grundlegende ökonomische Verbesserungen durchzusetzen. Und trotz der verzweifelten Versuche Paris zu verteidigen, mussten sich die ArbeiterInnen der Übermacht von Regierungs- und Besatzungstruppen geschlagen geben. Dem anschließenden Massaker der Regierungstruppen in der «Blutwoche» (21.-28. Mai 1871) fielen mindestens 25.000 KommunardInnen zum Opfer. Es folgten Repressionen mit hohen Zuchthausstrafen und Verbannungen. Erst gegen 1880 konnten die sozialistische EmigrantInnen wieder zurückkehren.

> «Die Kommune entstand aus keinem Staatsstreich, es gab keine Organisation, die sie vorbereitete, und keine, die sie führte. Die politischen Gruppen, die in ihr eine Rolle spielten, hatten sehr unterschiedliche Auffassungen – zentralistisch eingestellte Jakobiner und Anhänger des alten Revolutionärs Blanqui, antiautoritär und föderalistisch orientierte Anhänger der Ideen von Proudhon und eine relativ schwache Gruppe der von Marx [...] geleiteten Internationalen Arbeiter-Assoziation.
>
> Von der Spontaneität und Wucht des Volksaufstandes, der die soeben geschaffene eigenständige Machtinstitution der Stadt verteidigte, überrascht, suchte das vom Aufstand an die Spitze getragene Zentralkomitee der Nationalgarde die Lage durch Kommunalwahlen zu legalisieren und verlor so die Möglichkeit, die Regierung in Versailles in seine Gewalt zu bringen.
>
> Dieses Zentralkomitee, [...] die von der ihr zufallenden Verantwortung überrascht waren, diese Legalisten, [...] hielten Paris am Leben und zeigten, daß eine große und moderne Stadt ohne den Staat auskommen kann.
>
> Einer der hervorragendsten Geschichtsschreiber der Pariser Kommune, Lissagaray, beschrieb, wie die öffentlichen Dienste ohne jegliche staatliche Leitung funktionierten, wie sie mit Geschick und Wirtschaftlichkeit von Dilettanten geführt wurden, wie z.B. ein Rat der Postbeamten nicht nur den Betrieb im Gang hielt, sondern auch das Lohn- und Beförderungssystem neu regelte und das herrschende System von Begünstigung und Inkompetenz beseitigte.
>
> Die führenden Personen verwiesen mit Stolz auf den spontanen Charakter der Kommune. [...] Felix Pyat schrieb am 24. März im Leitartikel der Zeitung ‹La Commune›: ‹[...] Eure Revolution vom 18. März hat einen besonderen Charakter [...]. Ihre originale

> Größe besteht darin, daß sie [...] ganz kollektiv, kommunal [...] ist [...] eine Revolution [...] anonym, einstimmig und zum erstenmal ohne Führer. [...] kein Handstreich, kein Attentat, kein Staatsstreich [...]. Ein Werk, massiv und stark wie sein Schöpfer, das Volk. Eine spontane Naturmacht, weder verfälscht noch erzwungen [...] keine Macht, die nichts dem Einfluß der Namen, der Autorität des Ruhmes, dem Prestige der Führer oder den Kunstgriffen der Parteien schuldet [...].›
>
> Die Idee der kommunalen Selbstverwaltung beherrschte die Stadt. In einem Manifest der Kommune an das Land hieß es: ‹Jede Kommune Frankreichs sei autonom, bestimme ihr Budget, setze ihre Steuern fest, wähle ihren Magistrat und alle Beamten, organisiere ihre Justiz, Polizei, Erziehung und Verteidigung und delegiere ihre Abgeordneten in die Zentralverwaltung.›
>
> In allen kurzlebigen Institutionen fand [...] [sich] das föderative Leitmotiv: größte Autonomie der Basis, direkte Wahl abberufbarer Delegierter. In keinem Fall handelte es sich darum, überhalb der Bewegung einen festen Apparat zu errichten, keine Spur und kein Keim eines Staatsapparates war zu finden.»
>
> (Henry Jacoby [1969], S. 147f.)

Louise Michel, eine der herausragenden Aktivistinnen der Kommune, wurde erst auf dem Weg in ihre Deportation nach Neu-Kaledonien zur Anarchistin. Rückblickend erkannte sie, auf die Kommune-Ereignisse bezogen: Macht korrumpiert immer. Bakunin und Alexander Herzen kannte sie zu jener Zeit nur vom Hörensagen.

Mit Michel rückte zum sozialen und ökonomischen Veränderungswillen auch der feministische Aspekt mehr und mehr ins Blickfeld der internationalen ArbeiterInnen-Bewegung. Die Frauen spielten in der Kommune eine herausragende Rolle: «Die Frauen hatten ein tiefsitzendes Misstrauen gegenüber zentralistischen Organisationsformen; ihr Hauptinteresse galt der Förderung dezentraler, lokaler Gemeinschaften. Ob nun bei Erziehungsprojekten oder Verbrauchergenossenschaften, alles sollte von der Basis aus geschehen.» (Leighton, zit. in: Kramer, S. 92/93)

Michel musste erleben, dass selbst jene Männer, die die Gleichstellung von Männern und Frauen forderten, in ihrem Wirken den Ideen oft hinterherliefen. «Bitten wir also nicht um unsere Rechte, nehmen wir sie uns», forderte deshalb Michel.

Ihr Feminismus ging allerdings über die simple Frage einer Gleichstellung von Mann und Frau hinaus, wenn sie in ihren «Memoiren» über die Privilegien der Männer schreibt: «Eure Privilegien? Was ihr nicht sagt! Wir mögen keinen alten Plunder; macht damit, was ihr wollt; es ist uns zu sehr geflickt und zu eng für uns. Was wir wollen, ist Wissen und Freiheit.» (Michel, S. 83) Für sie war diese Forderung der erste Schritt zur Individualität, aber auch ein tiefsitzendes Selbstverständnis aller AnarchistInnen: dass die Freiheit der Menschen unteilbar oder nicht ist.

Das Manko der Ungleichheit von Mann und Frau hatte die Pariser Kommune sichtlich nicht aufgehoben.

Bakunin und Kropotkin feierten die Pariser Kommune «als einen ersten Versuch der Verwirklichung eines staatenlosen und sozialistischen Gesellschaftsverbandes»; Marx erklärte, «die Commune des Jahres 1871 sei die erste proletarische Regierung gewesen». Und selbst August Bebel, unbestrittener Führer der deutschen Sozialdemokratie, bezeichnete den Bürgerkrieg in Frankreich – was die Kommune letztlich auch war – vor dem deutschen Reichstag «als Vorpostengefecht einer internationalen sozialen Umwälzung». (Zit. in: Koechlin, S. 25).

Die Tatsache, dass Kommunisten und Anarchisten in ihren damaligen Einschätzungen zur Pariser Kommune nicht weit auseinander lagen, belegt auch ein Brief von Marx an Ludwig Kugelmann vom April 1871 mit durchaus libertären Einschätzungen: «Wenn Du das letzte Kapitel meines ‹Achzehnten Brumaire› [...] nachsiehst, wirst Du finden, daß ich als nächsten Versuch der französischen Revolution ausspreche, nicht mehr wie bisher die bürokratisch-militärische Maschinerie aus einer Hand in die andre zu übertragen, sondern sie zu *zerbrechen*, und dies ist die Vorbedingung jeder wirklichen Volksrevolution auf dem Kontinent.» (Marx III, S. 433). Diese grundlegend anarchistische Einsicht, dieses Nicht-Übernehmen der Apparate, sondern vielmehr deren Entsorgung, stammt eben noch von jenem Marx, der noch nicht zum «Marxisten» gemacht worden war.

Nettlau hat dagegen mit (subtil-spitzfindiger) Kritik an der Pariser Kommune nicht gespart: «[...] kann ich die Commune nicht als das wirkliche Resultat communalistischen, also antistaatlichen, dezentralistischen Wollens betrachten, sondern ich sehe in ihr die traditionelle Hauptstadttragödie; *Hauptstädte* sind dem *Staat* immer verhasst, weil sie zu viel denken, und sie werden von Zeit zu Zeit gezüchtigt. Eine Hauptstadt sieht den Staatsapparat am nächsten, ‹braucht› ihn am wenigsten, ihr materielles und geistiges Leben entwickelt sich unabhängig von den neidisch und gehässig zuschauenden Staatsbeamten und Militär. Daher intime Todfeindschaft und grenzenlose Rachgier des sich missachtet fühlenden Staates.» (Nettlau II, S. 161)

Das Scheitern der Pariser Kommune war sicherlich im Bewusstsein nicht weniger ihrer TeilnehmerInnen auch die Erkenntnis, dass sich letztlich die Gesellschaft nie ändern lässt. Dagegen war es allerdings für viele TeilnehmerInnen ein emanzipatorischer Lernprozess: dass selbst höchste Machtträger, dass das Herrschaftskartell von politischer, ökonomischer und auch klerikaler Macht abgeschafft werden kann, dass durch Selbstorganisation freiheitliche Verhältnisse hergestellt werden können.»

3. Die russischen Revolutionen

*I*m feudalistischen Russland des 19. bis zu Beginn den 20. Jahrhunderts war die organisierte Arbeiterbewegung noch wenig ausgeprägt. Das betraf selbstredend auch die anarchistische Bewegung. Die maßgeblichen Köpfe des antizaristischen Arbeiter- und Intellektuellenwiderstandes befanden sich im Exil – hauptsächlich in London, Paris, Genf oder in den USA. Viele auch in der Verbannung Sibiriens bzw. in den Kerkern des Zarismus.

Der Russe Alexander Herzen (1812–1870), von den französischen Frühsozialisten beeinflusst, prägte ideologisch mit seiner 1851 im Londoner Exil erscheinenden Zeitschrift «Kolokol» (Die Glocke) die so genannte «Volkstümlerbewegung» (Narodniki) in Russland. «Herzen war ein großer Propagandist; von Allem, was er veröffentlichen liess, hat keines so großen Einfluss, wie Puschkin's verbotene Gedichte ausgeübt. Seine Ode an die Freiheit, und vielleicht auch seine Reime über den Dolch [...] haben leider [aber] manche Hand bewaffnet.» (Golowin, S. VI und S. VII)

Die Narodniki – hauptsächlich junge Intellektuelle aus der bürgerlichen Oberschicht und dem Adel, die nicht nur mit dem «Dolch» durch die Lande zogen – sahen in den russischen Dorfgemeinschaften einen Ansatzpunkt für einen sozialen Kollektivismus. Herzen erkannte im sozialen Verbund der Dorfgemeinschaft den Kern eines eigenen «russischen Sozialismus». Für Russland wollte er nicht die Entwicklung der westeuropäischen Länder: die rasante industrielle Entfaltung, die die Proletarisierung von Menschen und die die Ausdehnung der Städte nach sich zog.

Mitte des 19. Jahrhunderts zeigte sich in Russland eine allgegenwärtige soziale Unzufriedenheit. Die Diskrepanz zwischen der hungernden Landbevölkerung und einer verschwenderischen Herrschaftselite, vornehmlich in den Städten, ist krass. Die russische Jugend und die Intellektuellen treibt es ins Ausland. Dorthin, wo ein vermeintlicher Fortschritt auch mehr Freiheiten zu bieten hat. Auffällig ist bei den russischen Intellektuellen, dass sie (fast) alle mehrsprachig sind. Die russische Intelligenz hatte einen Hang zu Verschwörungen, zu Geheimbündeleien, zum Widerstand in kleinen Gruppen gegen den Zarismus. Diese Gruppen agierten meist losgelöst von größeren politischen Parteien; deshalb trugen sie mit dazu bei, dass dem russischen Despotismus keine einheitlich-schlagkräftige Opposition entgegenstand. Immerhin erreichte der Dekabristen-Aufstand 1825 (benannt nach dem Monat Dekabre = Dezember), dass das Zarenregime, wenn auch sehr zögerlich, soziale Reformen einleitete.

«Die Dekabristen hatten ein Fenster zur Welt aufgestoßen. Die russische Intelligenzia sowie die russische revolutionäre Bewegung entstanden aus dieser Revolte. Die Intelligenzia übernahm deren Ehrenkodex.» (Broido, S. 16)

Junge Offiziere, nach denen dieser Aufstand benannt wurde, nahmen teil an den Napoleonischen Kriegen in Westeuropa. Hier wurden sie mit den unterschiedlichen sozialen Ideen in Paris, London oder Wien konfrontiert. Sie wagten es, konstitutionelle und soziale Forderungen an den Zar zu stellen. Für diesen mutigen Akt des Aufbegehrens zahlten die meisten von ihnen mit Verbannung, Exil oder Hinrichtung. Ihr Aufbegehren hatte Folgen: Es wurde eine Geheimpolizei gebildet; strikter die Zensur ausgeübt; Reisen ins Ausland verstärkt kontrolliert.

Selbst Reformen, die unter großem politischen Druck zu Stande kamen, brachten Russland wirtschaftlich und sozial nicht voran. Trotz Aufhebung der Leibeigenschaft 1861 wuchs die Unzufriedenheit der Landbevölkerung, denn die Reformen veränderten nicht wesentlich die Strukturen der Armut, mit all ihren Auswüchsen. Im Russland des 19. Jahrhunderts gab es kaum Schulen. Das allgemeine Bildungsniveau war extrem niedrig. Und die Initiativen von jungen russischen Intellektuellen, die der Landbevölkerung kostenlos Bildung und medizinischen Versorgung angedeihen ließen, machten diese dem Regime eher verdächtig: Sie mussten mit Verbannung oder Haftstrafen rechnen.

Vermutlich hatten die russischen Schriftsteller einen größeren Anteil an der sozialen Willensbildung des russischen Volkes und auch Einfluss auf die Intellektuellen als alle Verschwörergruppen und Politagitatoren. Durch Romane, wie etwa Iwan S. Turgenjews «Väter und Söhne» (1862), der dem Begriff «Nihilismus» einen positiven Sinn gab, ihn als Anarchismus agieren ließ. Oder auch Fjodor M. Dostojewskijs Roman «Dämonen» (1871), wo der Nihilismus in Form der Gottesverneinung nicht zwangsläufig in die Moralosigkeit versinkt, sondern an dessen Stelle eine durchaus gleichwertige hohe materialistische Moral gestellt wird. Folglich konstatierte Kropotkin in seinen umfangreichen Studien zur russischen Literatur des 19. Jahrhunderts auch 1901 noch: «In keinem Lande nimmt die Literatur eine so einflußreiche Stellung ein wie in Russland, nirgends sonst übt sie einen so tiefen und direkten Einfluß auf die geistige Entwicklung der jüngeren Generation aus.» (Kropotkin V, S. 7)

Die Russische Revolution von 1905 ist viel weniger bekannt als die Russische Revolution von 1917. Sie ist deshalb aber nicht weniger wichtig für die Entwicklung.

Es waren die unerträglichen sozialen Zustände, die dieser Revolution Vorschub leisteten. Die Aktivitäten der Arbeiterschaft mündeten in einen Generalstreik mit rund 150.000 Beteiligten. Es war nicht irgendeine politische Elite, die dem Volk diktierte, was es zu tun hatte, sondern Mitglieder eines von der Polizei zugelassenen Arbeiter-Vereins, die mit Heiligenbildern und Kruzifixen am 22. Januar 1905 – unbewaffnet und festlich gekleidet – auf das Winterpalais des Zaren zumarschierten. Der Marsch wurde zum Opfergang. Die Staatsmacht ging gewaltsam gegen die Massen vor. «Der Platz vor dem Palais schwamm im Blut.» (Rühle, S. 238). Dieses Massaker setzte eine Streikwelle frei, wie sie bis dahin Russland noch nicht erlebt hatte.

Die Revolution von 1905 war nicht nur Ausdruck der großen sozialen Misere, die ganz Russland umfasste; es war ebenso das politisch-militärische Desaster, das das Land überzog: Russlands imperiales Machtstreben im asiatischen Raum führte 1904 zum Krieg mit dem ebenfalls imperialistischen Japan. Am 5. September 1905 kapitulierte Russland. Es verlor seine gesamte Kriegsflotte. Dadurch hatte Russland zwar nichts von seiner Machtstellung eingebüßt, dafür aber eine schwerwiegende innenpolitische Krise zu bewältigen.

Die Kronstädter Matrosen litten besonders unter dem repressiven zaristischen Militärsystem. Hier wurde nicht nur deutlich, dass die oberen militärischen Ränge nach Gutdünken mit einfachen Soldaten umsprangen, mehr noch war hier das brutale Klassensystem erkennbar: Die Söhne der Ärmsten Russlands waren den Schikanen und der Willkür der Söhne der Adligen, der Großgrund- und Fabrikbesitzer schutzlos ausgeliefert. Dasselbe brutale Bild spiegelte sich auf dem Land ebenso in den Fabriken und Handwerksstätten wider. Die Korruption der Beamten, die Allmacht der Kirche und die Rücksichtslosigkeit der Besitzenden war das Fundament für einen, diesen Repressionen entgegenlaufenden Freiheitswillen – einem Widerstand, der auf verschiedenen Ebenen mit verschiedensten Mitteln geführt wurde. Ob individueller Terror, massenorganisierte Streiks oder Versuche, dem rückständigen Proletariat und der Landbevölkerung Wissen und ärztliche Versorgung Teil werden zu lassen, sie alle litten seit Beginn des 19. Jahrhunderts unter einem selbstherrlichen Zarismus, einer fürchterlichen Repression.

Die in St. Petersburg 1885 gegründete Sozialdemokratische Partei war, wie alle oppositionellen Organisationen, darauf angewiesen, Propagandamaterial aus dem Ausland einzuschmuggeln. Sie, wie auch die AnarchistInnen, wurden hauptsächlich von ihren Exilanten mit Schriften versorgt. «Das machtvolle Anwachsen der Arbeiterbewegung seit 1900 hatte die [russische] Regierung in immer größere Ratlosigkeit und Angst versetzt.» (Rühle S. 234)

1905 wurde Russland von Streikwellen überzogen. Über 122 Städte sollen davon betroffen gewesen sein. Russlands Wirtschaft lag danieder. Langsam erwachten jetzt auch die bürgerlichen Oppositionsgruppierungen: politische Ziele werden artikuliert wie der Ruf nach politischer Demokratie, freien Wahlen und sozialen Reformen. Die AnarchistInnen forderten dagegen eine grundsätzliche Änderung der soziale Verhältnisse.

«Im Oktober [1905] kam es wieder zu einer großen Streikbewegung. Sie entstand aus ganz winziger, lächerlich winziger Ursache: Die Setzer einer Druckerei verlangten, daß bei der Erhöhung des Akkordlohnes die Interpunktionszeichen für Buchstaben gerechnet werden sollten. Dieses geringfügige Ereignis wurde zum Auslöser einer geschichtlichen Katastrophe; denn die Bewegung, die mit Komma und Doppelpunkt begann, endete mit der Zertrümmerung des zaristischen Absolutismus.» (Ebd., S. 240)

Vor allem aber streikten die ArbeiterInnen der Eisenbahnen und legten so das gesamte Land wirtschaftlich lahm. Die FabrikarbeiterInnen schlossen sich dem Streik an. So kam das gesamte öffentliche Leben zum Erliegen. Die Hauptforderungen der Streikenden: die Errichtung der demokratischen Republik und des Sozialismus. Am 23. und 24. Oktober lief der politische Streik seinem Höhepunkt zu: Zum Teil bewaffneten sich die ArbeiterInnen; vereinzelt wurden Barrikaden errichtet; an verschiedenen Orten kommt es zu blutigen Zusammenstößen mit dem Militär und örtlichen Polizeikräften. Trotzdem «[…] waren die Oktobertage [nur] Tage des politischen Streiks, revolutionärer Manövergänge, Tage der allgemeinen Mobilisation, Tage des Aufmarsches aller Streitkräfte, keinesfalls aber solche des bewaffneten Kampfes.» (Ebd., S. 246) Dennoch geriet die zaristische Regierung in Panik und wich zurück.

Gleichzeitig hatte sich die Arbeiterschaft ein Organisationsinstrument geschaffen: den Sowjet (Rat), welcher als Arbeiter-, Bauern und Soldaten-Räte in allen sozialen Zusammenhängen führend wurde. Sozialdemokraten und Bolschewiki erwähnen in ihren frühen Publikationen diese neue Organisationsform der Räte eher beiläufig, behaupteten aber, dass das Entstehen der ersten Sowjets, das sie auf Ende 1905 datieren, ihr Verdienst gewesen sei. Der anarchistische Aktivist Volin (d.i. Wsewolod Michailowitsch Eichenbaum; 1882–1945) weist dagegen darauf hin, dass er es war, der an der Gründung des ersten Sowjets in St. Petersburg bereits Anfang 1905 mitgewirkt hat. Die Sowjets waren nach ihm kein Werk der Bolschewiki: «Die Entstehung des ersten Sowjet war ein Vorgang völlig privater Natur. Er fand in einer höchst intimen Atmosphäre statt, fernab jeglicher Öffentlichkeit und ohne irgendeine Kampagne oder Aktion größeren Umfangs.» (Volin I, S. 75). Für die frühe Geschichtsschreibung der Bolschewiki beginnt die Geschichte der Sowjets erst mit Leo D. Trotzki (1879–1940), als dieser Ende 1905 zum Präsidenten des St. Petersburger Arbeiterrates aufstieg.

Zar Nikolaus I. erließ unter dem öffentlichen Druck eine Verfassung mit dem Zugeständnis zur Errichtung eines Parlamentes, der so genannten Duma. Damit setzte er viele Hoffnungen auf gewählte Volksvertreter im Volke frei. Diese Hoffnungen waren jedoch trügerisch. Volin schreibt zur Situation jener Tage: «Es bedurfte einer konkreten, handfesten historischen Erfahrung großen Ausmaßes, damit das Volk die wahre Natur des Zarismus zu begreifen begann, seine Lage insgesamt und die wirklichen Aufgaben des Kampfes. Weder die Propaganda noch die Opfer der Idealisten waren allein imstande, dies zu erreichen.» (Ebd., S. 72)

Das Volk hatte nicht gesiegt, aber es hatte seine Stärke gespürt: wenn es sich selbst organisiert, kann es mittels eines Generalstreiks die Regierung – auch eines derart riesigen Landes wie Russland – in die Knie zwingen. Der Lerneffekt war da. Aber statt einer breiteren Selbstorganisation der Arbeiterschaft besetzten nun Parteikader, ParteiarbeiterInnen und Berufsrevolutionäre die autonomen Gremien.

Der bürgerliche Autor Essad Bey schrieb 1932 in seinem Buch über die GPU (Geheimpolizei; Nachfolgeorganisation der 1917 auf Lenins Befehl gegründeten Tscheka): «In der Revolution von 1905 sowie in den nachfolgenden Jahren der Reaktion spielten die Anarchisten, vom Standpunkte der revolutionären Parteien aus gesehen, eine bedeutende und fruchtbare Rolle.» (Bey, S. 107) Und Kropotkin fand dazu bereits früh mahnend-warnende Worte. Falls es den AnarchistInnen nicht gelingen sollte, sich als politische Kraft zu etablieren und sollten sie den sozialistischen Parteien gar die Führungsrolle überlassen, prophezeite Kropotkin 1905 für Russland: dass jene Kräfte «*eine mächtige Regierung [...] schaffen, einen Staatssozialismus [...] etablieren, der gleichbedeutend ist mit Unterdrückung jeder lokalen Unabhängigkeit und Vernichtung jeder persönlichen Initiative*». (Kropotkin IV, S. 11)

Die Reichs- oder Staats-Duma wurde in Folge der 1905er Revolution als Zugeständnis von der Regierung per Dekret installiert. Politische AktivistInnen sämtlicher Oppositionsparteien – außer den AnarchistInnen – ereiferten sich nun für den Parlamentarismus; sie kämpften um Macht und Einflüsse. So bildeten u.a. die Sozialdemokraten zusammen mit den Sozialrevolutionären, sowie die Konstitutionell-Demokratische Partei – die zahlenmäßig stärkste Fraktion – mehrheitlich die Linke Opposition. Sie standen einer Regierung gegenüber, die vom Zaren eingesetzt war. «Die ganze Bevölkerung verfolgte die Arbeit der Duma mit leidenschaftlichem Interesse, alle Hoffnungen wurden in sie gesetzt. Das Mindeste, was man von ihr erwartete, waren umfangreiche, gerechte und wirksame Reformen.» (Volin I, S. 101)

Bereits im Sommer 1906 wurde die erste Duma willkürlich durch die Regierung wieder aufgelöst. Es folgte eine Abänderung im Wahlrecht, was eine gemäßigte zweite Duma zur Folge hatte. Bis 1917 folgten dann noch eine dritte und vierte Duma, welche allesamt auch nicht nur ansatzweise die in sie gesetzten Erwartungen des Volkes oder gar der Revolutionäre erfüllten.

«Zwei parallel laufende Prozesse kennzeichnen den Zeitraum zwischen 1905 und 1917: zum einen der beschleunigte, endgültige Niedergang – ‹Fäulnis› ist die richtige Bezeichnung – des absolutistischen Systems; zum anderen die rasche Entwicklung des Bewusstseins der Massen.» (Ebd., S. 104) Diese Zeit trug, trotz stockendem Reformprozesses, wesentlich zur revolutionären Bewusstseinsbildung sowie zu einer anti-zaristischen Einstellung unter der russischen Bevölkerung in Stadt und Land, bei. So wurde nach der Revolution von 1905 vorübergehend die politische Zensur gelockert und es kam mit zunehmender Alphabetisierung zum Aufschwung im Zeitungs- und Buchwesen in Russland. Die anarchistische Propaganda – vor allem die gedruckte – erreichte in dieser Zeit nie das Ausmaß der kommunistischen und sozialdemokratischen Parteien. Grundsätzlich war es jedoch einfacher geworden, aus Westeuropa verstärkt Gedrucktes aller Art in das Zarenreich einzuschmuggeln.» Wie bereits im Krieg 1905 mit Japan machte sich auch 1917 Kriegsmüdigkeit bei den Massen breit. Der Erste Weltkrieg hatte Lebensmittelknappheit zur Folge: Die Menschen in Stadt und Land hungerten. Das soziale Elend vergrößerte sich. Das wollten die Menschen nicht mehr hinnehmen; sie wollten ihr Leben nicht weiter für einen nutzlosen Krieg opfern. Im Februar 1917 war die Dynastie der Romanows am Ende. Die innenpolitischen Krisen konnte das Zarenregime nicht überleben: Hungersnot und Kriegsmüdigkeit trieben die Menschen auf die Strasse und zum Generalstreik. Zu den streikenden ArbeiterInnen kamen vor allem die in Kronstadt stationierten Soldaten. Und aus dem Generalstreik wurde eine Revolution.

Am 27. Februar bildete sich das provisorische Exekutivkomitee des Petrograder Arbeiter- und Soldaten-Rats. Weitere Sowjets folgten in den nächsten Tagen. Wie bereits 1905 hat die Arbeiterschaft ohne die Berufsrevolutionäre damit begonnen, sich selbst zu organisieren: den Widerstand mit der Gründung verschiedener Räte voranzubringen. Nach Abdankung des Zaren im März 1917 bildete die Duma eine provisorische Regierung, die die Staatsgeschäfte übernehmen sollte.

Mit Hilfe der Obersten Heeresleitung des deutschen Kaiserreiches wurde Lenin im April 1917 aus dem Schweizer Exil in einem verplombten Zug nach Russland gebracht, um hier die Machtverhältnisse zu destabilisieren: Die Kriegspartei Russland zu schwächen. Die folgenden Monate waren geprägt von den Kämpfen zwischen der provisorischen «bürgerlichen Demokratie», der Duma und der «revolutionären Demokratie» – den Sowjets. Folge dieser Machtkämpfe war die sog. «Große sozialistische Oktoberrevolution», in der die Bolschewiki endgültig die Kontrolle über die Macht im Lande an sich zogen. Mit populistischen Losungen wie «Alle Macht den Sowjets», Versprechungen an die Bauern bezüglich Land und einen «Frieden um jeden Preis» setzten sich die Bolschewiki an die Spitze der revolutionären Gruppierungen. Selbst Anarchisten – wenn auch längst nicht in ihrer Mehrheit – sympathisierten und bekannten sich jetzt zu dieser bolschewistischen Politik.

Bereits im Juni 1917 auf dem «Ersten Allrussischen Sowjetkongreß» erklärten die Bolschewiki, die alleinige Macht im Lande übernehmen zu wollen. Dem Autoritätsverfall der provisorischen Regierung des Ministerpräsidenten A.F. Kerenski und der erstmaligen Mehrheit der Bolschewiki im Petrograder wie im Moskauer Sowjet folgte im Oktober der von Trotzki organisierte Sturm auf das Winterpalais, dem Sitz der provisorischen Regierung. Lenin ließ sich zum Vorsitzenden des bolschewistischen «Rat der Volkskommissare» wählen, welcher die neue Regierung bildete. Mit dieser Macht installierten die Bolschewiki von Beginn an einen repressiven Apparat gegen alle Oppositionsgruppen. Auch gegen jene Oppositionelle, die bisher ohne Einschränkungen Seite an Seite mit ihnen gekämpft hatten. Mit der Kontrolle und der Macht entstand auch die propagandisti-

> «Die Bolschewiki sind im Oktober 1917 nicht an die Herrschaft gelangt mit vollem bewussten Willen des revolutionären Proletariats. Die Petersburger Bolschewiki waren in den entscheidenden Tagen *eine handvoll Leute* [...] Selbst die prominentesten unter ihnen waren der Masse nicht einmal bekannt. [...]
>
> Die Bolschewiken in Russland haben im Oktober 1917 einen typischen Putsch gemacht. Sie haben gar nichts vorher organisieren können. Sie gingen sehr gut und sehr tapfer darauf los, und es glückte. Mit Hilfe selbstverständlich der breiten Massen und ihrer – kleinbürgerlichen und kleinbäuerlichen Parolen. Nieder mit dem Krieg! Her mit der Erde! Abtrennung von dem kriegswütigen einheitlich russischen Koloß (also ‹Selbstbestimmungsrecht der Nationen›).»
>
> (Ketty Guttmann [1925], S. 9)

sche «Heiligsprechung» der Bolschewiki, ihrer Führer und «Heldentaten». Letztlich war aber die Oktoberrevolution nur noch ein Spaziergang im Vergleich zu den seit Jahrzehnten immer wieder aufgeflackerten Revolten, Streiks und Meutereien, mitsamt seinen blutigen Opfern der Bevölkerung: «Es gab auch keine Straßenkämpfe, keine Barrikaden: keine Kämpfe größeren Ausmaßes. Alles ging sehr einfach und schnell vonstatten.» (Ebd., S. 135). Und «wie die *Bolschewiki putschistisch und in alter moskowiter Tradition die Macht ergriffen,* so eliminierten sie nach einer für sie misslungenen Wahl den anderen kleinen demokratischen Ansatz und lösten die demokratische Institution gewaltsam auf». (Berghahn/Dutschke, S. 155)

Im Gegensatz zu den Petrograder Ereignissen verlief die Machtübernahme in Moskau blutiger und erst nach zehntägigen Kämpfen hatte sich hier die Revolution durchgesetzt.
Die bolschewistische Geschichtsschreibung wurde derart einseitig und beeinflussend, dass selbst folgendes bürgerliches Statement eine Ausnahme bildet: «Völlig unbekannt dagegen blieb der Kampf, den die linksstehendste Partei der Welt, die einst mit den Bolschewiken Hand in Hand ging, die bestimmt proletarisch ist und die selbst von den Bolschewiken nie eines Bündnisses mit dem Klassenfeind beschuldigt wurde [...]. Diese Partei ist die der Anarchisten, deren schwarze Fahne einst neben der roten Fahne des Bolschewismus wehte.» (Bey, S. 107)

Folgerichtig bezeichnet auch Volin, der als aktiver Kämpfer seit 1905 an der Russischen Revolution teilnahm, sein dreibändiges Werk über die Russische Revolution und den Anteil der AnarchistInnen an derselben richtigerweise als «Die unbekannte Revolution».

Bereits im April 1918 wurden die ca. fünfundzwanzig Gebäude in Moskau, die unter der Kontrolle der AnarchistInnen waren, mit Waffengewalt von den Bolschewiki übernommen. «Dutzende von Anarchisten fielen im Kampf» (Bey), andere wurden in die Gefängnisse der Tscheka geworfen. Da die Anarchisten in der Regel nicht der Kooperation mit den Weißgardisten beschuldigt werden konnten, wurden sie wegen «Banditentum» zum Tode verurteilt. Nach tagelangem Hungerstreik der Delinquenten hob Tscheka-Chef Dzerschinski eigenmächtig die Todesurteile auf und schob Anarchisten ins «kapitalistische Ausland» ab. Aber noch war zu dieser Zeit der Widerstand der AnarchistInnen gegen den bolschewistischen Terror nicht gebrochen. In Moskau, Petrograd und der Ukraine, ob EinzelkämpferInnen, kleine Gruppen, organisierte Gewerkschafter oder anarchistische Jugendverbände – sie alle existierten noch und waren bereit, für ihre Ideale weiterhin zu kämpfen: «Unter der schwarzen Fahne des radikalen Ausgleichens sammelten sich alle, die Lust zu regellosem, [...] und dennoch theoretisch begründetem Dasein verspürten. Solche Menschen gab es in Rußland bekanntlich immer im Überfluß.» (Ebd., S. 107)

Mit der Etablierung der bolschewistischen Einparteienherrschaft sahen viele Revolutionäre die Revolution verraten. Der verzweifelte Zweifrontenkrieg der AnarchistInnen im eigenen Land, den gegen «die Weißen» (Konterrevolutionäre; seit der Französischen Revolution galt Weiß als die Farbe der Royalisten) und gegen «die Roten» (Bolschewiki) stand aber erst am Anfang. Er sollte noch vier Jahre andauern.

Die Anarchisten hatten es nicht geschafft, sich dem Machtanspruch der Bolschewiki auf breitester Front entgegenzustellen, trotz breiter Unterstützung aus dem Volk. Gegen das totale Herrschaftssystem der Bolschewiki gab es immer wieder Aufstände, die oft spontan aus dem unorganisierten Volk heraus getragen wurden. Hier ging es seltener darum, das alte zaristische System wieder einzuführen, als schlichtweg darum, die Parolen der Revolution endlich gesellschaftliche Realität werden zu lassen – wie etwa «Alle Macht den Sowjets». Denn die Aufständischen wollten nicht die Macht in den Händen einer Partei sehen. Das hatten sie zuvor unter dem Zarismus reichlich ausgekostet. Sich radikal für eine Umwälzung der Machtverhältnisse einzusetzen, für ein Rätesystem, welches von der breiten Masse wirklich kontrolliert werden kann, wo diese sich einbringen kann, wo Räte jederzeit absetzbar sind, dafür waren ein Großteil der ArbeiterInnen und der Bauernschaft bereit. Aber die «große Revolution» war im Grunde nichts anderes als diese radikale Bereitschaft in die «Diktatur des Proletariats», respektive in die Diktatur einer Partei versumpfen zu lassen.»

Schon zu Beginn des Jahres 1918 wurden die AnarchistInnen von den Bolschewiki bekämpft. Sie wurden aus den verschiedenen Führungspositionen der Räte verdrängt und verfolgt. Insbesondere der organisierte Anarchismus mit seinen Verbänden und Zeitungen unterlag zunehmenden Repressionen. Und bereits Anfang 1918 verlagerten zahlreiche libertäre Organisationen (aus St. Petersburg und Moskau) ihre Aktivitäten in die Ukraine, dem europäischen Südwesten der späteren UdSSR. Hier hatte sich die so genannte Machno-Bewegung als eine originär anarchistische Bewegung gebildet. Diese besaß zu dieser Zeit einen erheblichen Einfluss; hier konnten AnarchistInnen noch frei arbeiten und agitieren. Hier war aber auch eines der schwierigsten Landesteile des russischen Reiches, weil die politische Gemengelage von «Weißen», «Roten», ausländischen Besatzern und bewaffneten Einheiten von AnarchistInnen äußerst kompliziert war.

Die Ukraine hatte eine wechselhafte Geschichte hinter sich. Als eines der fruchtbarsten Länder war sie immer wieder ein begehrtes Objekt ihrer Nachbarn. Sie kam abwechselnd unter polnische, österreichische sowie russische Herrschaft. Im 19. Jahrhundert kam es mit dem wachsenden Selbstbewusstsein der Slawen auch in der Ukraine zu verstärktem Streben nach nationaler Unabhängigkeit.

Ausgelöst durch die Russische Revolution konnte sich das bis zu jener Zeit umfangreichste anarchistische Experiment in der Ukraine parallel zur russischen Revolution von 1917 ansatzweise durchsetzen. Doch der absolute Machtanspruch Lenins und der Bolschewiki ließ diesem Projekt keine Chance. Bis heute ist die historisch-wissenschaftliche Forschung über dieses anarchistische Experiment und dessen «Kopf», den Bauern Nestor Iwanowitsch Machno (1889–1935), und über die nach ihm benannte Machnowstschina, nicht weit gekommen. Alle Informationen stützen sich auf Berichte von Augenzeugen, oder auf Propaganda: auf reaktionäre oder bolschewistische Quellen. «Selten ist ein historisches Ereignis so erfolgreich verschwiegen und so nachhaltig verleumdet worden, wie die Machnowstschina, jene freie Gesellschaft in der Ukraine [...].» (Stowasser II, S. 8)

Bereits im jugendlichen Alter schloss sich Machno einer Anarchistengruppe an. Mit neunzehn Jahren wurde er wegen verschiedener militanter Aktionen, u.a. der Erschießung eines Polizisten, zum Tode verurteilt. Das Urteil wurde aufgrund seiner Minderjährigkeit in lebenslängliche Haft umgewandelt. Durch die Februarrevolution 1917 wurde er aus dem Gefängnis befreit. Fortan organisierte er den Guerillakampf von Freiwilligen gegen die nationale ukrainische Reaktion sowie gegen die deutschen und österreichischen Besatzungstruppen. Die Machnowstschina ging im Winter 1918 und im Frühjahr 1919 militärische Bündnisse mit den Bolschewiki ein; ebenso 1920, als sie gemeinsam dem «weißen» General Wrangel die entscheidende Niederlage zufügten, die das Ende sämtlicher reaktionärer Truppenverbände in Russland bedeutete.

Von 1917–1922 kontrollierte die Machnowstschina in der südöstlichen Ukraine ein Gebiet von ca. 70.000 qkm (etwa so groß wie Bayern) samt seinen rund sieben Millionen Einwohnern. In dem Versuch, anarchistische Strukturen aufzubauen, sollte z.B. auch ein Schulsystem nach dem anarchistischen spanischen Reformpädagogen Francisco Ferrer errichtet werden. Doch die ständige Bürgerkriegssituation verhinderte dieses, wie auch andere vorgesehene freiheitliche Projekte.

Im November 1920 lockten die Bolschewiki eine Großzahl der Kommandeure der Machnowstschina zu einer Konferenz auf die Krim, wo sie verhaftet und teilweise auf der Stelle hingerichtet wurden. Machno gelang im August 1921 die Flucht ins Exil über Rumänien nach Frankreich. Er starb 1935 in Paris, wo er u.a. als Fabrikarbeiter seine Existenz sicherte.

Neben den Diffamierungen der AnarchistInnen durch die Bolschewiki gab es auch verschiedene andere Einschätzungen der Person Machnos. Für die einen war «Nestor Machno, der Pancho Villa der russischen Revolution» (Figes, S. 700); für andere «[...] verkörpert [Machno] den wahren Geist des Oktober 1917». (Zit. in: Berkman, S. 134) Die ukrainische Bevölkerung nannte ihn liebevoll «batko» (Vater). Der wohl beste Mach-

> «Zum ersten Mal in der Geschichte wurden in der befreiten Ukraine die Prinzipien des libertären Kommunismus angewendet und, soweit die Umstände des Bürgerkriegs erlaubten, die Selbstverwaltung praktiziert. Die den alten Grundbesitzern abgesprochenen Ländereien wurden gemeinsam von den Bauern bestellt, die in ‹Kommunen› oder ‹freien Arbeitssowjets› gruppiert waren. Männer, Frauen und Kinder mussten ihren Kräften entsprechend arbeiten. Jeder Sowjet führte nur den Willen der Bauern der Gegend aus, die ihn gewählt hatten. Die Produktionseinheiten waren in Distrikten, die Distrikte in Regionen zusammengeschlossen. Die Sowjets waren in ein wirtschaftliches Gesamtsystem integriert, das auf sozialer Gleichheit beruhte. Sie mussten unabhängig von jeder politischen Partei sein. Waren die machnovistischen Partisanen in eine Ortschaft eingedrungen, so schlugen sie Plakate an, auf denen zu lesen stand: ‹Die Freiheit der Bauern und Arbeiter gehört ihnen selbst und darf nicht eingeschränkt werden. Die Arbeiter und Bauern handeln selbst, organisieren sich, verständigen sich untereinander über alle Bereiche ihres Lebens, so, wie sie es selbst verstehen und wünschen [...]. Die Machnovisten können ihnen nur helfen, ihnen diesen oder jenen Ratschlag geben [...]. Aber sie können und wollen sie auf keinen Fall regieren.›»
> (Daniel Guérin [1967], S. 85f.)

no-Kenner, zusammen mit Volin Chronist der Machnowstschina, Peter Arschinow schreibt in seinem Standardwerk «Anarchisten im Freiheitskampf»: «Unter den Arbeitern und Bauern der Ukraine sind zahllose Legenden über Machno im Umlauf; in diesen Legenden erscheint er als fabelhaft-kühn, verschlagen-klug und als der stets Siegreiche. In Wirklichkeit aber überzeugt man sich bei genauer Betrachtung, wenn man sich in seine Taten vertieft, bald davon, daß Machno legendarischer ist als alle über ihn verbreiteten Legenden. Machno ist ein Mann der historischen Tat. Die drei Jahre seines revolutionären Kampfes bilden eine ununterbrochene Kette von Taten, deren eine bedeutsamer und farbiger ist als die andere.» (Arschinow, S. 286)

Der bolschewistische «Feldmarschall» und Gründer der «Roten Armee», Trotzki, wünschte sich eher den reaktionären General Denikin als Herrscher über die Ukraine als den Anarchisten Machno. Denn in seinem bolschewistischen Verständnis hatte eine freie Ukraine mit einer freien Gesellschaft, die ohne Parteienherrschaft, ohne Unterdrückung und Ausbeutung funktionierte, keinen Platz. Folglich wurden die freien Kommunen und Agrarkollektive zerschlagen. Der Machtapparat der Bolschewiki konnte keine von ihm abweichenden Alternativen dulden, wie die Machnowstschina. «Ebensowenig hat die Machnovsèina sich bereit gefunden, ihren politischen Überzeugungen abzuschwören. In den eingegangenen Bündnissen mit den Bol'ševiki hat sie stets Wert darauf gelegt, ihre Eigenständigkeit zu betonen, und ihre politischen Konzeptionen als Bestandteil des Übereinkommens betrachtet.» (Dahlmann, S. 267)

Und Machno blieb Trotzki nichts schuldig: «Die Macht der Sozialisten und Staatskommunisten ist nicht minder gemein als die Macht der Bourgeoisie.» (Machno, S. 24) Und einhergehend mit der anarchistischen Folgerung: «Eine Macht ohne Hörner gibt es nicht. Jede Macht trägt Hörner, und sie stößt sie ab an jenem Menschen, der einem freien und gerechten Leben zustrebt.» (Ebd., S. 29)

Machno war sicher näher daran, den «Kommunismus» zu verwirklichen, als die Bolschewiki, die die absolute Macht wollten, die sich später dann in Stalin rücksichtslos personifizierte. Demgegenüber stand das Wollen Machnos: «In unserer Vorstellung ist der anarchistische Kommunismus die grandiose Gesellschaft allmenschlicher Harmonie. Sie wird gebildet durch freie Individuen, die sich freiwillig zu freien Assoziationen zusammenschließen, die sich entsprechend ihren Neigungen, Interessen und den gesellschaftlichen Forderungen, welche die

Freiheit und soziale Gerechtigkeit in gleichem Maße allen Menschen auf Erden sicherstellt, in Föderationen und Konföderationen gruppieren.» (Ebd., S. 31)

In Kronstadt wurde im Februar/März 1921 das letzte freiheitliche Gefecht gegen die bolschewistische Autokratie geschlagen.

Der bolschewistische Repressionsapparat, welcher sich sehr rasch nach der bolschewistischen Machtergreifung 1917 unter dem Begriff «Kriegskommunismus» etablierte, diente in erster

«1.) Angesichts der Tatsache, daß die gegenwärtigen Sowjets nicht mehr den Willen der Arbeiter und Bauern zum Ausdruck bringen, unverzüglich geheime Wahlen auszuschreiben und für den Wahlkampf die volle Freiheit für die Agitation bei den Arbeitern und Bauern zu sichern;

2.) Den Arbeitern und Bauern, Anarchisten und Linkssozialisten Rede- und Pressefreiheit zu gewähren; [...]

3.) Allen Gewerkschaften und Bauernorganisationen die Versammlungs- und Organisationsfreiheit zu gewähren;

4.) Spätestens bis zum 10. März 1921 eine überparteiliche Konferenz der Arbeiter, der Soldaten der Roten Armee und der Matrosen von Petrograd, Kronstadt und der Provinz einzuberufen;

5.) Alle politischen Gefangenen, die sozialistischen Parteien angehören, freizulassen und alle Arbeiter, Bauern und Matrosen aus der Haft zu entlassen [...];

6.) Zur Überprüfung aller anderen, die in Gefängnissen und Konzentrationslagern festgehalten werden, eine Revisions-Kommission zu wählen;

7.) Alle *Politischen Abteilungen [politodeli:* Kommunistischen Parteizellen zur Überwachung der Propaganda. Anm. d. Übers.] abzuschaffen, da keine Partei besondere Privilegien zur Verbreitung ihrer Ideen oder finanzielle Hilfe von Seiten der Regierung beanspruchen darf; an ihre Stelle sollen von den örtlichen Organisationen gewählte Kultur- und Bildungskommissionen treten, die vom Staat zu finanzieren sind;

8.) Sofort alle *Kontrollabteilungen (Zagraditel'nye otrjady:* Bewaffnete Ordnungspolizei-Truppe der Bolschewiki [...]) abschaffen;

9.) Gleiche Lebensmittelrationen für alle Werktätigen [...];

10.) Die kommunistischen Spezialabteilungen in allen Einheiten der Roten Armee und die kommunistischen Betriebsgruppen abzuschaffen und sie, wo nötig, durch Einheiten zu ersetzen, die aus

der Armee selbst hervorgehen und in den Fabriken von den Arbeitern selbst zu bilden sind;
11.) Den Bauern die volle Verfügungsgewalt über ihr Land zu geben, auch das Recht, eigenes Vieh zu halten, unter der Bedingung, daß sie mit eigenen Mitteln, das heißt ohne gedungene Arbeitskräfte, auskommen;
12.) Eine mobile Kontroll-Kommission einsetzen;
13.) Das freie Handwerk zuzulassen, soweit es nicht auf der Ausbeutung von Arbeitskräften beruht;
14.) Wir ersuchen alle Soldaten und Matrosen [...] sich mit unserer Resolution solidarisch zu erklären;
[...]
Die Resolution wurde bei zwei Stimmenthaltungen von der Geschwaderversammlung einstimmig angenommen.»
(Volin [1976], zit.: Volin III, S. 160ff.)

Linie der Festigung der Alleinherrschaft der Bolschewiki. «Die Macht der Räte dauerte tatsächlich nur einige Monate, vom Oktober 1917 bis zum Frühjahr 1918.» (Guérin II, S. 89). Lenin hatte in seinem Buch «Staat und Revolution» eine Art Doppelstrategie proklamiert: auf der einen Seite die Parole «Alle Macht den Räten», welche ein intellektueller Anschluss an die Pariser Kommune war und den ArbeiterInnen eine Autonomie vorgaukelte, welche die Bolschewiki nicht bereit waren zu akzeptieren; auf der anderen Seite bewunderte Lenin eine zentralistisch-straffe Organisation sämtlicher politischer und gesellschaftlicher Bereiche. Sein Vorbild war hier der deutsche «Staatskapitalismus» im I. Weltkrieg, den der wilhelminische Staat so durchorganisierte, wie die monopolisierte deutsche Post. Folglich kommentierte Volin in der anarchistischen Zeitung «Golos Truda» (Die Stimme der Arbeit) Anfang 1918: «Man wird erleben, wie ein autoritärer und etatistischer politischer Apparat errichtet wird, der ‹von oben her› wirken und sich anschicken wird, alles mit eiserner Faust zu zermalmen.» (Zit. in: ebd., S. 87/88)

1921 war nicht nur das Jahr, in dem auch der letzte anarchistische Widerstand gebrochen wurde, es war auch das Jahr großer Hungersnöte. Die rücksichtslose Requirierung von Getreide durch die Bolschewiki forderte zahllose Hungeropfer und trieb Menschen selbst zum Kannibalismus. In dieser Situation totaler Machtentfaltung der Bolschewiki und sozialer Verelendung unternahm die einstige «Avantgarde der Revolution» von 1905 und 1917, die Matrosen von Kronstadt (eine befestigte Garnisonsstadt am Ende des finnischen Meerbusens, westlich von Petrograd), einen letzten Versuch, die Bolschewiki beim Worte zu nehmen: nun endlich und wirklich den «Räten alle Macht» zu geben – anstatt sie dem dahinkränkelnden Lenin und den Bolschewiki zu überlassen.

«Die Hoffnungen der revolutionären machnovistischen Bauern hatten vieles gemeinsam mit denen, die im Februar und März 1921 die Arbeiter von Petrograd und die Matrosen der Festung Kronstadt zum Aufstand trieb.» (Ebd., S. 102) Es mangelte an den wichtigsten Dingen des Lebens, wie Nahrungsmitteln, Brennstoffen und Transportmitteln etc. Offensichtlich zeigte sich eine Verbürokratisierung, die unfähig war, flexibel auf die Nöte der einzelnen Regionen zu reagieren. In Petrograd wie in anderen Großstädten brachen Streiks aus unter der Parole «Brot und Freiheit». Und in dieser Stadt gab es anti-bolschewistische Kundgebungen mit mehr als 10.000 ArbeiterInnen. Die Kronstädter Matrosen unterstützten die Forderungen der Streikenden.

Die Anarchisten hatten beim «Kronstadt-Aufstand» nur eine untergeordnete Rolle gespielt. Dennoch kam in der «Resolution der Vollversammlung aller Mannschaften des Ersten und Zweiten Geschwaders der Baltischen Flotte am 1. März 1921» ein freiheitlicher Geist klar zum Ausdruck, der das Wollen wohl aller antiautoritärer Kräfte wiedergab:

Die Niederschlagung des Kronstädter Aufstandes führte zu weiteren verschärften Repressionen: Unterdrückung aller oppositioneller Meinungsäußerungen; Stärkung bürokratischer Kontrollen; endgültige Ausschaltung aller übrigen sozialistischen Parteien; innerparteiliche Opposition wurde als «verbrecherisch» erklärt und mit Polizeimethoden unterdrückt; Gewerkschaften fielen unter die totale Kontrolle der Bolschewiki; Mitspracherecht der Gewerkschaften in den Betrieben wurde unterdrückt. Dies alles hatte die Konsequenz, dass die relative «Freizügigkeit der Arbeiter [...] aufgehoben und die Gewerkschaften zu einem Teil des Staatsapparates gemacht [wurden]. Von der Selbstverwaltung und der Arbeiterkontrolle, vom Typ des Staats, wie ihn die Pariser Kommune dargestellt hatte, war nichts mehr übrig.» (Jacoby, S. 202)

4. Anarchismus und Mexikanische Revolution 1910–1920

Die Geschichte Mexikos ist von Hochkultur, «Entdeckung» und Aufständen gegen in- und ausländische Machthaber sowie von einem extremen Gefälle zwischen Arm und Reich geprägt.

1821, nach einem mehrjährigen Aufstand gegen die fast 300jährige spanische Vorherrschaft, erklärte Mexiko seine staatliche Unabhängigkeit und gab sich eine republikanische Verfassung. Mit seinem Nachbarn USA kam es 1846-1848 zu einem Krieg. Ausgelöst wurde dieser durch die US-Annexion von Texas (1845) sowie durch die US-amerikanischen Ansprüche auf Kalifornien und Neu-Mexiko. Seither ist der Rio Grande Grenzfluss zwischen beiden Staaten. Mexiko erlitt den Verlust seines halben Territoriums.

Aus dem fernen Europa kommentierte seinerzeit Friedrich Engels: «In *Amerika* haben wir der Eroberung Mexikos zugesehen und uns darüber gefreut. Es ist auch ein Fortschritt, daß ein Land, welches sich bisher ausschließlich mit sich selbst beschäftigte, durch ewige Bürgerkriege zerrissen und an aller Entwicklung verhindert war, ein Land, dem höchstens bevorstand, in das industrielle Vasallentum Englands zu geraten – daß ein solches Land mit Gewalt in die geschichtliche Bewegung hineingerissen wird. Es ist im Interesse seiner eigenen Entwicklung, daß es in Zukunft unter die Vormundschaft der Vereinigten Staaten gestellt wird.» (Engels, S. 460) Auf zynische Weise ordnete hier Engels die Interessen eines Volkes der geordneten politischen und ökonomischen Macht eines anderen Staates unter.

Eine Teilwahrheit steckt allerdings im Engels-Zitat: dass im Gerangel provinzieller Großgrundbesitzer, ambitionierter Staatsmachtverfechter und internationaler Finanzinteressen das Proletariat, die Landbevölkerung und vor allem die indigene Bevölkerung bisher immer deren Spielball und Ausbeutungsobjekte waren. An sozialen Verbesserungen aller MexikanerInnen bestand für die herrschende Klasse niemals Bedarf.

Seit etwa Mitte des 19. Jahrhunderts gelangten zumeist durch europäische Emigranten und/oder mexikanische Intellektuelle, die zeitweise in den USA weilten, zunehmend libertär-anarchistische Ideen nach Mexiko. Recht früh wurden hier Schriften von Proudhon und Charles Fourier übersetzt und verbreitet. Nach jahrhundertlanger Unterdrückung fielen deren Ideen durchaus auf fruchtbaren Boden. Hinzu kamen fast libertäre gesellschaftliche Strukturen, die bei den durch die Ausrottungspolitik stark dezimierten UreinwohnerInnen in dörflichen Gemeinschaften gang und gäbe waren. Außerdem kam hinzu, dass die rechtlose und geknechtete Landbevölkerung gar nicht so sehr von freiheitlichen Ideen überzeugt werden musste: «Daß die Bauern anarchistischen Ideen, Organisationen und Syndikaten nicht sympathielos gegenüberstanden [...] leuchtete ein, wenn man bedenkt, daß z.b. Proudhons berühmtester Satz ‹Eigentum sei Diebstahl› , Bestandteil ihrer unmittelbaren Erfahrung war.» (Beck/Kurnitzky, S. 63)

So war die Verbreitung anarchistischer Ideen in Mexiko zeitlich den Entwicklungen in den USA oder Europa nicht unähnlich. Lediglich entstand sie nicht vor dem Hintergrund der bürgerlichen Aufklärung, die in Mexiko ausblieb; und somit wurden die extremen sozialen Unterschiede nicht thematisiert. Politisch-sozialer Radikalismus fand so einen guten Nährboden, mehr als in den «zivilisierten» Gesellschaften mit einem breiteren Bürgertum, welches zwischen Arm und Reich noch einen ideologischen Puffer bildete. Deshalb war es auch nicht verwunderlich, dass es Emigranten waren, die meist selbst am Existenzminimum lebten, die libertäres Gedankengut propagierten. «Eine hervorragende Rolle bei der Verbreitung dieser Ideen spielte der griechische Einwanderer Plotino Rhodakanaty, der im Jahre 1861 nach Mexiko gekommen war und neben Melchor Ocampo als eigentlicher Begründer des Anarchismus in Mexiko angesehen werden kann.» (Schmück, S. 6)

Bis heute beruft sich die «institutionalisierte Revolution» (Staatsdoktrin Mexikos) immer noch auf Emiliano Zapata und Pancho Villa. Und der direkte Einfluss anarchistischer Ideen auf die politische Mexikanische Revolution, die nicht minder eine soziale war, wird meist negiert: «Der mexikanische Anarchist Ricardo Flores Magón [z.B.] ist einer jener Revolutionäre, die in der Geschichte Mexikos ‹von oben› nicht vorkommen, obwohl er und seine GenossInnen von unschätzbarer Bedeutung für die Mexikanische Revolution Anfang des 20. Jahrhunderts waren.» (B.A.S.T.A., S. 7)

Es war Magón, der Zapata den Slogan «Tierra y Libertad» (Land und Freiheit) mit auf den Weg gab, der einleuchtend klang, der in den landlosen Massen zündete; für diese Ziele lohnte es sich für die Unterdrückten zu kämpfen. Die Forderung nach Land und Freiheit ist bis heute nicht verstummt, weil die simpelsten Grundbedürfnisse der Massen noch immer nicht befriedigt sind.

1876 putschte sich General Porfirio Díaz, der als liberal galt, an die Spitze der Republik. Während seiner 35jährigen Regierungszeit entwickelte er sich zum Diktator. Um das Land zu «befrieden» und wirtschaftlich zu entwickeln, setzte er die verschiedensten Formen politischer und sozialer Kontrollen ein. Den Großgrundbesitzern und dem Klerus ließ er noch mehr Macht zukommen. Vor allem aber sorgte er dafür, dass internationales Kapital – vornehmlich US-amerikanisches – ins Land floss. Ergebnis war eine noch größere Ausbeutung der Bevölkerung. Dies führte unter den recht- und landlosen Campesinos (Landarbeitern) 1910 zu Aufständen und letztlich zur Revolution. Während der zehnjährigen Revolution, in der immer wieder mit Hilfe der USA Präsidenten eingesetzt und gestürzt und/oder ermordet wurden, kam es im ganzen Land zu blutigen Machtkämpfen. Aus ihnen ging 1917 Venustiano Carranza, ein ehemaliger Provinzgouverneur, als Staatspräsident hervor. (1920 wurde er ebenfalls ermordet.) Carranza bot Zapata an, dessen Konzepte zur Agrarreform sowie dessen Vorstellungen über die Nutzung der Bodenschätze zu realisieren. Zapata wurde 1919 durch Verrat ermordet.

Die Mexikanische Revolution gilt als eine unterbrochene Revolution, weil sie im Zuge der «Instutionalisierung» (Verstaatlichung) nach und nach zum Stillstand kam. Und auch der Bruderkampf der drei Revolutionsführer Zapata, Villa und Carranza behinderte die Durchsetzung der Revolution erheblich.

Der ehemalige Carranza-Vertraute Alavaro Obrégon putschte sich 1920 an die Macht und wurde Staatspräsident. Die revolutionären Errungenschaften, wie etwa im Süden des Landes, wo unter Kontrolle Zapatas Enteignung und Verteilung des Bodens an die Landlosen durchgesetzt wurden, verkümmerten langsam wieder. Die soziale Lage hatte sich nur minimal durch die Revolution verbessert. Nutznießer der Verbesserungen war die kleine bürgerliche Mittelschicht. Größter Nutznießer aber war das Großbürgertum in Gestalt der Großgrundbesitzer. Großbürgertum und Mittelschicht sahen die Chance der Festigung ihrer politischen Macht in einem bürgerlich-demokratischen Staatssystem.

«Die magonistische Bewegung [benannt nach Magón; seine AnhängerInnen haben sie nie so bezeichnet], die stets für ein Bündnis aller Marginalisierten plädierte und früh die Situation der Indígenas thematisierte, formierte sich bereits am Anfang des 20. Jahrhunderts, also deutlich vor der zapatistischen Erhebung, und kann durchaus als theoretische und praktische

Ideengeberin betrachtet werden. Sie engagierte sich für eine libertär-autonome Gesellschaftsordnung, verfügte über klare Grundsätze und forderte die Abschaffung von Privateigentum, Klerus und Staat.» (B.A.S.T.A., S. 28) Hinzu kam, dass nun endlich auch die sozialen Probleme der Industriearbeiterschaft thematisiert wurden.

Magón, der mit anarchistischen Manifesten, Agitationsschriften und vor allem seit 1900 sich mit seiner Zeitung «Regeneración» unermüdlich für einen kommunistischen Anarchismus einsetzte, wurde 1918 in den USA wegen «Aufwiegelung» (er verbreitete ein anarchistischen Manifest, welches internationale Aufmerksamkeit und Unterstützung für Mexiko bringen sollte) zu zwanzig Jahren Haft verurteilt.

Eine langsame Liberalisierung der mexikanischen Gesellschaft ermöglichte 1921 die legale Gründung der anarcho-syndikalistischen Gewerkschaft CGT (Confederación General de Trabajadores; Allgemeine Konföderation der Arbeiter), die sich mit Aufrufen und Aktionen zu einem US-Warenboykott für die Freilassung Magóns aktiv einsetzte. Allerdings zu spät. Sein gesundheitlicher Zustand in der US-Haft verschlechterte sich zusehends, so daß er nach vier Jahren 1922 im Gefängnis verstarb.

Es gehörte mit zur Strategie der «institutionalisierten Revolution», getragen von der Massenpartei PRI (Partei der Institutionalisierten Revolution), die Umstände des Todes von Magón zu bemänteln und die Überführung seines Leichnams nach Mexiko zu verhindern. Erst auf gewerkschaftliche Bemühungen hin wurde er 1923 in Mexiko-Stadt unter Teilnahme von 10.000 Menschen beigesetzt. 1944 wurde er dann in die nationalen Gedenkstätte «Rotunda de los Hombres Illustres» (Grabstätte berühmter Persönlichkeiten) überführt.

Wie wenig sich real eine Revolution «institutionalisieren» lässt, erlebt Mexiko am 1. Januar 1994, am Tag, als das Freihandelsabkommen (NAFTA) zwischen den USA, Kanada und Mexiko in Kraft trat: Die 1983 gegründete EZLN (Ejército Zapatista de Liberación Nacional; Zapatistische Armee der Nationalen Befreiung) besetzte mit bewaffneten KämpferInnen verschiedene Orte im Bundesstaat Chiapas, um ihren Forderungen nach «Demokratie, Freiheit und Gerechtigkeit» Nachdruck zu verleihen. Tags darauf erfolgte die erste so genannte «Erklärung aus dem Lakandonischen Urwald»: eine Kriegserklärung an die Regierung, an die Armee und das ausbeuterische kapitalistische

System. Seit diesem Tag schwebt der Bundesstaat Chiapas zwischen der Repression der Armee und den EZLN-Guerilaaktionen. Deren Wortführer Marcos, der sich bewusst «Subcomandante Insurgente» (Aufständischer Unter-Kommandant) nennt, ist eine schillernde, sprachgewaltige Persönlichkeit; er schafft es, weltweite Aufmerksamkeit zu wecken und Solidarität für die neue zapatistische Bewegung zu erhalten.

Mit dem Zusammenbruch der Sowjetunion und seiner Satelliten ging auch die Krise der gesamten Linken bzw. deren Niedergang einher. Das Erstarken des Neoliberalismus, besonders durch die «Globalisierung», war wohl eine der Ursachen des spektakulären Auftritts der Zapatisten, die alledem ihr «basta» (genug damit) entgegensetzte. Die neue zapatistische Bewegung ist genuin basisdemokratisch und libertär, ohne dezidiert anarchistisch zu sein. Dafür ist sie z.B. zu sehr auf ihren «Führer» Marcos zentriert und militaristisch. Allerdings sind an diese Bewegung Hoffnungen geknüpft, dass durch «direkte Aktionen» menschlich-soziale Emanzipation vorangetrieben werden kann.

5. Die Münchner Räterepublik 1919

*B*evor die «Novemberrevolution» 1918 die deutsche Republik in Berlin ausrief, wurde in Bayern die Monarchie gestürzt. Eine auf Arbeiter-Soldaten-Bauernräte gestützte Revolutionsregierung unter Kurt Eisner (USPD; Unabhängige Sozialdemokratische Partei Deutschlands) hatte die Macht übernommen. Eisner, jüdischer Herkunft, unabhängiger marxistischer Journalist, ging «davon aus, daß die Umgestaltung einer Profit-Wirtschaft in eine, die den Bedürfnissen und dem Bedarf aller folgt, nur in Wechselwirkung mit der Veränderung der das kapitalistische System tragenden menschlichen Triebstruktur möglich sei». (Eisner, S. 8) Eisner, konsequenter Pazifist, veröffentlichte Dokumente, mit denen er der deutschen Diplomatie die maßgebliche Schuld am Ausbruch des I. Weltkrieges nachweisen wollte. Das mobilisierte die gesamte Rechte gegen Eisner; sie schürte Antisemitismus sowie eine allgemeine Fremdenfeindlichkeit in Bayern.

Die bayerischen Landtagswahlen im Januar 1919 brachten für die republikanischen Parteien einen überwältigenden Erfolg. Sie offenbarten aber auch die Schwäche der Eisnerischen USPD, die nur 2,5 Prozent der Stimmen erhielt. Bevor Eisner wegen dieser Niederlage seinen Rücktritt bekannt geben konnte, wurde er am 21. Februar 1919 auf offener Straße erschossen. Als Reaktion darauf wurde zwei Stunden später auf den rechten SPD-Landtagsabgeordneten Erhard Auer im Landtag ein Attentat von einem Mitglied des linksradikalen «Revolutionären Arbeiterrates» (RAR) verübt; Auer überlebt..

Trotz der daraufhin eintretenden Unruhen bildete sich zunächst im März unter Johannes Hoffmann (SPD) eine Koalitionsregierung von SPD, USPD und dem linken «Bayerischen Bauernbund». Allerdings konnte diese Regierung die allgemeine Radikalisierung der bayerischen (besonders der Münchener) Arbeiterschaft nicht mehr aufhalten. Vertreter der in der Novemberrevolution gebildeten Arbeiter-Räte und des RAR schufen mit Angehörigen der SPD und der Gewerkschaften einen «Revolutionären Zentralrat». Bei einer Urabstimmung in der SPD-München befürwortete knapp die Hälfte ihrer Mitglieder die Mitarbeit in den Rätegremien. Daraufhin verstärkten sich auch die Stimmen für die sofortige Errichtung einer Räterepublik. Max Levien, Mitglied der KPD und des RAR trat vehement für diese Räterepublik ein. Der Matrose Rudolf Egelhofer z.B., Leiter einer Soldaten-Räte-Delegation, forderte in deren Namen vom Bayerischen Rätekongress ebenfalls die sofortige Errichtung der Räterepublik.

Dem vorausgegangen war auf Reichsebene eine enorme Radikalisierung der Arbeiterschaft und daraus resultierend eine große Ausbreitung von Arbeiter- und Soldatenräten. «Der Reichskongreß der Arbeiter- und Soldatenräte entschied sich Mitte Dezember [1918] für eine verfassungsgebende Versammlung; die Unabhängigen [USPD] traten aus dem Berliner Rat der Volksbeauftragten [...] aus; der Spartakusbund warf der SPD vor, sie verrate die Revolution. In Bayern war es nicht anders, obwohl Kurt Eisner die Frage ‹Räte oder Parlament› dadurch zu entschärfen versuchte, daß er eine neue Formel prägte: ‹Räte *und* Parlament›.» (Dorst, S. 176) Eisner stellte sich darunter eine «Kombination von Räten und Parlament [vor] mit dem Ziel einer allmählichen Ablösung des Parlamentarismus durch die Rätedemokratie: Selbstverwaltung durch Räte auf allen Ebenen mit gesetzgebenden und vollziehenden Befugnissen, jeder Rat ‹von unten nach oben› delegiert, kontrolliert und abrufbar. Machtkonzentration und Machtmissbrauch meinte er dann nicht fürchten zu müssen, wenn die Massen ‹unmittelbar ständig mitarbeiten an den Angelegenheiten der Gesamtheit› .» (Eisner, S. 90)

Die Radikalisierung der Mehrheit der Lohnabhängigen ließ für solche konzeptionellen Diskussionen keine Zeit mehr. Die Situation drängte nach Lösungen: Am 7. April 1919 wurde, auch unter dem Eindruck der schon errichteten Räte-Regierung in Ungarn, die Erste Bayerische Räterepublik durch den «Revolutionären Zentralrat» ausgerufen. Diesem Aufruf schlossen sich auch die Delegierten der SPD an. Der Zentralrat ordnete in einem Dekret an: Auflösung des Landtages, Sozialisierung der Wirtschaft und der Presse, Beseitigung der Bürokratie, vollständige Umgestaltung des Bildungs- und Justizwesens, allgemeine Arbeitspflicht, Aufstellung einer Roten Armee. «Als Grundlage ihrer Außenpolitik betrachteten sie ein Bündnis mit den Räterepubliken in Russland und Ungarn. An verbaler Radikalität war dieses Programm kaum mehr zu überbieten. [...] In dem neuen Rat der Volksbeauftragten [...] saßen Angehörige der USPD neben Anarchisten und radikalen Bauernbündler, aber keine Kommunisten.» (Dorst, S. 180f.)

Die intellektuellen Köpfe der Räterepublik waren die Anarchisten Landauer, Mühsam und Ret Marut, der Dichter und Schriftsteller Ernst Toller (USPD), der Volksschullehrer Ernst Niekisch (MSPD; Mehrheitssozialdemokratische Partei Deutschlands) und der Wirtschaftstheoretiker Silvio Gesell. So heterogen diese Köpfe in ihren politischen Vorstellungen auch waren, konnten sie sich doch auf das Minimalprogramm (s.o.) verständigen.

Für die Anarchisten bedeutete die aktive Teilnahme an der Räterepublik der Schritt aus der Theorie in die quasi-staatliche Praxis. Sie sahen hier die Möglichkeit – wenn auch eingeschränkt – freiheitliche Ideen zu verwirklichen. Dieser Revolutionspragmatismus ergab sich z.B. für Landauer aus der wichtigen Tatsache, dass die Revolution unblutig verlaufen war, dass die Dominanz von Parteien aufgehört hatte und dass es eine breite Zustimmung in fast allen Bevölkerungskreisen für eine Umgestaltung der bisher herrschenden Verhältnisse gab. Die Anarchisten sahen ihre vornehmliche Aufgabe darin, diese Basis zu festigen und zu verbreitern: Der Versuch war, die verschiedenen Räte-Vorstellungen in eine Form zu bringen, ausgehend von der Überzeugung, dass nur das Räte-System die Grundlage hergeben könne für eine langfristige Transformation der bürgerlichen in eine «sozialistische» Gesellschaft. Die Anarchisten hatten also keineswegs die Illusion, dass sich die Kluft zwischen der politischen Realität und ihrer konkreten Utopie von selbst schließen würde. Zuallererst ging es darum, «von Tag zu Tag sich der jeweiligen Situation anzupassen und das Schiff mit größter Behutsamkeit vor dem Scheitern zu retten. Bei diesem Weiterfristen wird man immer das und jenes schon in der Richtung unserer Bestrebungen einfügen können [...].» (Landauer IV, S. 303)

Der anarchistische Pragmatismus konnte – trotz des einvernehmlichen Minimalprogramms der Räteregierung – nicht über die ideologischen Differenzen ihrer Träger hinwegtäuschen. Dies drückte sich schon in der Proklamation der Räterepublik durch den «Revolutionären Zentralrat Baierns» aus: «An das Volk in Baiern! Die Entscheidung ist gefallen. *Baiern ist Räterepublik.* Das werktätige Volk ist Herr seines Geschickes. Die revolutionäre Arbeiterschaft und Bauernschaft Baierns, darunter all unsre Brüder, die Soldaten sind, durch keine Parteigegensätze mehr getrennt, sind sich einig, daß von nun an jegliche Ausbeutung und Unterdrückung ein Ende haben muß. Die Diktatur des Proletariats, die nun zur Tatsache geworden ist, bezweckt die Verwirklichung eines wahrhaft sozialistischen Gemeinwesens, in dem jeder arbeitende Mensch sich am öffentlichen Leben beteiligen soll, einer gerechten sozialistisch-kommunistischen Wirtschaft.» (Zit. in: Viesel, S. 76) Die Akzeptierung der Formel «Diktatur des Proletariats» – obwohl die Räteregierung dies nach marxistischem Verständnis nicht war – bedeute für die Anarchisten einen Radikalkompromiss. An diesem Detail lässt sich das ganze Dilemma aufzeigen, in dem sich die Anarchisten während der Rätezeit befanden: Ihrem Selbstanspruch an die Revolution nicht genügen zu können, permanent Abstriche machen zu müssen, um zu versuchen, die Revolution, die so doch nicht die ihre war, am Leben zu erhalten und voranzubringen.

Die praktische Tätigkeit der Ersten Bayerischen Räterepublik dauerte nur sechs Tage (7. bis 13. April). In diesen sechs Tagen, so Mühsam selbstkritisch in seinem «Rechenschaftsbericht» (1929), kam «sehr wenig Positives zustande, abgesehen von einigen radikalen Maßnahmen, die Landauer an den Hochschulen durchführte». (Mühsam, S. 60)

Als «Volksbeauftragter für Volksaufklärung» entwickelte Landauer ein Konzept der Dezentralisierung des gesamten Bildungswesens und kulturellen Lebens. In einem Rundbrief vom 12. April «An die Herren Referenten und Mithilfsarbeiter im bisherigen Ministerium» (Kulturministerium) schrieb er: «Zu einer solchen Durchführung und Umgestaltung an Haupt und Gliedern ist der Weg der parlamentarischen Gesetzgebung undenkbar; darum sind wir in einer Revolution, ihr sind wir es schuldig, da die Menschheit von Zeit zu Zeit einen Ruck braucht, revolutionär zu handeln. Unter Räterepublik ist nichts anderes zu verstehen, als daß das, was im Geiste lebt und nach Verwirklichung drängt, nach irgendwelcher Möglichkeit durchgeführt wird. Wenn man uns in unserer Arbeit nicht stört, so bedeutet das keine Gewalttätigkeit; nur die Gewalt des Geistes wird aus Hirn und Herzen in die Hand und aus den Händen in die Einrichtungen der Außenwelt hineingehen.» (Zit. in: Viesel, S. 265)

Konkret hatte er ein Programm ausgearbeitet, in dem folgende Punkte zentrale Bedeutung hatten: Trennung von Kirche und «Staat»; Aufhebung des Zölibats für (unverheiratete) Lehrerinnen; Errichtung der Einheitsschule; Abschaffung der Prügelstrafe; Entfernung von Schulbüchern mit völkerverhetzenden Texten; Autonomie der Hochschulen; Demokratisierung des Presse-, Theater- und Kunstsektors.

Diese ersten und zugleich letzten Erklärungen und Verfügungen Landauers waren durchdrungen von einem unverbrüchlichen Glauben an die kommende sozialistische Gesellschaftsordnung. Sie trugen aber wenig der politisch-sozialen Wirklichkeit Rechnung, mit denen die Räterepublik konfrontiert war. Offenkundig wurde, dass der «neue Geist», den Landauer für die neue Gesellschaft als unabdingbar hielt, nur bei wenigen vorhanden war. Und mit dem verbreiteten Politikantentum, das nach wie vor mitregierte, das Landauer zutiefst zuwider war, konnte er sich nicht arrangieren.

Landauer hatte, bevor er Volksbeauftragter in der Räterepublik wurde, schon unter Eisner als Deputierter des Arbeiter- und Soldaten-Rates für Volksaufklärung gewirkt. Es war eine Zeit, in der er durch Reden, schriftliche Vorlagen, aber auch in Briefen für seine Konzeption von der Notwendigkeit einer revolutionären Umgestaltung der ganzen politisch-staatlichen, sozialen und kulturellen Verhältnisse warb. Ein besonderes Anliegen war ihm die Zerschlagung der «Berliner Zentralmacht» durch die radikale Dezentralisierung Deutschlands: «Die Vormachtstellung Preußens hat aufgehört; ich bin überzeugt», schrieb er, «daß nicht bloß die ostdeutsch-polnischen, sondern auch die westdeutschen Teile sich von Preußen loslösen und selbständig werden. Daß alle diese Autonomien sich dann – Österreich inbegriffen – miteinander verbünden und einen Bund deutscher Republiken bilden, ist mir sicher; das kann aber nicht der – zentralistische – Anfang der Bewegung, muß vielmehr das – föderalistische – Ergebnis der Bewegung sein.» Und an anderer Stelle zum gleichen Komplex konkreter: «Wir brauchen korporatives Verfassungs- und Delegationswesen in den

«So wichtig auch alle Bestrebungen sind, die die jetzige Generation betreffen, so treten sie jedoch weit zurück gegenüber all dem, was der Erziehung der Jugend dient. Sie in den neuen Ideen aufwachsen zu lassen, sie in einem neuen Idealismus zu erziehen, sie vom bürgerlichen Materialismus zu entfernen, wird immer die Hauptaufgabe einer Übergangsepoche sein.
‹Non scholae, sed vitae discimus.› Daran krankt die Schule. Die Pädagogen, die nach diesem Prinzip erziehen, wissen, was das Leben fordert: Anpassungsfähigkeit, Unterwürfigkeit, Verkümmerung des Ichs, ein in den Dienst der herrschenden Klasse Treten. Die Schule ist, [...] Klasseninstrument. Das Kind wird zum Untertan erzogen [...] Daher die Schule, gleich ob Hoch-, Mittel- oder Volksschule, immer versagt, zumal in jeder großen Bewegung, etwa in dem ‹großen› Krieg. Die denkenden Soldaten sind die schlechtesten, die denkenden Bürger die unfolgsamsten. Die ‹nationale› Erziehung bekämpfen wir. Diesem früheren Ideal [...] setzen wir ein neues entgegen, die Menschheit. [...]

Eine solche Erziehung bedeutet in erster Linie Hebung der Ethik. Alles andere tritt dagegen zurück, auch die Weckung des Intellekts. [...]

Wenn also auch die Bildung zurücktritt, so wird man doch andererseits die Bildungsmöglichkeit als allgemein und obligatorisch erklären. Man wird also die Schule ebenso wenig wie die Kirche den Besitzenden oder anderen Privilegierten ausliefern.»

(Fidelis: Gustav Landauers Kulturprogramm [1920], in: Viesel, S. 283f.)

Einzelrepubliken. [...] Hessen [...], Frankfurt, Rheinlande, Westfalen sollten sich von Preußen trennen und eine autonome Republik bilden. Hannover wird folgen. Dann muß sich zunächst der Bund der süd- und westdeutschen und österreichischen Republiken bilden. Wenn sich dann der brandenburgisch-preußische Rest anschließt und jede Republik im Innern korporativ, landschaftlich, mit möglichst großer Gemeinde- und Genossenschafts-Freiheit gegliedert ist, wozu die vorhandenen Arbeiter-, Soldaten-, Bauernräte der beste Anfang sind, dann kann sich aus Delegierten der Einzelrepubliken ein Bundesrat bilden [...].» (Landauer IV, S. 300 und S. 307f.)

Mühsam war, von seinem ganzen Habitus her, beweglicher, konfrontativer, aber auch – um der Sache willen – während der Räterepublik kompromissbereiter: «[...] wir alle haben Konzessionen gemacht, das heißt machen müssen, um wenigstens unseren Ansichten einigermaßen Gehör zu verschaffen. Wir alle täuschten uns in der Psychologie der Massen. Wir glaubten sie fähig, sozialistisch zu denken und handeln.» (Mühsam, zit. in: Viesel, S. 229)

Mühsam hatte der «Politik», den Politikern immer jeglichen Charakter abgesprochen. Nun, als Mitarbeiter des Volksbeauftragten für Auswärtige Angelegenheiten, musste er sich gezwungenermaßen in die Niederungen der Politik begeben. Er übernahm hier das Referat Beziehungen zu Russland und Ungarn. Eine seiner ersten Maßnahmen war, die noch immer internierten russischen Kriegsgefangen auf freien Fuß zu setzen. Die meisten von ihnen gewann er für die Räterepublik: Sie schlossen sich deren Rote Armee an.

Mühsam forcierte mit Landauer, dass das Bankkapital eingefroren, dass die «Lügenpresse» zensiert und die Entwaffnung der «bourgeoisen Kräfte» vorangetrieben wurde. Eines der Hauptanliegen Mühsams war, lange schon vor der Räterepublik, die Emanzipation der Frauen und eine allgemeine «sexuelle Befreiung». Allerdings reichte auch hierfür nicht die Zeit, um diese in Gang zu setzen. «Maßnahmen, offizielle Anträge oder auch nur vorbereitende Besprechungen, die die Aufhebung der Ehe oder monogamischen Sitten der Gesellschaft bezweckt hätten, sind in der bayerischen Revolution nicht zutage getreten», stellte Mühsam im Nachhinein fest. (Zit. in: Viesel, S. 197)

Mühsams praktische Tätigkeit konnte – schon aus zeitlichen Gründen – nur minimal sein. Dagegen war sein konzeptionelles bzw. propagandistisches Handeln effektiver: Er präzisierte viele Erlasse und Aufrufe der Räterepublik und trat mit eigenen an die Öffentlichkeit. Ihm wurde nach Ausrufung der Räterepublik schnell klar, dass deren «Proklamation» «überstürzt» war. Damit schloss er sich einer Vorhaltung der KPD an. Um deren Vorwurf, es hätte sich nur eine «Scheinräterepublik» etabliert, zu kontern und zugleich die KPD für die Mitarbeit zu gewinnen, erließ er einen Aufruf an das bayerische Proletariat. In diesem wollte er auch die Schwächen der Proklamation zur Räterepublik revidieren: «Proletarier aller Länder vereinigt Euch! Der Schlussappell des kommunistischen Manifestes ist der Schlachtruf der Internationale geworden. Jetzt richten wir den Appell an das revolutionäre Volk des eigenen Landes: Proletarier, Bayern vereinigt Euch! [...] Ohne Rücksicht auf die Streitigkeiten ihrer Führer hat sich die werktätige Bevölkerung im Willen zusammengeschlossen, den Sozialismus, den Kommunismus zu verwirklichen! [...] Da kein einziger der kompromittierten Führer der Kriegssozialisten mehr in diesen Körperschaften [der Räterepublik] sitzt, ist die Gewähr dafür gegeben, daß ihr Wirken ohne Rücksicht auf kapitalistische und bourgeoise Interessen der Herbeiführung der gerechten sozialistisch-kommunistischen Wirtschaft und der Sicherung der Revolution dienen wird.» (Mühsam, S. 61f.)

In einem Artikel «Heroenkult und Selbstkritik» setzte sich Mühsam 1929 u.a. mit dem «proletarischen Sprachgebrauch», dem er und die anderen Anarchisten während der Räterepublik verfielen, auseinander. Unter «Diktatur des Proletariats» wurde von ihnen nicht die bolschewistischen Praxis verstanden, sondern im Sinne der Kommunebewegung von 1871: «Ich glaube noch heute an die Notwendigkeit revolutionärer Komitees, die, wie es in Bakunins für die Kommune von Lyon vorbereiteten Aufruf vom 26. September 1870 hieß, ‹alle Macht ausüben unter der unmittelbaren Kontrolle des Volkes›. Diesen Zustand wollten wir Anarchisten 1919 herbeiführen, als wir die Räterepublik, die ‹Rätediktatur› proklamierten [...].» (Mühsam, zit. in: Viesel, S. 228)

Ret Marut (alias B. Traven), Schauspieler, Schriftsteller und Herausgeber der Zeitschrift «Der Ziegelbrenner», wurde in seinen «politischen» Anschauungen von Rousseau, Bakunin, Kropotkin, besonders aber von Stirner geprägt. «Menschwerdung» konnte für ihn nur dann beginnen, wenn die Menschen klare Anti-Positionen beziehen würden: gegen Staat, Kapitalismus, Militarismus und Krieg, Chauvinismus, Kirche, das «Presseunwesen», das die Stütze dieser Herrschaftseinrichtungen sei.

Der radikale Kriegsgegner begrüßte begeistert die Novemberrevolution, den Sturz der Monarchie, die Bildung der Arbeiter- und Soldatenräte; folgerichtig sah er die Errichtung der Räterepublik, an der er von Beginn an aktiv beteiligt war als seine Sache an. In dem vom Zentralrat eingerichteten «Presseamt» wurde Marut zuerst Zensor der «München-Augsburger Abendzeitung». Dann Leiter des «Presseamtes». In mehreren Denkschriften, vielen Aufrufen und Plakatanschlägen entwickelte er seine Pläne für die Sozialisierung der Presse; er bildete eine «Pressesozialisierung-Kommission», die diese praktisch durchführen sollte.

Sozialisierung der Presse bedeutete für Marut nichts anderes als die Zerstörung des kapitalistischen Pressesystems und die Herstellung von «Pressefreiheit» gleich «Meinungsfreiheit»: «[...]

Meinungsfreiheit in Wort und Schrift ist so selbstverständlich, daß darüber unter Menschen und Völkern gar nicht verhandelt werden darf. Wenn ein Volk eine gewisse Kulturstufe erreicht hat, so ist die uneingeschränkte Pressefreiheit eine zwingende Notwendigkeit.» Diesem Idealzustand setzte Marut die Wirklichkeit entgegen – wie er sie vorfand: «Diese Pressefreiheit [...], die heute verlangt wird, ist nur eine sehr bedingte Freiheit. Wie und was der Schriftsteller oder Redakteur in Wirklichkeit denkt, kann und darf er dem Leser nicht sagen, weil er sonst brotlos würde.» (Marut, zit. in: Viesel, S. 475 und S. 477)

Typisch für seine «Vernichtet die Presse!»-Kampagnen war ein Aufruf in seinem «Ziegelbrenner»: Die bürgerlich-kapitalistische Presse wurde als «der verkommenste Feind» abqualifiziert. «Tuberkulose und Syphilis sind furchtbare Seuchen», verkündete er hier weiter, aber «unermesslich furchtbarer, tückischer und bösartiger am Körper und an der Seele des Menschen wütet die alles verheerende Seuche: Oeffentliche Hure Presse.» Es gelte, sich von dieser Presse radikal zu befreien: «Jede Revolution, jede Befreiung des Menschen verfehlt ihren Zweck, wenn nicht zuerst die Presse erbarmungslos vernichtet wird.» (Ebd., S. 477) Die «Vernichtung» der Presse ist im Verständnis von Marut nicht deren Abschaffen als solche, sondern die Beseitigung der kapitalistischen Pressemonopole und deren Ersetzung durch ein freiheitliches Pressewesen, welches ausschließlich «der Menschheit dienen [soll] und nicht der Lüge und Verhetzung. Wahrheitskünderin soll sie sein in den Händen ehrenhafter Geistesarbeiter.» (Marut, zit. in: Viesel, S. 486)

Wie es Landauer, Mühsam und Marut erging, so auch Gesell, dem Volksbeauftragten für Finanzen: Die wenigen Tage der praktischen Gestaltung reichten nur für Dekrete. Gesell ist nach wie vor als «Anarchist» heftig umstritten. Mühsam konstatierte ihm eine «lautere anarchistische Gesinnung». Und wie viele andere auch, ein «umfassendes Wissen auf dem Gebiete des Geldwesens»; und die «Praktizierung seiner Freigeldtheorie bei gleichzeitiger Nationalisierung der Banken [schien Mühsam] ein besonders wirksames Mittel, die Ausbeutung und den Zinswucher beschleunigt unmöglich zu machen». (Mühsam, S. 54)

In einem «Aktionsprogramm» forderte Gesell eine «Allgemeine große Vermögensabgabe zur Finanzierung» notwendiger sozialer Aufgaben: u.a. «Fürsorge für alle Kriegsbeschädigten unter Erweiterung dieses Begriffes auf alle gesundheitlich und seelisch Geschädigten; Sicherung der Fürsorge für alle Arbeitslosen und für alle, die durch den Krieg in Not gerieten und noch geraten werden; [...] Tilgung aller Staats- und Gemeindeschulden». Des Weiteren sollte mit dem «Aktionsprogramm» mit «grundstürzenden Reformen volkswirtschaftlicher Natur dem Kapitalismus zu Leibe gerückt werden, so daß seine Rückkehr für alle Zeiten ausgeschlossen bleibt: [...] durch Freigeld soll die allgemeine Zinswirtschaft in natürlicher Entwicklung abgebaut werden». (Zit. in: Schmitt, S. 22)

1919 veröffentlichte Gesell eine anarchistisch geprägte «Denkschrift an die zu Weimar versammelten Nationalräte»: «Der Abbau des Staates nach Einführung der Volksherrschaft». 1927 legte er dann «Der abgebaute Staat. Leben und Treiben in einem gesetz- und sittenlosen und hochstrebenden Kulturvolk» vor. Ein «akratisches» Werk, was nur wenige seiner «Freiwirtschafts»-Anhänger rezipierten; es war ihnen eher peinlich wegen dessen Antistaatlichkeit. (Heute ist dieses Gesell-Werk so gut wie vergessen.)

«In der Nacht zum 13.4.1919 versuchte die republikanische Schutztruppe, den Zentralrat der Räterepublik zu stürzen [...]. Der Putsch schlug fehl.» (Dorst, S. 201) Während des Putsches kam es zu bewaffneten Kämpfen, in denen 21 Arbeiter fielen. Während dieser Auseinandersetzungen bekam die KPD enormen Zulauf und die schon zuvor von ihr herausgegebene Parole: «Folgt nur den Parolen der kommunistischen Partei» fiel nun auf fruchtbaren Boden. Die Arbeiter wurden jetzt durch sie gegen die von ihr so genannte «Scheinräterepublik» mobilisiert. Ein neuer, kommunistischer Zentralrat bildete sich, der sich aber bald wieder auflöste. Ein neu gebildeter stützte sich nun hauptsächlich auf Betriebsräte. An der Spitze des fünfzehnköpfigen Aktionsausschusses stand der Vollzugsrat mit den Kommunisten Eugen Leviné und Max Levien. «Dem Aktionsausschuß gehörten auch Mehrheitssozialdemokraten und Unabhängige an [...]. Die kommunistischen Machthaber befahlen Generalstreik und verboten das Erscheinen der Zeitungen.» (Ebd., S. 201f.)

Das war das Ende der «Scheinräterepublik» und die (kurze) Etablierung der kommunistischen Räterepublik. Diese stand sofort unter dem Druck, sich militärisch gegen die auf München anrückenden «Weißen Garden» der Gegenrevolution zu verteidigen.

Anfänglich stellte sich Landauer der zweiten Räterepublik zur Verfügung. Allerdings wurden «meine Dienste [...] nicht in

Anspruch genommen», schrieb Landauer in einer Erklärung. Einige Tage nach dieser Erklärung widerrief er die angebotene Mitarbeit in einem Schreiben an den Aktionsrat: «Ich habe gesehen, wie [...] Ihre Wirklichkeit aussieht. Ich verstehe unter dem Kampf, der Zustände schaffen will, die jedem Menschen gestatten, an den Gütern der Erde und der Kultur teilzunehmen, etwas anderes als Sie. [...] Der Sozialismus, der sich verwirklicht, macht sofort alle schöpferischen Kräfte lebendig: in Ihrem Werke aber sehe ich, daß Sie auf wirtschaftlichem und geistigem Gebiet [...] sich nicht darauf verstehen.» (Landauer IV, S. 420f.)

Die Räterepubliken endeten in einem Desaster: Die Gegenrevolution richtete ein Blutbad unter den gefangenen Angehörigen der Roten Armee an; sie erschoss wahllos als «Rote» Verdächtige; schlugen Landauer fast zu Tode und erschossen ihn dann, richtete Leviné nach einem Prozess hin; Mühsam kam mit einer Zuchthausstrafe davon; Gesell wurde nach einer geschickten Verteidigung freigesprochen; Marut konnte aus der Haft fliehen, tauchte, steckbrieflich gesucht, jahrelang in Deutschland unter, landete in Mexiko und mutierte zum geheimnisumwitterten Schriftsteller B. Traven («Das Totenschiff», «Die Rebellion der Gehenkten», «Regierung»).

6. Der spanische Anarchismus und die Spanische Revolution 1936–1939

Sowohl in der Pariser Kommune (1871) als auch in den russischen Revolutionen (1905 und 1917) und in den Rätebewegungen (1918/19) schufen Massen sich ihre spezifischen Selbstorganisationsformen. Aber sie erwiesen sich als unfähig, diese dauerhaft zu verankern bzw. wie in der Russischen Revolution von 1917 gegenüber der Autokratie einer Partei aufrechtzuerhalten. Stattdessen wurden sie unterworfen und vollständig liquidiert. Erst in der Spanischen Revolution konnten sich – so die anarchistische Sicht – Formen von Selbstbestimmung und -organisation für den längeren Zeitraum von ca. drei Jahren etablieren.

Auch die spanischen Anarchisten waren zu Beginn der Oktoberrevolution von ihr fasziniert. So schloss sich 1919 die anarchosyndikalistische CNT (Confederación Nacional de Trabajo; Nationale Konföderation der Arbeit) ohne Vorbehalte der «Kommunistischen Internationale» (KI) an. Der unkritischen

Zustimmung zur Oktoberrevolution folgte schon 1920 die Ernüchterung: Die CNT-Delegation zum 2. Kongress der «Dritten Internationale» in Moskau erhoffte sich dort die «Gründung einer internationalen revolutionären Gewerkschaft [...], [sie] sah[en] sich plötzlich [aber] Plänen und Aufrufen konfrontiert, in denen die Rede war von der ‹Eroberung der politischen Macht›, der ‹Diktatur des Proletariats› und einem Organisationsmuster, das die tatsächliche Unterordnung der Arbeitersyndikate unter die kommunistischen Parteien implizierte». (Guérin I, S. 100) Deshalb führte der CNT-Delegierte Angel Pestaña in einer Rede vor dem Kongress aus: «Die Revolution ist nicht das Werk einer Partei und kann es nicht sein. Eine Partei kann höchstens einen Staatsstreich anstiften, aber ein Staatsstreich ist keine Revolution.» (Ebd.) Und 1922 arbeitete Pestaña in seinen «Betrachtungen und Urteile über die Dritte Internationale» seine – später von der CNT akzeptierte – Kritik an den Verhältnissen in Russland aus: «In Russland gibt es heute keinen Kommunismus, es sei denn, man verstehe darunter Enteignung aller Reichtümer durch den Staat [...] In Russland gibt es einen einzigen Herrn, Arbeitgeber, Bourgeois oder Eigentümer, nämlich den STAAT. [...] Im kapitalistischen Herrschaftssystem [...] gehören die Reichtümer vielen Eigentümern, in dem Regime in Russland, das sich kommunistisch nennt, gehören sie einem Eigentümer. Dies ist der einzige Unterschied. [...] Die Revolution [wollte] einen sozialen Staat schaffen [...], der den Menschen ein Leben in Gerechtigkeit und Wohlergehen garantieren sollte. Dieses Ziel ist zum Teil verfehlt worden, um die Interessen einer Partei zu retten, die aber [...] immer geringere Bedeutung haben als die Interessen des Volkes, und in diesem Fall könnte man sagen als die Interessen der Menschheit. [...] Uns stößt der Kasernenkommunismus ab. Wir weisen diese Gleichheit zurück, die man mißt, die man aufzwingt, die man dekretiert. Wir weisen sie zurück, weil sie den Menschen auf das Schlimmste entwürdigt, zur vollständigen Abstumpfung der Gefühle führt, dadurch seine Persönlichkeit zerstört und ihn nur zu einem weiteren Rädchen im kleinen sozialen Getriebe macht.» (Pestaña, in: Oberländer, S. 363, S. 367 u. S. 369)

Vor dem I. Weltkrieg hatte der Anarchismus weltweit seine «Blütezeit» hinter sich. Die große Ausnahme war Spanien. Hier war der Anarchismus unübersehbar auf dem Vormarsch. Ein Phänomen, das dessen Kritiker meist auf die ökonomische Rückständigkeit, auf den starken agrarischen Charakter des Landes zurückführen. Damit einhergehend meinen sie ein kaum entwickeltes politisches Bewusstsein des Millionenheeres der Landarbeiter Südspaniens (hauptsächlich Andalusien) und des städtischen Proletariats in der nur gering vorhandenen Industrie Nord- und Nordostspaniens indizieren zu müssen. Tatsächlich aber klaffte das gesellschaftliche, das sozialistische Bewusstsein der Lohnabhängigen Massen nicht auseinander: Der spanische Anarchismus fand gerade in dem Austausch der agrarischen und in der industriellen Komponente seine spezifisch theoretische Ausprägung und revolutionäre Kraft im 20. Jahrhundert.

Zu berücksichtigen dabei ist – und auch das als eine Ausnahmeerscheinung: Der spanische Anarchismus war eine moderne «Volksbewegung», da er Ausdruck der freiheitlichen Traditionen der Völker Spaniens war. Zwar kam der Anarchismus von außen als «Ideologie» nach Spanien, traf aber auf «eine mehr als tausendjährige ungebrochene freiheitliche Tradition, die vor allem in gewissen Formen des Kommunalismus und Regionalismus ihren Ausdruck gefunden» hatte. (Rüdiger I, S. 70) Hinzu kamen starke föderalistische Tendenzen und ein ausgeprägter und verbreiteter Individualismus. Ortega y Gasset: «Der eingefleischte Individualist, der er ist, führt den Spanier dazu, den Staat als einziges und unteilbares Etwas für widersinnig zu halten [...]. Eine wirkliche Vereinigung der Spanier kann nur auf dem föderalistischen Wege geschehen, da ein großer Teil des Volkes jede Einheitspolitik verabscheut [...].» (Zit. ebd., S. 79) Grob definiert war der spanische Anarchismus (im ersten Drittel des 20. Jahrhunderts) ein Millionenheer von individualistischen Kollektivisten. Diese Bewegung war «wahrhaft volkstümlich», wie in Bakunins Vorstellung (1873) eine Bewegung zu sein hatte, die den «Weg einer *anarchistischen* sozialen Revolution» gehen wollte: «ohne Anstoß von außen aus dem Volk selbst» heraus.

Die Geschichte Spaniens im 19. und 20. Jahrhundert weist eine Sonderentwicklung im Verhältnis zu fast allen anderen europäischen Ländern auf: Der ökonomische Liberalismus kam aus Anfängen nicht hinaus; somit entwickelte sich der Kapitalismus nur langsam. Unter anderem bedeutet das, dass sich hauptsächlich nur in Asturien, in Katalonien und auch im Baskenland eine moderne Industrie entfaltete. Volkswirtschaftlich betrachtet war sie jedoch von geringerer Bedeutung als in den entwickelten Industrieländern West- und Mitteleuropas. Spanien war bis in die dreißiger Jahre mehr agrarisch als industriell geprägt. Die verzögerte Entwicklung der Produktivkräfte hatte zur Folge, dass auch das politische System stagnierte und eine kulturelle Liberalisierung ausblieb.

Auf dem Weltmarkt waren die industriellen Produkte Spaniens nicht konkurrenzfähig. Dagegen jedoch seine Agrarprodukte und Bodenschätze. Das kapitalarme Land war wenig expansionsfähig. Wegen dieser Faktoren wurde es als «halbkoloniales Land» (Broué/Témime) klassifiziert. Und die Sozialstruktur, die sich in den dreißiger Jahren des 20. Jahrhunderts mehr und mehr zuspitzte, konnte nicht verheerender sein: «Von den 11 Millionen Erwerbstätigen [...] waren schätzungsweise 8 Millionen ‹Arme›, die sich gerade über Wasser halten konnten: 1 Million Handwerker, 2-3 Million Landarbeiter, 2-3 Million Industriearbeiter und Bergleute, 2 Million Kleinpächter und Kleinbauern. Am anderen Extrem zählte man 1 Million Privilegierte, [...] weitgehend parasitäre Elemente: Beamte, Geistliche, Militärs, Intellektuelle, Großgrundbesitzer, reiche Großbürger.» Hinzu kamen 2 Millionen Angehörige der «Mittelschichten»: bessergestellte Bauern, «kleine und mittlere Kaufleute und Gewerbetreibende». (Broué/Témime, S. 36f.)

Auf diesem Hintergrund ist das enorme Wachstum der organisierten Arbeiterbewegung und ihre sich stetig radikalisierenden Kämpfe gegen das herrschende ökonomisch-politisch repressive System zu verstehen. Die spanische Arbeiterbewegung stand auf zwei gleichstarken Säulen: dem Anarchosyndikalisten (CNT) und den Anarchisten der FAI (Federación Anarquista Ibérica; Iberische Anarchistische Föderation) einerseits, den Sozialisten der PSOE (Partido Socialista Obrero Español; Spanische Sozialistische Arbeiterpartei) und ihrer sozialistischen Gewerkschaft UGT (Unión General de Trabajadores; General-Union der Arbeiter) andererseits.

Der Anarchismus kommt 1868 durch den Abgesandten Bakunins, Guiseppe Fanelli, nach Spanien. Dieser traf auf Arbeiterzirkel, die seit ca. 1855 die Ideen von Proudhon und von Pi y Margall, dem katalanischen liberalen Föderalisten, studierten. Auf Fanellis Initiative hin gründeten sich in Barcelona und Madrid die ersten Sektionen der spanischen Ersten Internationale als bakunistische Fraktionen. Diese schlossen sich 1870 auf nationaler Ebene zusammen. Auf diesem Gründungskongress hielt der Buchdrucker Farga Pellicer die programmatische Rede für die IAA-Spanien. Er führte u.a. aus: «Es gibt keine andere tiefgehende Menschheitsfrage als den furchtbaren Kampf zwischen Kapital und Arbeit. [...] Der Staat ist der Wächter und Verteidiger der Privilegien, die die Kirche segnet und für göttlich erklärt [...]. Wir wollen der Herrschaft des Kapitals, des Staates und der Kirche ein Ende setzen, um auf ihren Trümmern die Anarchie zu errichten, die freie Föderation der freien Arbeiterbünde.» (Zit. in: Degen/Ahrens, S. 15)

Nach diesem Gründungskongress entstanden in ganz Spanien, hauptsächlich aber im agrarischen Süden und im industriellen Nord- und Nordosten, Gruppen der IAA. Hinzu kamen die Gründungen von Zeitungen und Zeitschriften, von Abendschulen und kulturellen Zentren (Ateneos Libertarios), die nicht selten auch in den kleinsten Dörfern entstanden. In ihnen entfaltete sich eine breite politisch-kulturelle Bildungsarbeit. Erfasst wurden hiermit auch die Massen der Landarbeiter, unter denen sich eine sehr hohe Prozentzahl von Analphabeten befand. Hinzu kamen anarchistische «Apostel», die von Dorf zu Dorf zogen und mit ihren Vorträgen und Lesungen den Anarchismus verbreiteten. Aus dem nun auch intellektuell erkannten sozialen Elend wurde ihnen zur Gewissheit: Aus ihrem Elend können sie sich nur selbst befreien. Das Ergebnis waren unzählige Streiks, Land- und Dorfbesetzungen und damit einher gingen Ausrufungen von «freien Kommunen».

1873 wurde Spanien Republik, Pi y Margall für fünf Wochen ihr Präsident. Der Verfassungsentwurf für eine spanische föderative Republik wurde von der zentralistisch ausgerichteten Reaktion als Landesverrat denunziert. Dieser Konflikt eskalierte zum Bürgerkrieg. Die Anarchisten kämpften auf der Seite der Republik und erhoben gleichzeitig soziale Forderungen. In einigen Betrieben führten sie ohne Absprache mit den Unternehmern den 10-Stundentag ein. In den folgenden «Kantonalistenaufständen» (hauptsächlich in Andalusien und in der Levante) waren die Anarchisten wieder dabei. Sie beherrschten vorübergehend große Teile dieser Provinzen und proklamierten: Jede Stadt bilde einen «unabhängigen Kanton» und bilde ihre «Kantonalregierung».

Mit Wiederherstellung der Monarchie 1874 wurden die Anarchisten gewaltsam unterdrückt. Aber dank ihrer dezentralen Strukturen bedeutete das nicht das Ende ihrer Organisationen, stattdessen konnten sie immer mehr Mitglieder, Anhänger und «Militante» rekrutieren. Ab 1881 konnten die Anarchisten wieder legal arbeiten. 1882 führte die IAA-Regionalföderation ihren Kongress in Sevilla durch; sie nahm das Konzept des (französischen) Syndikalismus an und verkündete ihr Programm:

«Unsere Organisation ist rein ökonomisch. Sie stellt sich allen bürgerlichen Parteien oder Arbeiterparteien, die die politische Macht erobern wollen, entgegen. [...] Wir streben danach, eine freie Föderation [...] von freien Produktionsvereinigungen zu schaffen. Daraus geht hervor, [...] daß wir alle Privilegien und Monopole der gegenwärtigen ungerechten Gesellschaft zerstören wollen.» (Zit. ebd., S. 17)

Die Jahre von 1888 bis 1910 waren in Spanien geprägt von sich immer mehr ausweitenden Klassenkämpfen: Teil- und Generalstreiks, Land- und Betriebsbesetzungen: Die andalusische Streikwelle (1902–1905), die letztlich militärisch niedergeschlagen wurde, offenbarte den Anarchisten, dass die hier angewandte völlig dezentrale Kampfesweise sich nicht auszahlte. Aber trotz dieser Niederlage wuchs das Klassenbewusstsein unter den Landarbeitern und die Anhängerschaft des Anarchismus enorm. Auch 1909 zeigt sich in der so genannten «Tragischen Woche» (Semana Trágica) für die Anarchisten noch einmal, dass die dezentrale Kampftaktik keinen Sieg über die herrschenden Verhältnisse erringen konnte: Der Protest und Aufstand gegen die Regierung, die Reservisten nach dem verlorenen Kolonialkrieg gegen den Aufstand Abd el Krims in Marokko, einziehen wollte, wurde, trotz Generalstreik, Barrikaden, gewalttätigem, auch mit Waffen ausgefochtenem Widerstand, durch Regierungstruppen im Blut erstickt. Folge waren Massenverhaftungen, Verbannungen, Todesurteile und Hinrichtungen.

Diese Repression wurde u.a. Ansporn für die Anarchisten, ihre eigene Gewerkschaftsorganisation CNT 1910 zu gründen. Deren Kader stellten die verschiedenen Arbeiterföderationen. Die CNT orientierte sich am syndikalistischen Organisationsmodell der französischen CGT (Confédération Générale du Travail; Allgemeiner Gewerkschaftsbund). In der CNT-Gründungserklärung hieß es: «Die materielle Befreiung der Arbeiter kann nur die Folge ihrer geistigen Befreiung sein. Wenn die Arbeiter sich nicht mehr als Sklaven fühlen, werden sie sich befreien können. Doch die Arbeiter können sich nicht frei fühlen, solange sie sich nicht von den Befreiern oder Führern freigemacht haben, deren Ziel darin besteht, nach Vernichtung der alten Ordnung eine neue Gesellschaft zu organisieren, in der sie die Privilegierten sein werden.» (Zit. ebd., S. 18)

Die Adressaten dieser Ausführungen der Negierung jeglicher Führerschaft waren die Konkurrenten der spanischen Anarchisten: die Sozialisten.

Die Gegenposition zum Anarchismus in der spanischen Arbeiterbewegung bildete die marxistische Partei PSOE und ihre Gewerkschaft UGT. Die Ursprünge dieser sozialistischen Bewegung gehen zurück auf Arbeitergruppen, die sich nicht den anarchistischen IAA-Föderationen anschlossen. Diese machte Paul Lafargue, Marx´ Schwiegersohn, mit dem «Kommunistischen Manifest» vertraut.

1879 konstituierte sich die PSOE. Die Anarchisten («antiautoritarios») bezeichnen die Sozialisten als «autoritarios». Im Gegensatz zu den bekannten Köpfen der Anarchisten gehören die Führer der Sozialisten zu den «oberen» Schichten des Proletariats: zumeist Drucker, die zu den Bestbezahltesten gehörten, aber auch kleine Gewerbetreibende.

Das Programm von PSOE kontrastierte in seinen Kernpunkten zu dem der CNT. Hier wurden u.a. folgende Ziele aufgestellt: «1. die Besitzergreifung der politischen Macht durch die Arbeiterklasse; Umwandlung des Privateigentums in Kollektiveigentum; Benutzung der Produktionsmittel durch die Arbeiterorganisationen, deren Mitgliedern der volle Arbeitsertrag garantiert werden muß [...].» (Zit. ebd., S. 20)

Die UGT gründete sich 1888. Sie fand hauptsächlich ihre Basis in Asturien unter Berg- und Stahlarbeitern; auch einen Großteil der spanischen Drucker und Bauarbeiter konnte sie an sich binden. Im Gegensatz zur CNT führte die UGT ihre Streiks nicht «militant»; sie akzeptierte Schiedskommissionen, Schlichtungsverfahren und Kompromisse. Die UGT setzte sich wie ihre Mutterpartei PSOE für den «parlamentarischen Weg zum Sozialismus» (PSOE-Führer Pablo Iglesias) ein. Die Personalunion von UGT und PSOE bedeutet für die UGT die ständige Intervention der Partei in die Gewerkschaftspolitik. So werden die periodischen Radikalisierungstendenzen in der UGT meist kanalisiert. Trotzdem ergriffen immer wieder UGT-Gruppen zu militanten Kampfformen, wie sie ihnen die CNT vorexerzierte. Gerade nach solchen Aktionen strömten ihnen größere Massen von Arbeitern zu.

Einen enormen Mitgliederaufschwung erhält sowohl die UGT wie auch die PSOE paradoxerweise unter dem Diktaturregime Primo de Riveras (1923–1931): Während die CNT und die gesamte, nicht-sozialdemokratische Linke brutal unterdrückt wurde, können PSOE/UGT legal arbeiten und beteiligen sich sogar mit dem UGT-Chef Largo Caballero als Arbeitsminister am Kabinett Rivera.

Die Ausrufung der Zweiten Spanischen Republik 1931 legte das ganze Dilemma der spanischen Gesellschaft, ihres politischen und sozial-ökonomischen Systems offen: Die «zwei Spanien» standen sich gegenüber, in einer Intransigenz, die unausweichlich für jede Seite zur Entscheidung drängte. Der Spanien-Chronist Souchy zeigte dies plastisch auf: «Die junge Republik [...] [stand] vor der Alternative: Kapitalismus oder Sozialismus. [...] Auf der einen Seite standen die reaktionären Großgrundbesitzer, die Militärkaste, die Kirche, die Finanz- und Kapitalmächte. Auf der anderen Seite die besitzlose Bevölkerung. [...] Dazwischen eine aufgeblasene Bürokratie.» Um die sozio-ökonomischen Verhältnisse, die andauernde soziale Krise zu bewältigen, waren, so Souchy weiter, die «Sozialdemokraten [...] zu einem Kompromiß zwischen Kapitalismus und Sozialismus bereit. [...] Die Anarchosyndikalisten dagegen sahen in der Republik [nur] eine Etappe auf dem Weg zur sozialen Revolution». (Zit. ebd., S. 23)

Auf mehreren Kongressen, in programmatischen Reden und Schriften machten die Anarchosyndikalisten klar, dass für sie nur die «soziale Revolution» in Frage käme; und sie präzisierten ihre Vorstellungen von dem Weg zu dieser Revolution und von deren Ausgestaltung. Mit dieser Programmatik, die weder einheitlich, noch verbindlich, lediglich als Richtschnur für die Mitglieder/Anhänger der CNT galt, rüstete man sich jedoch für das Finale.

Der CNT-Kongress von 1919 bekannte sich zu den kollektivistischen Vorstellungen Bakunins und zugleich zum revolutionären Syndikalismus. Das war die Synthese von «reinem» Anarchismus und Syndikalismus zum Anarchosyndikalismus. Und das war bei den führenden Vertretern der CNT so gut wie Konsens: Die klassischen anarchistischen Postulate weiterzuentwickeln und sie den modernen sozialen und ökonomischen Strukturen organisatorisch gleichzustellen. Dazu führte der Glasarbeiter und Sekretär der CNT, Juan Peiró, 1928/29 u.a. aus: «Unsere Vorstellungen vom Anarchismus entfernen sich von der traditionellen individualistischen Konzeption und beziehen kollektivistische Momente mit ein. [...] Wenn wir vom Kollektivismus sprechen, könnten dies einige als Abkehr vom libertären Kommunismus verstehen. Dem ist aber nicht so. Wir sprechen vom Kollektivismus als Mittel, nicht als ökonomisches Ziel der künftigen Gesellschaft. Wir meinen Kollektivismus als Organisationsform, als Möglichkeit, Initiative und Kräfte aufzugreifen und sie zu entwickeln [...].» (Peiró, in: Ökonomie und Revolution, S. 41) Die Voraussetzungen der Revolution sah Peiró nicht nur in dem Willen zu dieser, in dem Bewusstsein ihrer Notwendigkeit, sondern ganz pragmatisch: «Konkret gesprochen glauben wir, daß der Erfolg der sozialen Revolution vor allem auf drei folgenden Faktoren beruht: a) organisierte Kraft, um den Besitz an Grund und Boden, an Produktionsmitteln und Werkzeugen zu erreichen und zu verteidigen; b) technische Vorbereitungen, um die Organisation der Produktion zu übernehmen; c) ausreichende Vorbereitung, um die Verteilung der Produkte an den Verbraucher zu sichern.» (Ebd., S. 39)

In seiner Denkschrift «Der ökonomische Organismus der Revolution» hatte Santillán einige Monate vor dem Ausbruch des Spanischen Bürgerkrieges (Juli 1936) seine ökonomischen Vorstellungen für die CNT präzisiert und ein Konzept für eine anarchistische Revolution in Spanien vorgelegt. Wie sich herausstellen sollte, skizzierte er hiermit ein Programm, das teilweise realisiert wurde. Zentral in dieser Denkschrift stellte er die für jede Revolution relevante Frage nach der Gewalt. Auf die spezifischen spanischen Verhältnisse der 30er Jahre des 20. Jahrhunderts gemünzt führte er aus: «Wenn wir heute jedoch noch die Gewalt bejahen, um die versklavenden Kräfte zu bekämpfen, können wir uns in der neuen wirtschaftlichen und sozialen Ordnung nur durch Überzeugung und praktische Erfahrungen durchsetzen. [...] wir können nicht mit Gewalt gegen die vorgehen, die anderer Meinung sind als wir und die nicht so leben wollen, wie wir das vorschlagen. Hier muß unser Respekt vor der Freiheit auch die Freiheit unserer Gegner mit einschließen, ihr eigenes Leben zu leben [...].» (Santillán, in: Ökonomie und Revolution, S. 121)

Zu Beginn des Jahres 1936 hatte sich sozio-ökonomische und politische Lage derart verschärft, dass die Klassenauseinandersetzungen meist nur noch mit Gewalt ausgetragen wurden. Für die Lohnabhängigen war die Situation unter den obwaltenden Verhältnissen aussichtslos. Der herrschenden Klasse lief ihr System aus dem Ruder. Die Linke sah einen Ausweg in der Bildung der Volksfront zu den Cortes-(Parlaments)-Wahlen vom Februar 1936. Ihr stand die Nationale Front von Rechtsrepublikanern bis zu den Monarchisten gegenüber. Die CNT beteiligte sich nicht an der Volksfront. Sie gab aber zu diesen Wahlen erstmals nicht ihre «no-votad»-Parole aus. Damit sprach sie sich indirekt für die Teilnahme an den Wahlen aus, da die Volksfront in ihrem Programm die Freilassung der rund 30.000 politischen Gefangenen zum Ziel hatte.

Die Volksfront errang mit ihrem bürgerlich-liberalen Programm ohne sozialistische Zielsetzungen bei den Wahlen eine überwältigende Mehrheit. Ihr erklärtes Ziel waren soziale Reformen durch die liberale Republik. So hieß es im Volksfront-Abkommen: «Die Republik, wie sie republikanische Parteien verstehen, lässt sich nicht von sozialen oder wirtschaftlichen Klassenzielen leiten, sondern ist ein Regime der demokratischen Freiheit, das von Überlegungen des Allgemeinwohls und des sozialen Fortschritts ausgeht.» (Zit. in: Broué/Témime, S. 90)

Die Etablierung der Volksfrontregierung, geführt von bürgerlichen Republikanern ohne Beteiligung von Sozialisten, löst eine weitere Radikalisierung unter den Lohnabhängigen aus. Diese erwarteten sofortige Verbesserungen ihrer sozialen Lage, sofortige Entlassung der politischen Gefangen und die sofortige Agrarreform. Um diesem Nachdruck zu geben, fanden in ganz Spanien Massenkundgebungen, Streiks, Landbesetzungen und -enteignungen statt. Jetzt radikalisierten sich große Teile der UGT. «Für den Sozialismus zu kämpfen waren sie bereit. Sich vor den Wagen parlamentarischer Ablenkungsmanöver spannen zu lassen, lehnten sie [nun] ab.» Und die Anarchosyndikalisten «waren bereit, den letzten entscheidenden Schlag gegen Kapitalismus und Reaktion zu führen. Sie wollten die soziale Revolution und den freiheitlichen Sozialismus.» (Souchy, zit. in: Degen/Ahrens, S. 41)

Mitte 1936 stand ganz Spanien in Aufruhr: Die faschistische «Falange» und diverse monarchistische «Wehrgruppen» übten Waffengewalt gegen die Organisationen der Linken aus. Politische Morde von rechts und links waren an der Tagesordnung. «Auf dem flachen Lande herrschte die [...] nackte Gewalt. In den Städten hielten Terror und Repressalien die Truppen der beiden Lager in ständiger Alarmbereitschaft. [...] Am augenfälligsten kündigten die täglichen Unruhen in Madrid den heraufziehenden Bürgerkrieg an.» (Broué/Témime, S. 111) Denn auf der Rechten mobilisierten die Rechtsrepublikaner, die Monarchisten, das Militär und Teile der Falange für einen Schlag gegen den republikanischen Staat.

Am 18. Juli erhob sich in Spanisch-Marokko und auf dem spanischen Festland das Militär unter der Führung der Generale Mola, Sanjurjo, de Llano und Francisco Franco gegen die rechtmäßige Republik. Schnell zeichnete sich ab, dass dieser Putsch kein gewöhnlicher Putsch war, wie so oft in der spanischen Geschichte: Dieser entwickelte sich zum Bürgerkrieg und wurde zu einem Vorgefecht des II. Weltkrieges.

«Über die Zukunft Spaniens entschied fortan die Gewalt», wie Broué/Témime konstatieren: «die Gewalt der Generäle und ihrer Truppen auf der einen, die Gewalt der bewaffneten Arbeiter auf der anderen Seite. Unter dem Anprall der gesellschaftlichen Kräfte löste sich die Legalität in nichts auf.» (Ebd., S. 123) Mit der Bewaffnung der Linken folgte zugleich – und das ohne Befehl ihrer Zentralen bzw. oft gegen diese – der spontane Gegenschlag gegen das putschende Militär: In Madrid, im Baskenland, in Asturien und in Katalonien wurde der Putsch in wenigen Tagen von den schlechtbewaffneten Arbeitern niedergeschlagen. Gleichzeitig bildeten sich Arbeiter-Milizen (hauptsächlich in Katalonien), die gegen die Putschisten zogen mit dem Ziel, die von diesen besetzten Gebiete zurückzuerobern.

In Katalonien dominierte die CNT dermaßen, dass sie unangefochten die «Macht» hätte übernehmen können. Stattdessen – ihrem Prinzip der Pluralität der Gesellschaft folgend – bot sie allen linken und linksliberalen Organisationen ein antifaschistisches Bündnis an, in dem alle, unabhängig von der Organisationsstärke mit gleicher Stimmenzahl und gleichberechtigt vertreten waren.

Die katalanische Regionalregierung hatte aufgehört zu bestehen; sie war funktionslos geworden. «Arbeiterkomitees» hatten die öffentlich Angelegenheiten spontan in Selbstverantwortung und -verwaltung übernommen. Die Komitees waren zumeist rein anarchosyndikalistisch. Jedoch beteiligten sich immer größere Teile des linken Flügels der UGT daran. Aber auch Mitglieder des linksmarxistischen, anti-stalinistischen POUM (Partido Obrero de Unificación Marxista; Arbeiterpartei der Marxistischen Einheit), welche fast nur in Katalonien eine organisatorische Basis hatte. Diese Komitees entstanden innerhalb von wenigen Tagen nach Niederschlagung des Putsches: Überall dort, wo die Arbeiter die Putschisten niedergeschlagen hatten, setzte unmittelbar danach ein revolutionärer Prozess ein – spontan, ohne Direktiven, einzig bestimmt von den direkten Interessen der unmittelbar Betroffenen. «Das Sinnbild dieser revolutionären Situation war Barcelona.» (Broué/Témime, S. 185)

Als Erstes wurden hier die drei Verkehrsbetriebe, die bisher unwirtschaftlich nebeneinander arbeiteten, durch Urabstimmungen der Belegschaften, fusioniert und sozialisiert. «Man nahm sich zunächst die Straßenbahnen vor. [...] Die Gehälter der Direktoren [...] wurden abgeschafft, die Löhne der Straßenbahner [...] erhöht, die Preise für eine Straßenbahnfahrt

«Wenn man den Anarchismus im Sinne von Freiheit versteht, ist er mit höchst unterschiedlichen ökonomischen Verhältnissen vereinbar – unter der Voraussetzung, daß diese nicht die Freiheit selbst negieren, wie das unter der kapitalistischen Monopolwirtschaft geschieht. Der Anarchismus tritt für die freie Entfaltung von jedermann ein und ist in keiner ökonomischen Situation monopolistisch. Der Mensch kann über sich selbst bestimmen und soll seinen eigenen Willen ohne Beeinflussung von außen ausdrücken können.

Wenn wir das Prinzip der Herrschaft des Menschen über den Menschen ablehnen, dann heißt das nicht gleichzeitig, daß wir ein vorbestimmtes ökonomisches Niveau nicht erreichen wollen. Unsere Ablehnung wendet sich vielmehr gegen den Marxismus, der ein System zu verwirklichen sucht, das im Grunde der kapitalistischen Entwicklung nur folgt. Um Anarchist sein zu können, muß man ein bestimmtes kulturelles Niveau erreichen, ein Bewusstsein über die Macht haben und die Fähigkeit zur Selbstverwaltung. Idioten können nicht Anarchisten werden. [...]

Wir wissen, dass der Grad der ökonomischen Entwicklung und der materiellen Lebensbedingungen stark die menschliche Psyche beeinflußt. [...] es [ist] klar, daß die ökonomischen Bedingungen das Leben des einzelnen entscheidend beeinflussen. Deshalb wollen wir die bestmöglichen ökonomischen Bedingungen schaffen, die als Garantie für gleichberechtigte Beziehungen der Menschen untereinander dienen soll. [...]

Wir streben ein ökonomisches System an, in dem Wohlstand, Wohlergehen und Genuß für alle verwirklicht werden kann. In diesen Zielen unterscheiden wir uns nicht von anderen Revolutionären. [...] Was uns von anderen unterscheidet, sind die Gründe, weshalb wir Anarchisten sind. Sie stellen wir sogar noch vor das Wohlergehen. Als Individuen ziehen wir wenigstens die Freiheit mit Hunger der Sättigung in Sklaverei und Unterdrückung vor.»

(Diego Abad de Santillán [1936], in: Ökonomie und Revolution, S. 116f.)

[...] herabgesetzt. Sofort hat man sich dann mit den Gesellschaften der Omnibusse und der Untergrundbahnen in Verbindung gesetzt und bildete eine gemeinsame Verkehrsgesellschaft. Das war eine Verkehrskollektive.» (Souchy, zit. in: Degen/Ahrens, S. 57) Nach kurzer Zeit funktionierte das Verkehrssystem erstmals reibungslos. Und schon einige Wochen später schrieb man keine roten Zahlen mehr.

Ähnlich wie bei den städtischen Verkehrsbetrieben gingen die Komitees bei den Eisenbahnen vor, die von einem CNT-UGT-Kollektiv übernommen wurden. Auch die Telefon-, Gas- und Elektrizitätsgesellschaften wurden von Komitees übernommen und arbeiteten von da an effektiver. Das Hotel- und Restaurantgewerbe übernahmen ebenfalls Komitees, wie die Theater und das Pressewesen. Bei alledem handelte es sich nicht um Zwangssozialisierungen, sondern sie gründeten sich auf dem Wollen der jeweiligen Belegschaften.

Barcelona war in den ersten Tagen der militärischen Kämpfe vom Hinterland abgeschnitten. Es kam zu Versorgungsengpässen. Die Komitees schafften hier Abhilfe, indem sie auch im Versorgungssektor den Kollektivierungsprozess rasch und pragmatisch voranbrachten. Souchy, der Augenzeuge, berichtet: «Die ersten Tage [nach Niederschlagung des Putsches] wurde die Lebensmittelversorgung durch improvisierte Volksküchen gewährleistet. Aber dann musste das richtig geregelt werden. Eine neue Wirtschaftsordnung aufzubauen, unter der Zerstörung der alten war zu gewagt. [...] Die kleinen Unternehmungen konnten weiterbestehen. Aber die größeren [...] wurden kollektiviert [...]. Wenn da 20, 30, 50 oder 100 Leute arbeiteten, dann haben diese Arbeiter Versammlungen einberufen und haben dem Unternehmer, den sie auch zu den Versammlungen einluden, gesagt: ‹Das ist Schluß jetzt, Du bist nicht mehr der Alleinbesitzer; wir übernehmen das jetzt. Wenn Du willst, kannst Du mitarbeiten.› Kleinunternehmer haben das auch getan [...] So hatte man den alten Apparat nicht zerstört. Die Folge war, daß es keine Übergangsperiode gab.» (Ebd.)

Nach und nach wurden so Handwerks- und Industriezweige sozialisiert. Schätzungen gehen davon aus, dass rund siebzig Prozent aller Gewerbebetriebe in Katalonien in die Hand der Lohnabhängigen gerieten. Die Kollektivierungen erstreckten sich auf Groß- und Kleinbetriebe, auf den öffentlichen Dienst, auf Handel und Schifffahrtsunternehmen – auf alles, was die Lohnabhängigen kollektivieren wollten, soweit es eben ihren Interessen entsprach.

Entscheidend für die katalanische Wirtschaft war von jeher die Textilindustrie. Sie beschäftigte 1936 mehr als 250.000 Arbeiter/innen in 400 Großbetrieben. Es wurde schnell erkannt, dass dieser Industriesektor für die Binnenwirtschaft und nicht zuletzt für den Außenhandel entscheidende Bedeutung hatte. Auch hier wurde schnell gehandelt: sozialisiert und kollektiviert.

Grundsätzlich wurde in den kollektivierten Betrieben und Branchenföderationen nach folgenden Maximen gehandelt: Arbeitsbedingungen, Löhne und Produktion unterlagen der Kontrolle der gewählten Komitees der Betriebe; Unternehmerprofite und Dividenden wurden generell abgeschafft; Rationalisierung der Produktion und Fusionierung unrentabler Kleinbetriebe durchgeführt. Eine grundsätzliche Regelung des Lohnproblems wurde angestrebt. Zwischen den Betrieben blieben aber Lohndifferenzen bestehen.

Wegen der militärischen Auseinandersetzungen war die Umstellung eines großen Teils der Stahlindustrie auf Kriegsmaterialproduktion problematisch, da damit der ohnehin schon geringe Konsumsektor noch erheblich eingeschränkt werden musste. Aber die Umstellung auf die Kriegsmaterialproduktion war lebensnotwendig, weil bislang die Waffenproduktion in Katalonien minimal war. Auch die Stahl- und Kriegsproduktionsbetriebe wurden kollektiviert. Allerdings wurde hier nicht (wie sonst üblich in den Kollektivbetrieben) die Arbeitszeit heruntergesetzt, sondern durch fast einstimmige Voten der Kollektivmitglieder zum Teil erheblich erhöht. Hiermit wurde der Produktionsausstoß zwar beträchtlich gesteigert, konnte trotzdem aber niemals den Bedarf der kämpfenden Milizen decken.

Die rechtliche Stellung und Funktion der Kollektivbetriebe beschrieb – wenn auch verkürzt – Souchy anschaulich: «Die Kollektive [...] waren Arbeitsgemeinschaften der Wirtschaft ohne Privateigentum. Der kollektivisierte Betrieb gehörte den Arbeitern und Angestellten, war aber nicht ihr Eigentum im Sinne der bürgerlichen Gesetzgebung. [...] Der Garant war nicht der Staat, sondern die CNT, das heißt der Landesarbeitsbund. Doch auch dieser hatte nicht das Recht, durch seinen Vorstand nach Gutdünken zu verfügen. Alles musste durch die Arbeiter auf Konferenzen und·Kongressen entschieden werden. Dennoch war diese Ordnung flexibel. Im Betriebe bestimmten die Arbeiter und Angestellten. [...] Es war ein Versuch, die Arbeit durch solidarische Hilfeleistung, die Wirtschaft durch gegenseitige Kredite zu organisieren, ähnlich wie es Proudhon vorgeschlagen hatte.» (Souchy, zit. in: Degen I, S. 172)

Die Soziale Revolution im republikanischen Spanien war mannigfaltig: sowohl innerhalb der einzelnen Sektionen wie Industrie oder Handel als auch innerhalb derselben unterschiedlich strukturiert – sowohl an den Bedürfnissen der Kollektivisten als auch an der der Gesamtwirtschaft orientiert. Entscheidend für die Soziale Revolution war neben dem industriellen, dem handwerklichen und dem Handelssektor, die agrarische Revolution: Spontan, ohne jede zentrale Anleitung und Leitung, ohne einheitliches Schema bemächtigten sich die Landarbeiter und Bauern nach Abwehr und auch schon während des Militärputsches des Kirchenlandes und des Landes der Großgrundbesitzer. Und auch hier wurden neue Lebensformen angegangen, die den unmittelbaren Interessen der Handelnden entsprachen.

Im Winter 1936/37 waren nach Schätzungen des englischen Historikers Hugh Thomas in der Provinz Aragón unter dem Einfluss der CNT rund drei Viertel der landwirtschaftlichen Fläche von Kollektivbetrieben bebaut. Das betraf 433.000 Landarbeiter in 450 Dörfern. Davon waren 350 voll kollektiviert. In hundert Dörfern lebten Kollektivisten und selbständige Bauern («Individualisten») nebeneinander. In der Levante gab es ca. 340 gemischte Kollektive. Im Zentrum Spaniens und in Andalusien waren es weitere 250. In Katalonien rund 200. Auch die agrarischen Kollektive waren nicht einheitlich. So kam es vor, dass in einigen das Geld abgeschafft, Cafés («Lasterstätten») geschlossen wurden; in anderen das Geld beibehalten und Cafés als Dorftreffpunkte eröffnet wurden. Generell wurden jedoch die Kirchen – deren Pfarrer und Mönche gerade auf dem Land im Bündnis mit den Großgrundbesitzern zu den Unterdrückern der Bevölkerung gehörten –, für das Gemeinwohl zweckentfremdet: z.B. als Kornkammern oder Versammlungsstätten. Oder in ihnen wurden Schulen, die es in vielen Dörfern bisher nicht gab, eingerichtet.

Unproblematisch waren die Kollektivierungen in Dörfern, in denen die CNT dominierte. In den Dörfern, wo die UGT über einen gewissen Anhang verfügte, wurden in der Regel Bündnisse mit inhaltlichen Kompromissen zwischen den beiden Organisationen beschlossen. Die gemeinsamen Kollektive firmierten unter «CNT-UGT». Gelegentlich ging die CNT auch dazu über, ihre totale Dominanz in Dörfern selbst aufzuheben. Souchy berichtet von der landwirtschaftlichen Kollektive im Dorf Calanda (Aragón): „Von den 4.500 Einwohnern [...] gehörten 3.500 der anarcho-syndikalistischen Organisation an. Sie haben [...] ‹die alte Gesellschaftsordnung beseitigt und durch den Kollektivismus ersetzt›. Das Geld wurde [...] abgeschafft und alles nach sozialistischen Grundsätzen geordnet. Vor[her] [...] gab es nur Anarchisten im Orte. Nachher aber begünstigten die Anarchisten selbst die Bildung von sozialistischen und republikanischen Gruppen. Jeder soll zu seiner Freiheit und seinem Recht kommen. Nur die Faschisten nicht [...]» Souchy gibt im weiteren einen Einblick in das Leben in Calanda: „Der Ort hat zwei Kaffeehäuser. Eines davon gehört den Kollektivisten. Dort nehmen die Mitglieder der Kollektive ihren Kaffee unentgeltlich ein. Im anderen Kaffeehaus müssen die Individualisten ihren Kaffee bezahlen. [...] Die Lebenshaltung hat sich nach der Kollektivierung gehoben. Die Landarbeiter hatten vorher nicht einmal die Mittel, um sich einmal wöchentlich rasieren zu lassen. Die Kollektive hat eine Rasierstube mit Haarschneidesalon eröffnet. Da kann jeder Kollektivist sich zweimal wöchentlich rasieren lassen. Pro Person werden wöchentlich fünf Liter Wein verteilt. Täglich werden vierzig Personen mit Kleidungsstücken [...] versehen. [...] Arzt und Medizin sind gratis. Auch Briefporto [...]. Der Stolz der Kollektive ist die neue Ferrerschule im ehemaligen Klostergebäude des Ortes [...]. Der syndikalistische Gemeinderat beschloß, daß nun mehr keine Mieten mehr bezahlt werden brauchen. Die Häuser werden von der Gemeinde verwaltet und Reparaturen auf Kosten der [...] Kollektive vorgenommen. Wasser und elektrisches Licht sind für die gesamte Bevölkerung gratis, auch für die Individualisten [...]» (Souchy, zit. in: Degen/Ahrens, S. 59f.)

Trotz (vorübergehender) Selbstorganisation und weitgehender Selbstbestimmung der Individuen in den Kollektivbetrieben kann man – besonders unter den erschwerten Bedingungen des Bürgerkrieges – nicht von idyllischen Zuständen sprechen. Die Kollektive, wie die ganze Soziale Revolution, war weitgehend gekennzeichnet von Improvisation. Sie war ein soziales Experiment, das sowohl durch den Bürgerkrieg wie auch durch die Gegner der Sozialen Revolution innerhalb der Spanischen Republik bedrängt war: hauptsächlich durch die stalinistische PCE (Partido Comunista de España; Kommunistische Partei Spaniens) und der ihnen hörigen bürgerlich-republikanischen Kräfte.

Der «kurze Sommer der Anarchie» (H.M. Enzensberger) kündigte sein Ende – so kann es im Nachhinein interpretiert und hier nur sehr verkürzt skizziert werden – durch die zu große Kompromißbereitschaft der Anarchisten schon sehr früh an. Stationen: Wiedereinsetzung der während der Putschabwehr funktionslos gewordenen Regionalregierung Kataloniens und Eintritt der CNT in diese; Herstellung des Gleichheitsprinzips aller antifaschistischen Organisationen durch die CNT dort, wo

> «Die Arbeiter haben in allen [Textil-]Betrieben Versammlungen durchgeführt, auf denen sie beschlossen, den Betrieb zu übernehmen, ihn selbst zu verwalten. Auf diesen Versammlungen wählten sie dann eine Leitung; da waren auch die Techniker und die kaufmännischen Angestellten anwesend. Diejenigen, die den Betrieb vorher geleitet hatten und auf der Seite der Unternehmer standen, sind erst gar nicht gekommen. So wurde die Leitung von den Arbeitern selbst organisiert und der Betrieb kollektiviert. Diese Entwicklung hat sich in einigen Tagen vollzogen. Als dann diese Kollektive gegründet waren, hat man eine Versammlung aller kollektiven Textilbetriebe einberufen, wo man beschloß, eine Föderation [...] als Gesamtorganisation zu bilden. Das nannte man ‹sozialisierte Industrie›. Weiter wurde beschlossen, die nicht rentablen Betriebe stillzulegen und die Arbeiter aus diesen Betrieben in anderen Betrieben unterzubringen.
>
> [...] In allen Betrieben hat man die Löhne erhöht und die Arbeitszeit auf die 40-Stundenwoche gekürzt. Die hohen Löhne und Gehälter wurden abgeschafft und die niedrigen erhöht, so hat man eine gewisse Angleichung erreicht.»
> (Souchy [1937], in: Degen/Ahrens, S. 57f.)

die Anarchosyndikalisten eindeutig dominierten (Argument dafür: Ablehnung einer «anarchistischen Diktatur»); Eintritt in die Madrider Zentralregierung mit Ministern (Argument dafür: Zentralisierung der Kampfanstrengungen und -führung gegen die Putschisten); sehr große Kompromissbereitschaft gegenüber und Zusammenarbeit mit den Stalinisten allgemein (Signum: «Antifaschismus»); und: Nachdem die Stalinisten im Mai 1937 mit Waffengewalt gegen die Dominanz von CNT und POUMisten in Barcelona putschten, kam es zu mehrtägigen Kämpfen und zu einem «Friedens»abkommen zwischen CNT und Stalinisten. Dies stärkte enorm die Stalinisten und spätestens ab diesem Zeitpunkt wurde der Niedergang der libertären Bewegung eingeleitet. Hinzu kam die dadurch möglich gewordene organisatorische und physische Liquidierung des antistalinistischen («trotzkistischen») POUM.

Schon am 17. Dezember 1936 kündigte die sowjetische Zeitung «Prawda» diesen Prozess an: «Was Katalonien anlangt, so hat die Säuberung von Trotzkisten und Anarchisten begonnen, und sie wird mit derselben Energie durchgeführt werden wie in der UdSSR.» (Zit. in: Joll, S. 287)

Dass die spanischen Stalinisten der PCE überhaupt eine entscheidende Rolle in der spanischen Politik zur Zeit des Bürgerkrieges spielen konnten, das ist letztlich auf die internationale Politikkonstellation zurückzuführen, in der sich die Spanische Republik während des Krieges befand: international isoliert, die Putschisten von NS-Deutschland und dem faschistischen Italien massiv (letztlich militärisch entscheidend) unterstützt mit Waffen und Truppen einerseits; andererseits erhielt die Republik geringe Waffenlieferungen von dem politisch und wirtschaftlich schwachen Mexiko, dagegen erhebliche Waffenlieferungen und Militärinstrukteure aus der UdSSR; dazu kamen die «Internationalen Brigaden», die zum militärischen und politischen Instrument der sowjetischen Politik degradiert wurden. Zugleich wurden diverse sowjetische Geheimdienste installiert und spanische unter Leitung sowjetischer Instrukteure geschaffen. Zu alledem kam die Duldung der Einmischungen der russischen Politik in die Innenpolitik der Republik durch die immer abhängiger und willfähriger werdenden Politiker der Republik (Links- und Rechtsrepublikaner, Rechtssozialisten u.a.). Die spanische Republik und ihre Politik stand so ab Mitte 1937 mehr und mehr in einem völligen Abhängigkeitsverhältnis zur UdSSR. Praktisch bedeutet dies das Zurückdrängen der Sozialen Revolution u.a. durch: Auflösung der freiwilligen Milizen und – soweit sinnvoll – deren Überführung in die Armee der Republik; Ausblutung der Kollektive, die daran gehindert wurden, sich am gesamtspanischen Markt zu behaupten; Liquidierung von Kollektiven durch stalinistisch geführte Truppen; Verhaftungen und Ermordungen durch die stalinistischen Geheimdienste von im stalinistischen Sprachgebrauch als «Unkontrollierbare» (Anarchosyndikalisten, linke UGTler, POUMisten u.a.) Stigmatisierten.

Wie massiv die Einmischung in die spanische Innenpolitik und deren Bestimmung durch die UdSSR war, ist letztlich an der Verschiebung der politischen Kräfteverhältnisse abzulesen: Zu Beginn des Bürgerkrieges stellten sich die Hauptkräfte der Arbeiterlinken folgendermaßen auf: CNT und UGT verfügten je über rund 1.600.000 Mitglieder; die FAI ca. 30.000; die PSOE rund 60.000 und der POUM 10.000 und die von ihr kurzfristig kontrollierte Gewerkschaft FOUS (Federación Obrera de Unidad Sindical; Arbeiterföderation der Gewerkschaftseinheit) verfügte über rund 60.000 Mitglieder. Demgegenüber stand die PCE mit 3.000 bis 10.000 Mitgliedern. Eine eigene Gewerkschaftsorganisation hatte sie nicht.

> «Vilafranca del Panadés [...] ist 47 km von Barcelona entfernt. [...] Das Proletariat der Stadt, 3.000 Menschen, gehört verschiedenen Organisationen an; die CNT ist mehrheitlich vertreten. [...] die CNT umfasst etwa 2000 Arbeiter, die UGT hat 200 Mitglieder, die Unio de Rabassaires 500 und der POUM 50. [...]
> Bei der Zusammensetzung des Revolutionskomitees wurden alle antifaschistisch orientierten politischen Parteien und Organisationen berücksichtigt. Aber die CNT war die einzige Organisation, die von Anfang an die Situation meistern konnte; sie sah sich gezwungen, die Last aller Funktionen auf sich zu nehmen, weil die übrigen Organisationen ihre Delegierten erst am nächsten Tag [nach Niederschlagung des Putsches] entsandten [...]
> Das Revolutionskomitee steuert das lokale Wirtschaftsleben und kollektiviert den gesamten Reichtum sowie alle Arbeitsmittel. Alles wird kollektiviert, sogar der Handel. Gegenwärtig erhalten die Frauen am Wochenanfang in ihren Stadtteilen Gutscheine, damit alles kontrolliert werden kann, was in den Läden der Stadt verkauft wird.
> Obwohl die Frauen nach wie vor in den Geschäften zahlen, erhalten sie nichts ohne den genannten Gutschein. Diese Regelung bleibt in Kraft, bis die Benützung des Geldes völlig eingestellt ist.
> Werden verschiedene Produkte für den Handel in den Ort geliefert, so übernimmt das Komitee die gesamte Lieferung und verteilt sie unter den Händlern der Stadt, damit diese die Öffentlichkeit beliefern können. Auf diese Weise kontrollieren sie den Handel und können, falls dies nötig werden sollte, die Bedürfnisse der Bevölkerung befriedigen.»
> (Boletin de Informacion CNT-AIT-FAI [1936], in: Degen I, S. 173f.)

Bei Ausbruch des Bürgerkrieges verhängte die CNT einen völligen Aufnahmestop. Die anderen Arbeiterorganisationen waren hier sehr zurückhaltend. Nicht dagegen die PCE: Willkommen strömten in sie nun Massen aus bisher nichtorganisierten Schichten des Kleinbürgertums, die sich von der Sozialen Revolution bedroht sahen. Ebenso Staatsbeamte und -bedienstete, Polizeikräfte und proletarische Randschichten (bisher von der stalinistischen Politik als «Lumpenproletariat» verachtet). Mit ihrem perfektionierten Organisationsapparat, mit der Infiltration von Kominternagenten, ausgestattet mit unbegrenzten Finanzmitteln konnte die PCE starke Einbrüche in die

UGT und die Sozialistische Jugend erzielen: Die Sozialistische Jugend wurde zusammengeschlossen mit den kleinen PCE-Jugendgruppen zur Vereinigten Sozialistischen Jugend unter ihrem stalinistisch-kommunistischen Generalsekretär Santiago Carillo; in Katalonien, wo die PCE nur mit kleinen Parteigruppen und Einzelmitgliedern vertreten war, gelang es ihr, kleine sozialistische Gruppen, Kleinstparteien mit dem katalanischen Zweig der PSOE zusammenzuschließen, um sie stalinistisch zu kolonisieren.

Die PCE-Klientel waren wie die Partei selbst eindeutig antirevolutionär. Sie stellten sich hinter die von der PCE proklamierte revolutionsgegnerische Politik. PCE-Funktionär Jesús Hernández erkannte trotz der Realität der Sozialen Revolution diese nicht: «Wir können heute von einer proletarischen Revolution in Spanien nicht sprechen, denn die historischen Bedingungen erlauben es nicht [...].» Und José Diaz, PCE-Generalsekretär, brachte 1937 die PCE-Politik exakt auf die Formel: «Wir wollen nur für eine demokratische Republik mit umfassendem sozialem Inhalt kämpfen. Gegenwärtig kann weder von einer Diktatur des Proletariats noch vom Sozialismus die Rede sein, sondern nur vom Kampf der Demokratie gegen den Faschismus.» (Broué/Témime, S. 228)

Für die Stalinisten war deshalb nur konsequent, dass sie das schwächste Glied ihrer unversöhnlichsten Gegner, den POUM, blutig liquidierten, welcher nichts anderes – und das klassisch marxistisch – forderte als: Diktatur des Proletariats und eine «Arbeiterregierung für Spanien». Und ebenso konsequent war es, dass die Stalinisten alle die Kräfte rücksichtslos bekämpften, die die Soziale Revolution wollten, für sie kämpften und sie durchführten. Allerdings konnten sie die libertäre Bewegung als Gesamtheit nicht liquidieren; sie konnten sie nur zurückdrängen. Der Anarchosyndikalismus rieb sich in diesem Kampf und im Krieg (in dem die Spanische Republik wegen der halbherzigen militärischen Unterstützung durch die UdSSR ausblutete) gegen den so genannten Franco-Faschismus auf.

Fazit und Lehre aus der Spanischen Revolution für den Anarchismus zog die französische Anarchistin und Spanienkämpferin Emilienne Morin: «Man macht nicht zweimal dieselbe Revolution.»

VIII. Neo-Anarchismus oder Neuer Anarchismus?

Die 50er und 60er Jahre des vorigen Jahrhunderts brachten, hauptsächlich im englischsprachigen Raum, einen Umbruch in der bisherigen Anarchismusrezeption und der anarchistischen Praxis. Es bildete sich der so genannte «Pragmatische Anarchismus» heraus. Dieser stellte besonders die überkommenen anarchistischen Revolutionsvorstellungen zur Disposition; er versuchte – nicht ohne Erfolg – anarchistische Theorieelemente in Kreisen der kritischen Intelligenz, der neuen Friedensbewegung und der sich formierenden «Neuen Linken» einzubringen. Er sprengte damit seine enge Zirkelbildung und brachte in diesen Zirkeln z.B. eine Technologiediskussion in Gang: Automatisierung, Computerisierung und Rationalisierung der Arbeits- und Alltagswelt wurden bestimmt; sie lösten die engen Vorstellungen von der proletarischen Revolution, deren schwärmerische Verklärung – insbesondere die der Spanischen Revolution – ab. Und in den parlamentarischen Staatssystemen – so die pragmatischen Anarchisten – wäre es durchaus möglich, direktdemokratische Vorstellungen in die gesellschaftliche Praxis umzusetzen: in aufsteigender Linie von «Wohnkomitees», gewerkschaftlichen, kommunalen, bezirklichen und regionalen Komitees.

Erwin Oberländer, Herausgeber der Anarchismus-Anthologie in der Reihe «Dokumente der Weltrevolution», schildert die Herausbildung und Zielsetzung des Pragmatischen Anarchismus folgendermaßen: «Während [...] in den sechziger Jahren unter den Anhängern der Neuen Linken verschiedene Grundzüge der traditionellen anarchistischen Utopie, besonders die Vorstellung von der universalen Vereinfachung des Lebens, die in der Verurteilung der ganzen modernen Industriegesellschaft mündete, sowie ein an Bakunin erinnernder revolutionärer Romantizismus zu neuem Leben erweckt wurden, gab es unter den Anarchisten bereits Gruppen, die auf die anarchistische Utopie und gewaltsame Methoden verzichteten, um mit der Verwirklichung ihrer Ideen innerhalb der bestehenden Gesellschaft zu beginnen. Dieser [...] ‹pragmatische› Anarchismus ging von der auf Kropotkin zurückgehenden Einsicht aus, daß eine über Nacht erfolgreiche Revolution niemals die Anarchie, meist aber eine extreme Diktatur hervorgebracht habe.» (Oberländer, S. 61)

Ganz neu war dieser Ansatz also nicht. Elemente davon finden sich nicht nur bei Kropotkin, sondern bei fast allen anarchistischen «Klassikern». Nur waren es die pragmatischen Anarchisten, die versuchten, diese Ideen konsequenter vorzubringen, um ihnen eine breitere Diskussionsebene zu eröffnen.

In Deutschland wurde diese Diskussion lange ignoriert. Das ist hauptsächlich auf Sprachbarrieren zurückzuführen. Und das Hauptorgan der deutschen Anarchisten, «Befreiung», wurde von traditionalistischen Anarchisten dominiert. Neue Impulse konnten erst ab Mitte der 60er Jahre eingebracht werden. Der deutsche Pragmatische Anarchismus segelte unter der Parole: «Geräte statt Räte». Damit stieß er direkt auf die Problematik des sich forcierenden «kybernetischen Zeitalters». Er proklamierte unbedingte «Rationalität» in allen Entscheidungen und allem Tun; ebenso unbedingte Gewaltosigkeit. Deutsche «pragmatische Anarchisten» organisierten sich hauptsächlich in der «Sozialphilosophischen Arbeitsgemeinschaft». Diese blieb aber dennoch dem «alten» Anarchismus verhaftet, obwohl sie viele von dessen Prämissen infrage stellte oder anders interpretierte. 1968 formulierte sie: «Es ist [...] einzuräumen, daß der historische Anarchismus seine Ausgangsposition, die anarchistische Idee, zu keiner in sich widerspruchsfreien Gesellschaftslehre entwickeln konnte. Das unzulängliche Wissen seiner Zeit schloß eine wirkliche Synthese der individuellen mit den kollektiven Ansprüchen aus. [...] Zur Realisierung sozialer Ideen bedarf es im allgemeinen keiner begründeten Theorien; auch die Anhänger der anarchistischen Idee kamen ohne sie aus. An die Stelle eines wissenschaftlich ausgearbeiteten Gesellschaftsmodells traten idealistische oder ökonomische Programme, die zwar zur Veränderung der jeweiligen Ordnung, aber zu keinen allgemeingültigen Lösungen führen konnten.» (Zit. in: Degen I, S. 233f.)

Einer der Zentralpunkte der Arbeitsgemeinschaft war: «Evolution oder Revolution?». Die Antwort lautete: «Evolution und Revolution». Dabei wurde hauptsächlich der traditionelle anarchistische Revolutionsbegriff verworfen bzw. präzisiert und rational angegangen: Die Revolution müsse immer auf «Zweckmäßigkeit und Notwendigkeit» hin untersucht werden. «Unsere anthropologischen Überlegungen hatten gezeigt», schrieb die Arbeitsgemeinschaft, «daß die spontane Revolution keine ‹freie› Gesellschaft schaffen kann, auch wenn sie ein entsprechendes Modell besitzt. Der Verlauf der geschichtsbekannten Revolutionen bestätigt das. Machtwechsel oder allenfalls eine ‹freiere› Gesellschaft waren die Folgen.» Und noch revolutionsskeptischer: «Revolutionen sind nicht konstruktiv, sie ändern nur die bestehenden Machtverhältnisse. Auch eine anarchistische Revolution wird diesen Verlauf nehmen, wenn ihr nicht vollintegrierte Gesellschaftsglieder zur Verfügung stehen. Ihr Erfolg hängt also von einer vorausgegangenen Evolution ab.» (Ebd., S. 238)

Die Sozialphilosophische Arbeitsgemeinschaft, deren Köpfe nicht aus dem studentisch-intellektuellen Milieu der APO kamen, zeitigte innerhalb der anarchistischen Bewegung kaum Resonanz. Aber auch im aufkommenden so genannten «Neo-Anarchismus» spielte sie keine Rolle.

Der in den 1960er-Jahren aufkommende «Neo-Anarchismus» hatte keine Wurzeln im Pragmatischen Anarchismus. Er bildete sich innerhalb der studentischen Protestbewegung und der «Außerparlamentarischen Opposition» (APO). Im «Sozialistischen Deutschen Studentenbund» (SDS) entstand die so genannte (intellektuelle) «Anarchofraktion». Deren Entsprechung entstand im nichtakademischen Protestmilieu. Im Zusammenhang mit einer Neurezeption des Marxismus (besonders dessen von Karl Korsch) schälte sich eine Verquickung von Marxismus und Anarchismus («Marx und Bakunin in eine Front!») heraus: der Anarcho-Marxismus.

Der Anarchismus, der hier rezipiert wurde, knüpfte an den «klassischen» an. Er verband sich mit räte-kommunistischen und unionistischen Konzepten der 20er bis 50er Jahre des vorigen Jahrhunderts. Eine Mischung, deren Widersprüche umso offensichtlicher wurden, je intensiver der Diskussionsprozess voranging. Wie sich in diesen Diskussionen schnell die Geister schieden, so schieden sich auch bald die Theoreme: Marxismus, Rätekommunismus und Anarchismus wurden wieder als eigene Bestandteile erkannt.

«Der neue Anarchismus entwickelte sich nicht direkt aus dem alten. Weder in personeller, noch in organisatorischer Hinsicht bestand eine Kontinuität. Dem plötzlichen Auftreten einer neuen anarchistischen Bewegung stand das kleine, politisch völlig bedeutungslos gewordene Häuflein übrig gebliebener Altanarchisten ebenso ratlos gegenüber wie die breite Öffentlichkeit.» (Henning/Raasch, S. 9)

Der «neue Anarchismus» war in seiner Anfangsphase, bis auf ganz wenige Ausnahmen, eine reine Rezeption des alten von vor 1933. Denn die theoretischen Weiterentwicklungen im englischsprachigen Raum, im schwedischen Anarchosyndikalismus und nicht zuletzt auch im deutschen von ca. 1945 bis 1955, blieben den «neuen» Anarchisten zunächst völlig unbekannt.

Der Neo-Anarchismus schuf seine organisatorischen Strukturen und seine Publikationsorgane neben denen der «Altanarchisten». Viele der Neuanarchisten meinten, sie hätten quasi den Anarchismus neu erfunden. Tatsächlich aber entpuppte sich ihr «Neoanarchismus [...] [als] keine inhaltlich neue Kategorie, sondern stellt[e] lediglich die Bezeichnung einer historischen Erscheinungsform des Anarchismus dar [...].» (Ebd., S. 7 [Anm. 1])

IX. Exkurs: Zur Kritik des Anarchismus

*M*arxistisch-leninistisch-kommunistische Kritiker des Anarchismus verwenden grundsätzlich die Begriffe «Anarchie» oder «Anarchismus», wie sie von Marx-Engels vorgegeben wurden: «Anarchie der Produktion», «Planlosigkeit», Willkürlichkeit, gesellschaftliches Chaos. Der Anarchismus wird als «antimarxistische», «kleinbürgerliche» Ideologie verdammt, welche die führende Rolle der marxistischen Partei im Klassenkampf sowie die «Diktatur des Proletariats» und jede staatliche Organisation ablehnt.

Auf Lenins Anarchismus-Definition bzw. Auseinandersetzung mit dem Anarchismus von 1901 und 1905 gehen hauptsächlich die neueren marxistischen Kritiken des Anarchismus zurück. 1901 (erstmals 1936 veröffentlicht) schrieb Lenin: «Der Anarchismus ist ein Produkt der *Verzweiflung*. Die Mentalität des aus dem Geleise geworfenen Intellektuellen oder des Lumpenproletariers, aber nicht des Proletariers.» (Lenin I, S. 334f.) Und 1905 verkündete er: «Die Weltanschauung der Anarchisten ist eine umgestülpte bürgerliche Weltanschauung. Ihre individualistischen Theorien und ihr individualistisches Ideal sind gerade das Gegenteil von Sozialismus.» (Lenin II, S. 59) Konkret warf Lenin den Anarchisten vor: «Es fehlt a) das Begreifen der *Ursachen* der Ausbeutung; b) das Begreifen der gesellschaftlichen *Entwicklung,* die zum Sozialismus führt; c) das Begreifen des *Klassenkampfes* als schöpferische Kraft zur Verwirklichung des Sozialismus.» (Lenin I, S. 334) Völlig in diesem Sinne kommt das offiziöse «Philosophische Wörterbuch» der DDR (EA 1964) zu der Feststellung: «Anarchismus [...] – utopisch-kleinbürgerliche, pseudorevolutionäre Ideologie und Bewegung. [...] Als eine spezifische Form bürgerlicher Ideologie steht der Anarchismus in unversöhnlichem Gegensatz zum wissenschaftlichen Sozialismus. Er negiert den politischen Befreiungskampf der Arbeiterklasse, die führende Rolle der marxistisch-leninistischen Partei, die Notwendigkeit der sozialistischen Revolution und der Diktatur des Proletariats.» (Klaus/Buhr, S. 72)

Die marxistische Anarchismuskritik – hier nur sehr verkürzt dargestellt – findet sich hauptsächlich und fundiert im Werk von Marx-Engels. In «Die deutsche Ideologie» setzen sie sich ausführlich mit Stirner auseinander. Besonders auf ihn (meist herabgewürdigt als «Sankt Max» oder «Sankt Sancho») zugeschnitten, wird dem Anarchismus das Attribut «kleinbürgerliche» Ideologie verpasst. So werfen sie Stirner z.B. vor, er habe «die alte Einbildung, daß der Staat von selbst zusammenfällt, sobald alle Mitglieder aus ihm heraustreten, und das Geld seine Geltung verliert, wenn sämtliche Arbeiter es anzunehmen verweigern. [...] Es ist die alte Illusion», schreiben Marx-Engels, «daß es nur vom guten Willen der Leute abhängt, die bestehenden Verhältnisse zu ändern, und daß die bestehenden Verhältnisse Ideen sind.» Dem setzen Marx-Engels gegenüber: «Die Veränderung des Bewusstseins, abgetrennt von den Verhältnissen, [...] ist selbst ein Produkt der bestehenden Verhältnisse [...] Diese ideelle Erhebung über die Welt ist der ideologische Ausdruck der Ohnmacht der Philosophen gegenüber der Welt.» (Marx/Engels II, S. 75) Gegen den Stirnerischen «Egoismus», dessen Individualismus, dessen Negierung der Notwendigkeit von gesellschaftlicher und klassenkämpferischer «Aktion», setzen Marx-Engels kollektives Handeln zur Erreichung der «kommunistischen Gesellschaft». Und nur in dieser «Gesellschaft, der einzigen, worin die originelle und freie Entwicklung der Individuen keine Phrase ist, ist sie bedingt eben durch den Zusammenhang der Individuen, ein Zusammenhang, der teils in den ökonomischen Voraussetzungen besteht, teils in der notwendigen Solidarität der freien Entwicklung Aller [...].» (Ebd., S. 92)

Wie von Marx-Engels so später auch von Lenin wurde Stirners Werk «Der Einzige und sein Eigentum» als fortschrittsfeindlich abqualifiziert. Denn es war die totale Ablehnung der von ihnen als fortgeschritten angesehenen sozialen und philosophischen Richtungen ihrer Zeit. Ihr kollektivistischer Kommunismus und Stirners «Subjektivismus» und «Egoismus» waren nicht in Einklang zu bringen.

Nach Peter Sloterdijk ist Marx «mindest zweimal [...] über Leichen gegangen [...]: Ich sehe in Max Stirner und Bakunin die intimsten Gegner von Marx, weil sie jene Theoretiker waren, die er nicht einfach überbieten konnte, sondern die er, um sie auszuschalten, mit seiner Kritik förmlich vernichten musste. Denn beide repräsentierten nichts anderes als logische und sachliche Alternativen zu den Marxschen Lösungen [...].» (Sloterdijk, S. 189)

Marx´ dritte «Leiche» war Proudhon. Auch diesem «widmet» er ein ganzes Buch: «Das Elend der Philosophie» als Antwort auf Proudhons «Die Philosophie des Elends». «Herr Proudhon hat das Verdienst», so Marx apodiktisch in einem Brief, «der wissenschaftliche Interpret des französischen Kleinbürgertums zu sein, was ein wirkliches Verdienst ist, da das Kleinbürgertum ein integrierender Bestandteil aller sich vorbereitenden sozialen Revolution sein wird.» (Marx/Engels II, S. 105) Dem so stigmatisierten Proudhon wurde keine Chance eingeräumt, sein «Kleinbürgertum» durch logische Beweisführung des «Elends» der seinerzeitigen (hauptsächlich französischen) Philosophie abzuschütteln. Weil Proudhon eigene intellektuelle Wege ging; weil er jeglichen sozialen und philosophischen Führungsanspruch von Marx-Engels und anderen konsequent ablehnte; weil er nicht an eine allein selig machende Theorie der Arbeiterbewegung glaubte, deshalb musste er unter das Marxsche Verdikt «kleinbürgerlich» fallen. Und kaum etwas war zu jener Zeit schändlicher für einen Sozialisten als «kleinbürgerlich» geziehen zu werden.

Nachdrücklicher als Proudhon verfocht Bakunin die Autonomie aller sozialistischen Ideen. Diese Ideenpluralität in der sozialistischen Bewegung vertrat er auch ausdrücklich gegenüber Marx-Engels. Deshalb musste er in deren Schussfeld geraten: Indem er den Führungsanspruch von Marx-Engels in der sozialistischen Bewegung verwarf, war der Bruch zwischen ihm und ihnen unabwendbar. Ebenso wie Marx-Engels Stirner und Proudhon lächerlich zu machen versuchten, trieben sie es mit Bakunin: Das «ganze theoretische Gepäck von Mohammed-Bakunin» sei das «eines Mohammeds ohne Koran», spotteten sie. Darüber hinaus habe Bakunin versucht, «unsere Arbeiterassoziation [Marx reklamierte hier seinen und Engels' Führungsanspruch in der ‹Internationale›] mit dem Gift des Sektierertums zu infizieren und unsere Aktionsfähigkeit durch geheime Intrigen zu lähmen». Anhänger Bakunins schalt Marx in gleichem Zusammenhang als «Mitläufer» und als «ein paar Gimpel». (Marx/Engels II, S. 170, 172) Was aber warfen Marx-Engels Bakunin konkret vor? Zum Beispiel Friedrich Engels in einem Brief: «Bakunin hat seine eigene Theorie, ein Gemisch von Kommunismus und Proudhonismus. [...] Diese zwei Theorien in eine zu vereinen, beweist Ihnen, daß er absolut nichts von politischer Ökonomie versteht. Er hat von Proudhon unter anderen Phrasen die von der Anarchie als dem Endzustand der Gesellschaft› übernommen und ist nichtsdestoweniger gegen alle politischen Aktionen der Arbeiterklasse, [...] und außerdem sind seiner Meinung nach alle politischen Akte ‹autoritär›.» (Ebd., S.

173) In einem anderen Brief knüpfte Engels an Vorstehendes an: «B[akunin] hat eine aparte Theorie, ein Sammelsurium von Proudhonismus und Kommunismus, [...] nicht das Kapital, [...] [den] Klassengegensatz von Kapitalisten und Lohnarbeitern [sehe er] für das zu beseitigende Hauptübel [...] sondern den *Staat*. [...] der *Staat* habe das Kapital geschaffen, der Kapitalist habe sein Kapital bloß *von der Gnade des Staats.* Da also der Staat das Hauptübel sei, so müsse man vor allem den Staat abschaffen, dann gehe das Kapital von selbst zum Teufel; während wir umgekehrt sagen: schafft das Kapital [...] ab, so fällt der Staat von selbst.» (Ebd., S. 189)

Ohne Übertreibung ist zu konstatieren, dass Marx-Engels ihre anarchistischen Gegner mit Spott, Hohn und «mit einem geradezu vivisektorischen Haß» (Sloterdijk) verfolgt haben.

In der Spur von Marx-Engels bewegten sich alle ihre Epigonen, wenn sie den Anarchismus ins Visier nahmen und nehmen. So rieb sich besonders auch Lenin an der Staatsfrage. Marx-Engels interpretierend und sekundierend schrieb er 1919 in «Staat und Revolution»: «In der Frage der Abschaffung des Staates als *Ziel* gehen wir mit den Anarchisten gar nicht auseinander. [...] Zur Erreichung diese Ziels [ist] eine zeitweilige Ausnutzung der Organe, Mittel, Methoden der Staatsgewalt *gegen* die Ausbeuter notwendig [...], ebenso wie zur Aufhebung der Klassen die vorübergehende Diktatur der unterdrückten Klasse notwendig ist.» (Lenin III, S. 51)

Fast unmittelbar an diese Aussagen knüpfte der österreichische Kommunist Bruno Frei 1971 mit seinem (damals) vielzitierten Werk «Die anarchistische Utopie» an. Freis Schrift erschien zeitgleich auf dem Höhepunkt des deutschen Neo-Anarchismus. Erschreckt stellte er fest: «Der Anarchismus ist auferstanden; er begeistert studentische Rebellen, entschärft Handgranaten der Tatpropaganda. [...] Man hatte ihn für tot gehalten, ein Museumsobjekt; aber es war ein Scheintod.» Frei bekennt, dass seine anti-anarchistische Schrift «von Definitionen und Positionen aus[geht], die Marx, Engels und Lenin erarbeitet haben». (Frei, S. 5) Frei anerkennt auch das Problem der Staatsfrage im Marxismus und Anarchismus; er behauptet (1971!), dass die «Polemik» über das «Absterben» des Staates «bis auf den heutigen Tag nicht aufgehört hat, die Arbeiterbewegung zu beschäftigen»! In einem dialektischen Winkelzug hebt Frei dann die Staatsfrage (1971!) im real herrschenden Kommunismus auf: «Im revolutionären Petersburg haben die Bolschewiki die marxistische Staatstheorie in die weltgeschichtliche Praxis eingeführt. Ergebnis nach fünfzig Jahren: Das sozialistische Staatssystem von der Elbe bis zum Pazifischen Ozean – nicht ohne Mängel und Begleiterscheinungen seines Wachstums – aber geschichtsbestimmend.» Dagegen wäre im Spanischen Bürgerkrieg die «revolutionäre, Anti-Staatstheorie [der Anarchisten] getestet worden; trotz Wiederholung des Versuchs ist das Ergebnis: von der Geschichte verworfen». (Ebd., S. 67)

Ebenfalls auf dem Höhepunkt des deutschen Neo-Anarchismus erschien die im Gegensatz zu Frei relativ fundierte Auseinandersetzung des DDR-Philosophen Wolfgang Harich mit dem «neuen Anarchismus». Ihm attestiert dieser «Revolutionäre Ungeduld». Harich macht den Versuch – und das im Gegensatz zu anderen marxistischen Anarchismuskritikern –, eine Brücke zwischen Marxismus und Neo-Anarchismus zu bauen. Gegen die vulgärmarxistische Kritik eines Hans G. Helms («Fetisch Revolution», Neuwied, Berlin 1969), der die «Neue Linke überhaupt als elitär und faschistisch gebrandmarkt» habe; der ihre «Gedanken über die sozialistische Organisation der Arbeit nach der Revolution [...] auf ‹die schöne alte Utopie des Konzentrationslager›» zuspitze, wendet sich Harich vehement: «Gegen derlei Betätigung von Dreckschleudern ist auf der ganzen Linie Protest am Platze [...] mein Pamphlet gegen die revolutionäre Ungeduld [darf] mit dieser Art Anarchismuskritik nicht verwechselt» werden. (Harich, S. 104) Harich setzt auf Dialog mit Neo-Anarchisten. Dessen Basis ist seine Feststellung – und damit setzt er sich von Marx-Engels-Lenin und ihren Epigonen ab –, dass Bakunin «kein Feind der Arbeiterklasse» gewesen sei. Deshalb gehöre auch der Anarchismus (wenn auch mit Einschränkungen) zur Arbeiterbewegung. Und deswegen forderte er die DKP, die Jungsozialisten und Marxisten-Leninisten auf, «unter allen Umständen mit ihnen [den Neo-Anarchisten] im Gespräch zu bleiben, sich ihren Argumenten zu stellen, sie geduldiger Überzeugungsarbeit für wert zu halten, was nur auf der Basis der Solidarität, der Bereitschaft zu gemeinsamer Aktion und der Anerkennung des beiderseits identischen Endziels möglich, sinnvoll und erfolgversprechend ist». (Ebd., S. 103)

Harichs Appell verpuffte vollends. Das Gegenteil trat ein: Im Rahmen des Kampfes des BRD-Staates gegen die marxistisch-leninistisch-maoistische Baader-Meinhof-«Rote-Armee-Fraktion», die als «anarchistische Terrororganisation» von den diversen Staatsorganen und der bürgerlichen Presse etikettiert wurde, legten marxistisch-leninistische «Dreckschleudern» (Harich) aus dem DKP-Bereich kräftig nach.»

Wie verwirrt bürgerliche Literaten über den «alten» und den «neuen» Anarchismus sein können, demonstriert der ehemalige PEN-Generalsekretär Rudolf Krämer-Badoni in einem umfangreichen Werk. Dies ist eine Melange aus politischem Pamphlet und sich sachlich-«wissenschaftlich» verstehendem Geschreibe. Seine Intention: «eine Untersuchung des historischen Anarchismus – in der Hoffnung, dadurch womöglich das weltweite rebellische Unbehagen der jungen Generation [1970] verstehen zu können [...].» (Krämer-Badoni, S. 104) Auch für den «Aufklärer» Krämer-Badoni ist es ausgemacht, dass Gewalt und Anarchismus kongruent sind: «Der Terror geht [...] unmittelbar aus der Idee [des Anarchismus] hervor.» (Ebd., S. 60f.)

Das in seiner Struktur ziemlich chaotische Buch handelt in zwei verstreuten Kapiteln «Die eigentlichen Anarchisten» ab. Eines davon widmet er hauptsächlich Bakunin und seinem «revolutionäre[n] Eros». Der Triebmensch Bakunin «liebte seinen Vater heiß, aber er zerstörte ihm die Familie, er konnte nicht anders». (Ebd., S. 113) Und dilettantisch-psychoanalytisch geht es weiter: Bakunin ist der «geborene Praktiker [mit] der unbegreiflichen Tiefenstruktur»; «kein Antiautoritärer [...] wird je die Sprengkraft Bakunins erreichen, da keiner so elementar, so total, so absolut durch Geburt fixiert ist»; und: «Was Bakunin an Theorie entwickelt, entspringt seiner unentrinnbaren und angstlos akzeptierten Psychophysis.» (Ebd., S. 115) Krämer-Badoni konzediert Bakunin aber auch: «Alle seine negativen Prophetien [zur Entwicklung des ‹autoritären› Sozialismus zu den staatskommunistischen Regimen] haben wir zu unseren Lebzeiten in Erfüllung gehen sehen. Seine libertären Prophetien dagegen haben wir [...], wo sie in Erfüllung gehen wollten, in blutigen Schlachten untergehen sehen.» (Ebd., S. 121)

Der andere maßgebende «eigentliche Anarchist» ist für Krämer-Badoni Kropotkin: Dieser «stille Desperado tauchte auf wie ein Feuerwerkskörper mit heller Spurbahn und heftiger Explosion und blieb dann plötzlich wie ein schön glimmender Fixstern am Himmel stehen». (Ebd., S. 235) Kropotkin, behauptet Krämer-Badoni, habe nicht viele neue Ideen von sich gegeben. Die alten aber hätte er auf «faszinierende Weise» präsentiert: «In aller Seelenruhe sprach er Maximen des totalen Umsturzes aus und – führte sie auf ganz normale Bedürfnisse der

Menschen zurück.» (Ebd.) Kropotkin, dieser «Fürst unter [...] proletarischen Revolutionären!», habe mit seinen Memoiren «ein ‹schönes› Buch, voller Milde, Weisheit und Menschenliebe» geschrieben. (Ebd., S. 239) Nichtsdestotrotz blieb aber dieser «stille Mann» einer der «enragiertesten Desperados». Krämer-Badoni überführt Kropotkin der Gewaltverherrlichung: «Unsere Aktion muß die permanente Revolte sein, mit Wort, Schrift, Dolch Gewehr, Dynamit [...] alles ist gut für uns, was außerhalb der Legalität ist.» (Kropotkin, zit. ebd., S. 242) Bald nach diesen «munteren Aufreizungen [...] explodierte im Theaterrestaurant von Lyon eine Bombe, tötete einen Menschen [...]», konstatiert Krämer-Badoni. (Ebd.)

Dem anderen, dem «Naturforscher» Kropotkin, erweist Krämer-Badoni eine gewisse Referenz: Er habe vieles schon zu seiner Zeit entdeckt und formuliert, was erst die spätere Naturwissenschaft belegen konnte. Aber die von ihm formulierte «Gegenseitigkeit» (Solidarität) in der Tierwelt, die er auf die «Menschenwelt» übertragen habe, habe letztlich nur ein Ziel gehabt: «eine stetige Zunahme des Freiheitsdranges beim Menschen» zu belegen: «Anarchistisch ausgedrückt: eine natürliche Tendenz zur An-Archie [...].» (Ebd., S. 245)

Eine kuriose These Krämer-Badonis steht für sich: «[...] die Rechnung [zwischen Anarchisten und Kommunisten] ist aufs neue offen: auf der ganzen Welt bilden sich neue anarchistische und anarchisierende Bewegungen im Widerstand gegen den Staatskapitalismus der Lenins, Stalins, Chruschtschows, Breschnjews [...] und sie werden unter Umständen einen starken Verbündeten in Mao [sic!] finden [...].» (Ebd., S. 266)

Augustin Souchy schrieb mit Recht in seiner Rezension des Krämer-Badonis-Werkes: «Man muß sich wundern, daß Krämer-Badoni, der sich eingehend mit der anarchistischen Literatur befasste, den Wesenskern des Anarchismus trotzdem *nicht erfasst* hat.» (Souchy, S. 4)

Zum Schluss dieser – weder repräsentativen noch gar erschöpfenden – Auswahl von Verurteiler/innen und Interpret/innen des Anarchismus eine besonders eigenwillige Stellungnahme zu «Projekt» und Perspektive der Anarchie. Der fast (zu Unrecht) vergessene «Logokrat», nicht-marxistische, kantianische, staatsbekennende «freiheitliche Sozialist» Kurt Hiller in seinem «Thesenbuch» «Der Aufbruch zum Paradies»; These 244: «Das Paradies ist staatslos; der staatslose, das heißt zwangsgewaltlose, Zustand der Koexistenz aller Individuen ist das Endziel; aber nur vermittels des Staates kommen wir vom Staate los. Die Vollendung des Staats bringt die Befreiung vom Staat. Gerade als, wer die Anarchie eschatologisch erträumt – und welcher edlere Mensch erträumt sie nicht – muß sie methodologisch ablehnen. Der Weg zur Anarchie führt durch die Politie. Die Anarchie, sofort, morgen früh [...] wäre das Privileg aller Bestien in Menschengestalt, sich an allen Nichtbestien ungestraft zu vergehen [...].» (Hiller, S. 131)

X. Resümee und Schlussbetrachtungen

Guérin verstand die Intention seiner Veröffentlichungen zum Anarchismus als dessen «Rehabilitationsprozess». Seine Quintessenz: «Die konstruktiven Ideen des Anarchismus behalten ihre Vitalität, so daß sie, wenn erneut überprüft und gesichtet, dem zeitgenössischen sozialistischen Denken zu einem neuen Anfang verhelfen können […].» (Zit. in: Chomsky II, S. 119) In diesem Sinne formulierte 1969 die spanische Anarchistin Federica Montseny die permanente Fortschreibung des Anarchismus: «Der Anarchismus ist eine Bewegung, die sich in unaufhörlicher Entwicklung befindet und die heute wie gestern die Fähigkeit besitzt, neue Formen anzunehmen, sich dem Marsch der Menschheit einzugliedern, alle neuen Tatsachen zu verstehen und zu akzeptieren.» (Zit. in: Oberländer, S. 13)

Folglich verneinen die Anarchisten, im Gegensatz zu den Marxisten, jeglichen gesellschaftlichen Endzustand. Marx jedoch kündigte diesen undialektisch an: «Die bürgerlichen Produktionsverhältnisse sind die letzte antagonistische Form des gesellschaftlichen Produktionsprozesses, […] aber die im Schoß der bürgerlichen Gesellschaft sich entwickelnden Produktivkräfte schaffen zugleich die materiellen Bedingungen zur Lösung dieses Antagonismus. Mit dieser Gesellschaftsformation schließt daher die Vorgeschichte der menschlichen Gesellschaft ab.» (Marx III, S. 338f.)

Dieser Marx'schen Vorstellung setzen die Anarchisten einen sozialen Prozess entgegen, der permanent «neue gesellschaftliche Wirklichkeiten» (Landauer) hervorbringt. Der Anarchismus ist aber kein Ideal, das sich die «gesellschaftlichen Wirklichkeiten» zurechtbiegt, bis sie anarchistischen Vorstellungen entspricht. Die Menschen sollen in ihrer Mehrheit die Veränderung der gesellschaftlichen Verhältnisse wollen und sie durchsetzen. Und dies ohne Unterdrückung von Minderheiten. Mit diesen soll ein permanenter Konsensfindungsprozess vor sich gehen. Dieses Wollen schließt ein normatives Gesellschaftssystem grundsätzlich aus. Denn ein solches ist mit freiheitlichen Vorstellungen nicht vereinbar; es kann die vielschichtigen Probleme der Menschen nicht lösen. Die Konflikte, die in jeder Gesellschaft gegeben sind, können nur freiheitlich in Konsens oder auch nicht gelöst werden.

Stoßrichtung der anarchistischen Gesellschaftstheorien ist die Entstaatlichung der Gesellschaft: Die Gesellschaft vom Staat zu lösen, die Gesellschaft an Stelle des Staates zu setzen, ohne dessen repressive Instrumentarien zu übernehmen. Mit dieser Zielrichtung trifft sich der Anarchismus mit gewissen Formen des politischen, d.h. staatskritischen Liberalismus. Er kann auch als dessen Extremform gesehen werden. Der «Liberalismus ging in seinen sozialen Theorien vom Individuum aus», (Rocker) ohne den Schritt hin zum Sozialismus zu machen. Deshalb etikettierte Malatesta den Liberalismus als eine «Art Anarchie *ohne* Sozialismus». Da aber «Sozialismus und Anarchie dasselbe bedeuten, da ja doch die Bedeutung beider die Abschaffung der Herrschaft und der Ausbeutung der Menschen durch den Menschen ist», (Malatesta, S. 60) ist hier auch der Trennstrich zum Liberalismus zu ziehen.

Dem (klassischen) Liberalismus können die Anarchisten Positives abgewinnen: Er war eine der Hauptkräfte, der die politische Demokratie durchsetzte. Das wiederum weitete den politischen Freiheitsspielraum erheblich gegenüber staatsabsolutistischen Systemen aus. Aber die liberale Forderung der «‹Gleichheit aller Bürger vor dem Gesetz› und [...] [das] ‹Recht der Menschen auf seine Person› scheiterten beide an den Realitäten der kapitalistischen Wirtschaft». (Rocker VIII, S. 8)

Der Anarchismus ist selbstverständlich auch «keine Patentlösung für alle menschlichen Probleme», wie Rocker postulierte. Somit ist er auch «keine Utopie einer perfekten Gesellschaftsordnung [...], weil er grundsätzlich alle absoluten Schemata und Konzepte verwirft». Und der Anarchismus «glaubt nicht an eine absolute Wahrheit oder an bestimmte Endziele der menschlichen Entwicklung». (Ebd., S. 12)

Der Anarchismus nahm erst im 19. Jahrhundert theoretische und organisatorische Formen an. Teilweise ist dies auf den beginnenden Industrialisierungsprozess zurückzuführen, der auf eine Gesellschaft von Bauern und Handwerkern stieß. Die Folge der Industrialisierung ergab eine zunehmende Massenproletarisierung: mit zwölf bis vierzehn Stunden täglicher Arbeitszeit, niedrigen Löhnen, teilweiser Arbeitslosigkeit und Massenelend. Aus dieser Konstellation entstand die sozialistische Bewegung mit ihrem Mythos «Revolution».

Die Anarchisten knüpften in ihren Revolutionsvorstellungen an die Französische Revolution von 1789 an. Sie verdrängten die Folgen der Industrialisierung nicht; sie organisierten sich gegen dessen Auswüchse. Sie wandten sich gegen die stürmische Industrialisierung und deren Folgen: die Massenverelendung, den Freiheitsverlust (noch weniger als bisher über sich selbst bestimmen zu können), die intellektuelle und physische Abstumpfung der einst relativ unabhängigen Bauern und Arbeiter durch den industriellen Rationalisierungsprozess.

Für Marx war der Industrialisierungsprozess ohne Einschränkung historisch notwendig und gesellschaftlicher Fortschritt. Die Anarchisten waren dagegen eher skeptisch; sie erkannten, dass der technische Fortschritt eine forcierte Durchorganisierung der Gesellschaft und zentralistischere Strukturen hervorbringen würde. Zugleich bedeutete dies eine zunehmende Abhängigkeit von «anonymen», unkontrollierbaren Kräften und Herrschaftsstrukturen.

Aus diesen sozialen und politischen Imponderabilien des Industrialisierungsprozesses entwickelten Anarchismus-Theoretiker (wie auch Marx-Engels) ihre Lösungsvorstellungen; sie formulierten ihre zentralen Anti-Positionen: Anti-Autoritarismus, Anti-Zentralismus, Anti-Kapitalismus, Anti-Militarismus, Anti-Staatlichkeit. Hieraus wiederum entwickelten sie ihre freiheitlichen Zielvorstellungen. Dabei wichen/weichen anarchistische Theoretiker/innen in ihren Vorstellungen oft nicht nur in Nuancen voneinander ab. Deswegen ist es oft nicht leicht, eine dezidierte, einigermaßen verbindliche anarchistische Position zu den unterschiedlichsten Problemen auszumachen. In der großen Spannbreite anarchistischer Definitionen, Interpretationen, Vorstellungen und gesellschaftspolitischer Phänomene sind jedoch die zentralen Anti-Positionen Leit- und Richtschnur.

Anarchistische Anti-Staatlichkeit ist definitiv Ablehnung jeder Staatlichkeit. Auch dann, wenn man den Staat nur «als ein Instrument zur Bewältigung bestimmter Aufgaben begreift». Weil dies immer noch bedeutet, dass der Staat seine «Tätigkeit [...] zu einem guten Teil darin [sieht], daß die Staatsorganisation einseitig, d.h. wenn nötig sogar gegen den Willen der Staatsbürger, die ihr notwendig erscheinenden Maßnahmen trifft», wie der christlich-soziale Staatsrechtler Roman Herzog zutreffend die reale Staatstätigkeit darstellt. (Herzog, S. 155) Und der Sinn des Staates sei doch die «Herrschaftsausübung als solche auch bei einer ganz unvoreingenommenen Betrachtung eine der wesentlichsten Varianten staatlicher Aktivität [...] und daß die Verfügung über die sächlichen Voraussetzungen solcher Herrschaftsausübung auch heute noch eines der zentralen Merkmale des Staatsapparates ist». (Ebd., S. 103)

Dieser Tatbestand ist es, an dem Herzog jede wissenschaftliche oder ideologische Kritik des Staates reflektiert. Der Anarchismus ist laut Herzog mit «wissenschaftlichen Methoden [nicht] völlig zu widerlegen». Dies wiederum läge an dem «*Menschenbild*» des Anarchismus, das «man entweder für richtig oder falsch halten kann, dessen Unrichtigkeit aber zumindest dann nicht mehr erweisbar» sei, wenn man die moderne Wissenschaft einfach ignorieren würde, wie das Herzog den Anarchisten unterstellt. Dann jedenfalls – vorausgesetzt Herzogs Behauptung stimmte –, könne man den Anarchisten «nichts letztlich Durchgreifendes entgegenhalten». Deshalb sei es die «Aufgabe der Staatslehre [...] in dieser Situation, das Problem der staatlichen Herrschaft so weit aufzubereiten, daß der Punkt, an dem jeweils eine ideologische *Entscheidung* gefällt werden muß, klar erkennbar wird, und daß weiterhin erkennbar wird, inwieweit die einzelne anarchistische Lehre bei Zugrundelegung ihres eigenen ideologischen Ausgangspunktes wenigstens in sich schlüssig ist». (Ebd.)

Herzog erkennt richtig – diese Einsicht spricht er dem Anarchismus aber ab –, dass die «Beseitigung des Staates allein noch nicht zu einer herrschaftsfreien Existenz des Menschen führen würde». Richtig erkennt Herzog auch, «daß selbst der Nachweis der Überflüssigkeit staatlicher *Herrschaft* nicht gleichzeitig die Überflüssigkeit staatlicher *Leistungen* bedeuten würde [...].» (Ebd., S. 104) Herzog ist es wie allen Staatsapologeten nicht eingängig, dass die Individuen, dass die Gesellschaften, die meinen sich Staaten leisten zu müssen, genauso gut bei einem entwickelten Bewusstseinsstand ihre Angelegenheiten selbst organisieren und bewältigen könnten. Für ihn sind nämlich die Herrschaft von Menschen über Menschen, so auch die Staatsherrschaft, Phänomene, die «aus dem menschlichen Leben nicht wegzudenken sind und daß alles darauf ankommt, sie in den Griff zu bekommen und das Beste aus ihnen zu machen». (Ebd., S. 105)

Herzog problematisiert durchaus Herrschaft und Staat, aber auch er operiert immer «mit dem unlogischen Scheinargument ‹Ohne Herrschaft keine Ordnung› als Narkotikum für [...] [die] Untertanen» des Staates. (Klug, S. 291)

Die Staatsfrage im Marxismus, in der marxistischen Arbeiterbewegung, entfernte sich schon früh von der Marxschen Vorstellung des «Absterbens» des Staates. Stattdessen setzten sich in ihr die staatssozialistischen Ansichten Ferdinand Lassalles durch. Nach dessen Vorstellungen formulierten Legionen von sozialdemokratischen Staatsrechtlern das Verhältnis von Mensch-Gesellschaft-Staat: Der Sinn der «natürlichen» sozialen Ordnung der Menschen, der Gesellschaft, sei nur im Rahmen des Staates, des sozialdemokratischen «Volksstaates», zu erfüllen.

Der auch heute noch rezipierte sozialdemokratische Staatsrechtler Hermann Heller warf 1931 Marx-Engels ein «erstaunliche[s] Staatsunverständnis» vor. Klar und völlig unmissverständlich präzisierte er dagegen seine sozialdemokratischen Positionen von «Sozialismus und Staat», von «Arbeiter und Staat»: «Sozialismus setzt Bereitschaft zur Ein- und Unterordnung voraus.» (Heller, S. 70) Diese Ein- und Unterordnung ist wiederum unerlässlich für den «sozialistischen» Staat: «Staat als Sicherung des menschlichen Zusammenwirkens, als der archimedische Punkt über der sonst handlungsunfähigen Gesellschaft [...].» Durch die «Gebietsherrschaft allein unterscheidet sich der Staat von allen anderen menschlichen Verbänden, nicht etwa durch die Herrschaft oder den Zwang als solchen», behauptet Heller. (Ebd., S. 60) Verstärkt wollte Heller den «Arbeiter» an den Staat heranführen; denn dies entscheide über das Schicksal der (sozialdemokratischen) «Gesamtbewegung». Es sei nämlich «glattweg unmöglich, den Arbeiter irgendwie politisch zu erziehen, wenn man ihm die falsche Meinung beibringt, der Staat sei ‹doch nur eine vorübergehende Einrichtung› und ‹ sobald von Freiheit die Rede sein kann, hört der Staat als solcher zu existieren auf› . Ein aufbauender Sozialismus muß mit aller Kraft diese anarchistische Zersetzung bannen.» (Ebd., S. 69) Völlig sicher war sich Heller darüber: «Sozialismus ist nicht Aufhebung, sondern Veredelung des Staates. Der Arbeiter kommt dem Sozialismus um so näher, je näher er dem Staate kommt.» (Ebd., S. 71)

Marx hatte noch über die «Pariser Kommune» und ihre «Kommunalverfassung» («Der Bürgerkrieg in Frankreich») lobend geurteilt und in diesem Kontext den Staat nur negativ abgestempelt: «Die Kommunalverfassung würde [...] dem gesellschaftlichen Körper all die Kräfte zurückgegeben, die bisher der Schmarotzerauswuchs ‹Staat›, der von der Gesellschaft sich nährt und ihre freie Bewegung hemmt, aufgezehrt hat.» (Marx III, S. 493)

Absolut keine staatskritische Spur mehr findet sich im «Godesberger Programm» der SPD von 1959. Stattdessen schließt dieses in der Staatsfrage fast nahtlos an die Staatsvorstellungen sozialdemokratischer Staatsrechtler an. Der «Sozialismus» ist in diesem Programm auch nur noch Beiwerk bzw. Verflachung bisheriger sozialdemokratischer Sozialismusvorstellungen. «Der *Staat* soll Vorbedingungen dafür schaffen, daß der einzelne sich in freier Selbstverantwortung und gesellschaftlicher Verpflichtung entfalten kann», so das «Godesberger Programm». (Grundsatzprogramm, S. 10) Aber auch in anderen gesellschaftlichen Bereichen will dieses Programm den Staat in die Pflicht nehmen: «Durch Verschmelzung des demokratischen mit dem sozialen und dem Rechtsdenken soll der Staat zum *Kulturstaat* werden [...].» Und im Wirtschaftssektor wird in diesem Programm dem Staat die entscheidende Rolle – und nicht gar der Gesellschaft – zugewiesen: «Der moderne Staat beeinflußt die Wirtschaft stetig durch seine Entscheidungen über Steuern und Finanzen, über das Geld- und das Kreditwesen, seine Zoll-, Handels-, Sozial- und Preispolitik, seine öffentlichen Aufträge sowie die Landwirtschafts- und Wohnbaupolitik. [...] Dieser Verantwortung für den Wirtschaftsablauf kann sich der Staat nicht entziehen.» (Ebd., S. 13)

Die Verneinung des Staates ist nicht zugleich die generelle Verwerfung der heutigen staatlichen Aufgaben. Staatsapologeten vermengen immer wieder diese zwei Komponenten. Die Anarchisten als Staatsgegner wollen nicht – wie dies oft unterstellt wird – die heutigen staatlichen Aufgaben liquidieren. Sie wollen sie, soweit sie gesellschaftlich notwendig sind, der Gesellschaft übereignen. So ist Staats- und «Regierungslosigkeit [...] *nicht* die Zerstörung des gesellschaftlichen Zusammenhanges [...] Gerade im Gegenteil: das Zusammenwirken, welches heute erzwungen ist [...], wird frei, freiwillig und unmittelbar sein, und dem Wohle aller dienen [...].» (Malatesta, S. 32)

Schon 1792 kam Wilhelm von Humboldt zu der Überzeugung, dass dem Staat «Grenzen der Wirksamkeit» gesetzt werden müssten. Er appellierte an die «Vernunft» der Menschen; er plädierte für gesellschaftliche Übereinkommen ohne Vermittlung des Staates; er wollte die Autonomie des Individuums und für dieses die «befreite Arbeit». Damit wandte er sich indirekt gegen die «Entfremdung» der Menschen. Humboldt: «Bewiesen halte ich [...], *daß die wahre Vernunft dem Menschen keinen anderen Zustand als einen solchen wünschen kann, in welchem nicht nur aus sich selbst, in seiner Eigentümlichkeit zu entwickeln, sondern in welchem auch die physische Natur keine andere Gestalt von Menschenhänden empfängt, als ihr jeder Einzelne, nach den Maßen seines Bedürfnisses und seiner Neigung, nur beschränkt durch die Grenzen seiner Kraft und seines Rechts, sich selbst willkürlich gibt.* Von diesem Grundsatz darf [...] die Vernunft nie mehr nachgeben als zu seiner eigenen Erhaltung selbst notwendig ist. Es musste daher auch jeder Politik, [...] von der hier die Rede ist, immer zum Grunde liegen.» (Humboldt, S. 28)

Herzog – und andere Anarchismus-Kritiker – schätzen realistisch ein, «daß auch eine sich selbst überlassene Gesellschaft zur Ausbildung von Herrschaftsverhältnissen privater Art führen muß [...].» (Herzog, S. 104) Herzog verkennt aber – wenn er den Anarchisten indirekt unterstellt, dass sie diesen Tatbestand ignorieren –, dass die Anarchisten ein solch naives Menschenbild und Vorstellungen von der Gesellschaft überhaupt nicht vertreten; dass sie stattdessen als Voraussetzung einer herrschaftslosen Ordnung einen hohen Grad von gesellschaftlichem Bewusstsein für unabdinglich halten; dass die Anarchisten nicht nur die Vernunft, sondern auch die Unvernunft, das Unberechenbare, das Desinteresse der Menschen in ihrem Kalkül haben. Und gerade deswegen wollen die Anarchisten u.a. die dezentralisierten, aufgefächerten, die kleinen, für jedes Individuum überschaubaren Gesellschaftsformationen: Nur in ihnen – so die anarchistische Überzeugung – ist eine weitgehende Selbst- und Mitbestimmung der Individuen zu realisieren. Dies wäre die Umkehrung der heute dominierenden «Werte»; das ist die Abkoppelung vom heutigen erzwungenen gesellschaftlich-politischen Basiskonsens, welcher Herrschende und Beherrschte voraussetzt.

Proudhon sah schon zu seiner Zeit die Souveränität des Volkes in der repräsentativen Demokratie nicht gegeben. Außer Frage stand deshalb auch für ihn, dass sich das «Volk noch nie in Freiheit» verwirklichen konnte. Und in der Demokratie, der so genannten «Volksherrschaft», sah er auch nicht den Boden für eine freie Entwicklung der Menschen. In dieser Demokratie würden nur die verschiedenen Fraktionen der Herrschaftseliten durch Wahlen «legitimiert», um sich periodisch an der Regierung abzulösen.

Gemeinhin wird Demokratie definiert als die «Methode, [in der] jene institutionelle Ordnung zur Erzielung politischer Entscheide, die das Gemeinwohl dadurch verwirklicht, daß sie das Volk selbst die Streitfragen entscheiden lässt und zwar durch die Wahl von Personen, die zusammenzutreten haben, um seinen Willen auszuführen». (Schumpeter, S. 397) Nimmt man diese Demokratie und die demokratischen Methoden ernst, kommt man nicht an der Tatsache vorbei, dass die ‹Demokratie› eine anerkannte Methode zu implizieren scheint, nach welcher der Konkurrenzkampf zu führen ist, [...] weil die Methode der Wahl praktisch die einzig mögliche für Gemeinwesen aller Größen ist». (Ebd., S. 430) Diese «demokratische Methode» ist nach Joseph A. Schumpeter «nicht unbedingt eine größere Summe individueller Freiheit [...], als irgendeine andere politische Methode [...].» (Ebd., S. 431)

Schumpeter, der sich zum Kapitalismus bekennende Ökonom, der aber dessen Ende prophezeite, dieser politisch unabhängige Demokratiekritiker, prägte die auf die Demokratie zielende schon klassische Formel: «Das Volk herrscht in Tat und Wahrheit nie, aber durch Definition kann es immer dazu gebracht werden.» (Ebd., S. 391)

Sich dem demokratischen Staat und seiner «Methoden», wie dem Parlamentarismus zu verweigern oder zu entziehen, wird «bewusst» nur von einer Minderheit demonstriert. Die «große Masse der ‹Nichtwähler› [...] sind die Gleichgültigen; sie möchten sich nicht mit öffentlichen Problemen beschäftigen», konstatiert Rüdiger. «Statt auf [...] [diese] einzugehen», hält Rüdiger es für sinnvoller, dass sich die *Kritik des modernen Parlamentarismus [...] an dessen überzeugte Anhänger wenden [soll], denen klar gemacht werden muß, daß sie ihr politisches Interesse auf eine wenig zweckmäßige Art und Weise ausdrücken.*» (Rüdiger III, S. 20)

Die Demokratie und ihre «Methoden» sind ebenso wenig statisch wie der Staat. Gerade auch am deutschen Beispiel ist dies festzumachen: Die Weimarer Demokratie hatte noch starke obrigkeitsstaatliche Verfassungselemente (z.B. «Notstandsverordnungen») und ihr Reichspräsident erhebliche rechtliche Befugnisse, um in die Politik einzugreifen. Der BRD-Demokratie und ihrem Grundgesetz fehlen solche autoritären Bestandteile. Sie ist eindeutig liberaler. Diese größere Liberalität ist ein «Fortschritt» – alleine schon wegen der Möglichkeit, anarchistische (reformistische) Nahziele besser auf den Weg bringen zu können: die Demokratisierung der Demokratie. (Nicht primär die parlamentarische Demokratie abzuschaffen, sondern über sie hinaus immer mehr «Demokratie» durchzusetzen.) An diesem Wollen wird deutlich, dass der Anarchismus nicht, wie so oft unterstellt, der große Ignorant realer gesellschaftlich-politischer Verhältnisse ist. Viele Aktivitäten von Anarchisten (z.B. in Bürgerinitiativen, Umweltgruppen, Stadtteilinitiativen, Antimilitarismusgruppen, Gewerkschaften) wirken für diese Demokratisierung.

Die Demokratisierung der bürgerlich-parlamentarischen Demokratie kann sich auf alle gesellschaftlichen und auf viele politische Ebenen erstrecken. Soweit sie verfassungsrechtlich zulässig sind, sind sie objektiv auch durchsetzbar. Zum Beispiel: Erweiterung der «Meinungsfreiheit» durch Kampf gegen Medienmonopole; vermehrte Durchsetzung von Plebisziten in allen gesellschaftspolitischen Bereichen; Ausdehnung der kommunalen «Selbstverwaltung» u.a. durch Erkämpfung der Finanzhoheit, von mehr Planungsvollmachten, von mehr Vetorechten gegen überkommunale Maßnahmen; Ausweitung regionaler Entscheidungsbefugnisse zugunsten regionaler und kommunaler Interessen; staatliche, kommunale und private Einrichtungen wie Verkehrswesen, Elektrizitätswirtschaft, Schulen zu kommunalisieren bzw. in Belegschaftshände zu übergeben statt zu «privatisieren»; Vergesellschaftung von Produktionsmittel, d.h. deren Überführung in Belegschafts- oder kommunale Verwaltung; Einführung eines von Leistung unabhängigen «Grundeinkommens», welches sich progressiv am realen Lebensstandard orientiert; Abbau staatlicher Repressionsapparate: Entwaffnung der Polizei, Abschaffung des Militärs (d.h. auch Austritt aus dem Kriegsbündnis NATO), des Verfassungsschutzes bzw. der Geheimdienste; Reformierung des Rechtswesen: Abschaffung der Ahndung von Bagatelldelikten, der «politischen» Justiz, generelle Aufhebung der Meinungs- und Organisationsverbotsmöglichkeiten.

Die radikale Demokratisierung der bürgerlichen Demokratie ist natürlich reformistisch. Aber dieser Vorgang hat auch eine revolutionäre Perspektive. Es ist ein Lernprozess: durch Selbsthandeln werden originäre Interessen erkannt, durchgesetzt, verinnerlicht und damit letztlich unverzichtbar.

Lapidar stellt Marx in seiner «Kritik der politischen Ökonomie» fest: «[...] die Anatomie der bürgerlichen Gesellschaft [ist] in der politischen Ökonomie zu suchen [...].» (Marx III, S. 337)

Und die politische Ökonomie ist auch ein Herrschaftsinstrument der herrschenden Klassen, die sich wiederum aus der bürgerlichen Gesellschaft rekrutiert. Der so installierte Kapitalismus ist in seiner ganzen Dynamik darauf aus, sich weiter zu zentralisieren, zu expandieren, zu monopolisieren. Das entspricht seiner Vorstellung von Effektivität. Der Schritt darüber hinaus ist die Einpassung der jeweiligen nationalen Ökonomie in den Globalisierungsprozess.

Die Konsequenz der anarchistischen Kritik des Kapitalismus in allen seinen Erscheinungsformen erscheint für Anarchismuskritiker meist realitätsfern: Wenn Anarchisten fordern, die zentralen Koordinierungen von Massenproduktion, Verwaltung und Infrastrukturen durch Dezentralisation aufzuheben und in sich selbstverwaltende, autonome Einheiten zu überführen. In einer weltweit vernetzten, oft anonymen Steuerung des ganzen gesellschaftlichen Lebens, besonders auch dem der Wirtschaft, scheint dies auch anachronistisch. Aber wenn die Menschen sich selbst verwirklichen wollen, dann müssen sie die ökonomischen Herrschaftszentralen besetzen und im gleichen Akt beseitigen. Und wenn sie eine solidarische, eine funktionierende freiheitliche Wirtschaft aufbauen wollen, dann sind sie gezwungen, dezentrale Leitungen zu bilden – um individuelle und kollektive Freiheit, Selbstbestimmung und Selbstverwirklichung zu erreichen. Und das auch dann, wenn mit der Zerschlagung der kapitalistischen Ökonomie ein vorübergehender wirtschaftlicher und/oder sozialer Rückschritt verbunden ist.

Die heutige fortschreitende Rationalisierung, Mechanisierung, der Produktionsfetischismus und der extreme Konkurrenzkampf sowie das Rentabilitätsstreben ist das Lebenselixier des Kapitalismus. Hinzu kommt notwendigerweise der gesteuerte Konsumwahn der Massen. Ohne diesen würden sich die für den Kapitalismus als notwendig angeführten Attribute nicht erfüllen. Und ohne die Instrumentalisierung von Staatsorganen durch das Kapital und dessen Absicherung, wiederum durch «ihren Staat», wären die menschenverachtenden Exzesse des Kapitalismus so nicht möglich.

Ursprünglich war der Staat nur reine Ordnungsinstanz. Seine wirtschaftliche Interventionspolitik führte zum «Sozialstaat». Zugleich bedeutete dies, dass sich Interessenverbände diesen Staat zur «Beute» machten. So mauserte sich der Staat, der sich regulierend den sozialen Sektor der Gesellschaft weitgehend aneignete, zum «Wohlfahrtsstaat». Dieser operiert mit dem Anspruch, seine Untertanen sozial so zu befriedigen, dass sie diesen Staat als den «ihren» empfinden, von dem sie fast alles erwarten, den sie deshalb nicht missen mögen.

Wäre der heutige Staat nur die reine «Ordnungsinstanz», wie ihn die Neoliberalisten wollen, dann hätte der Kapitalismus nicht diese abgesicherten Entfaltungsmöglichkeiten, die ihm durch den Interventionsstaat garantiert werden: Der Staat nimmt die Rolle eines Sozialschlichters ein, in dem er sozial-divergierende Kräfte zu einem gesamtgesellschaftlichen Konsens bündelt. Dieser ist zwar dünn, aber er wird durch die vielfältigen Herrschaftsmechanismen aufrechterhalten. Letztlich wird dieser Staat zur «Reparaturwerkstatt des Kapitalismus».

Der «Wohlfahrtsstaat» weist durch seinen für seine Existenz notwendigen Regulierungswahn totalitäre Elemente auf. Auch dann, wenn dieser Staat parlamentarisch-demokratisch verfasst ist. Der «Wohlfahrtsstaat» entmündigt seine Untertanen, da er ihnen zunehmend die eigene Verantwortung für ihr Leben abnimmt; er perfektioniert seine sozialen Leistungen so weit, dass die Wünsche der Menschen kaum noch über den Rahmen hinausgehen, welcher ihnen dieser Staat setzt. Weil der «Wohlfahrtsstaat» seine Leistungen so weit ausdehnt, um möglichst alle «Bedürfnisse» der Gesellschaft abzudecken, setzt er sich in Zugzwang, alle Ressourcen einzusetzen, alles zu subventionieren, alle knappen Mittel zu verschwenden statt sie effizient einzusetzen. Er unterwirft sich permanent seinem Wachstumszwang.

Dass ein solches System quasi am Nullwachstum, wegen der Unfähigkeit rational und flexibel zu reagieren, scheitern würde, ist daher logisch.

In seiner Krise steigt der «Wohlfahrtsstaat» zum «Sozialstaat» ab. Dieser steckt in einem Dilemma: Er muss die «Wohltaten» des Staates so weit herunterfahren, dass zwar die sozialen «Errungenschaften» weitgehend beibehalten werden können, tatsächlich aber diese stetig abgebaut werden; und dass die Kapitalinteressen wieder (sichtbar) mehr in den Vordergrund treten und dessen «Sachzwänge» dominieren. Der «Sozialstaat» basiert mehr auf dem Bedürfnisprinzip als der «Wohlfahrtsstaat»; er fordert, dass der Einzelne mehr «Eigenverantwortung» übernimmt. Die staatliche Gängelung aber wird dennoch nicht eingeschränkt, sondern eher ausgeweitet. Deshalb ist dies nichts als eine Pseudoeigenverantwortung; sie hat nichts von den anarchistischen Vorstellungen von individueller Selbsttätigkeit, Selbstverantwortlichkeit und autonomer Selbstbestimmung.

Auch der reine Ordnungsstaat der Neoliberalisten, ohne die steuernde Hand des «Sozialstaates», würde nichts von den anarchistischen Vorstellungen von Freiheit der Menschen und der Gesellschaften aufweisen. Die völlige neoliberalistische Freisetzung des Kapitalismus ist die totale kapitalistische Klassenherrschaft. Der vom Neoliberalismus beschworene (unkontrollierte) «freie Markt» ist die Durchsetzung des Prinzips des Stärkeren: Die am «Markt» Desinteressierten, die sozial Schwachen etc. werden marginalisiert; ebenso die Lohnabhängigen. Sie können zwar ihre Arbeitskraft auf diesem «Markt» «frei» verkaufen, aber ohne «gesetzliche» Absicherung ist ihre soziale Existenz nichts als eine bloße Marktkategorie. Weder die Nicht-Interessierten, die sozial Schwachen noch die Lohnabhängigen sind also Subjekte des neoliberalen «freien Marktes», sondern reinweg dessen Objekte. Wie sie heute Objekte des «Staates des Kapitals» (mit gesetzlichen Garantien) sind, so wären sie im neoliberalistischen System des so genannten «freien Marktes» Objekte des ungezügelten, imperialen Kapitalismus.

Der Neoliberalismus mit der von ihm propagierten «Freiheit» ist also keineswegs ein Schritt hin zu einer neuen Dimension von Freiheit. Mit dem Versprechen von ökonomischer Freiheit für jeden etabliert und verschärft der Neoliberalismus die Herrschaft der Wenigen über die Mehrheit der Gesellschaft – ohne den Bremser «Sozialstaat». Die Anarchisten haben folglich allen Grund a) den «Staat des Kapitals» – ob als «Wohlfahrts-» oder «Sozialstaat» getarnt – mit Demokratisierungsvorstellungen und entsprechender gesellschaftlicher Praxis zurückzudrängen; b) die vom Neoliberalismus rhetorisch übernommene anarchistische Begrifflichkeit als Täuschung und Verfälschung zu entlarven; darüber hinaus diesen Kapitalismus im Tarnanzug der «Freiheit» als den gewöhnlichen, aber erheblich aggressiveren Kapitalismus zu bekämpfen.

Chomsky weist konsequent auf die ökonomischen Machtverhältnisse im Neoliberalismus hin. Sie sind für ihn so dramatisch, dass er «nur eine Möglichkeit [sieht], die bisher erkämpften Rechte der Bevölkerung aufrechtzuerhalten und zu erweitern, nämlich [durch] die Aufrechterhaltung der einen Form illegitimer Macht [des Staates], die wenigstens in gewissem Maße verantwortlich ist und in der Tat von ihr beeinflußt werden kann.» Chomsky ist sich mit dieser Aussage völlig darin klar, dass er «in dieser Situation die zentralisierte Macht des Staates [unterstützt], obwohl man sie auf lange Sicht bekämpft. Leute, die meinen, daß darin ein Widerspruch liegt, sehen einfach in dieser Sache nicht klar.» (Chomsky III, S. 139)

Ausgemacht ist es für Neoliberalisten, dass die «Klassen» historisch sind. Dabei haben sie, wie alle Kapitalapologeten, hier nur das tatsächlich überholte Bild der proletarischen «Arbeiterklasse» vor sich. Diese Arbeiterklasse wurde von den zentralistischen (sozialdemokratischen) Gewerkschaften (in ihrem Selbstverständnis) längst beerdigt. Gleichzeitig negieren sie damit das reale Klassengefüge in den heutigen hochindustrialisierten Gesellschaften. Sie sind «Sozialpartner» des Kapitals in den «Wohlfahrts-» und «Sozialstaaten»; sie erkämpfen sich lediglich einen Anteil am kapitalistischen Kuchen. So ist es logisch, dass sie keine Visionen und Perspektiven zur Überwindung des kapitalistischen Systems haben können; sie wollen lediglich den Kapitalismus «sozial» mitgestalten als eine Fraktion dieses Systems: indem sie die Rolle des Sozialschlichters, des Teilhabers im Herrschaftsgefüge spielen.

Stellt sich die Frage: Wer ist im entwickelten Kapitalismus der Träger des (notwendigen) anti-kapitalistischen Kampfes, wer die «revolutionäre Avantgarde»? Dass das nicht die historische «Arbeiterklasse» sein kann, weil sie inexistent ist, versteht sich so von selbst. Dass, von dieser Tatsache ausgehend, auch keine künstlich konstruierte «kämpfende Klasse» an deren Stelle treten kann, ist ebenso evident. Eine allgemeine «Proletarisierung», die alle «Schichten» umfasst angesichts einer breiten Verarmung in den «Sozialstaaten», hat bisher in historischem Ausmaß auch nicht stattgefunden. Dies ist auch nicht zu erwarten. Eine dezidert anti-kapitalistische Bewegung ist auch nicht zu konstatieren. Objektiv ist das Protestpotential jedoch vorhanden. Allerdings hat die Pseudoindividualisierung durch das kapitalistische System subjektiv eine (fast totale) Entsolidarisierung bewirkt. Das kapitalistische System hat ganze Arbeit geleistet. Angesichts des psychischen Tiefstandes gesellschaftlichen Bewusstseins kann nur eine Rekonstruktion individuellen und kollektiven «Klassenbewusstseins» neue, systemüberwindende Perspektiven eröffnen.

Die Menschen, so Landauer, können diesem Dilemma nur entkommen, wenn sie selbst «zur Einsicht und zur inneren Unmöglichkeit, so weiter zu leben, gekommen sind [...].» (Landauer III, S. 116) Um aber die «innere Unmöglichkeit» zu verspüren, müssen die Menschen die Pseudo-Individualität, die ihnen das kapitalistische System aufgedrückt hat, abstoßen, um zur eigentlichen Individualität vorzudringen; sie müssen sich der Massenmanipulation erwehren, indem sie sich der seichten «Spaßgesellschaft» entziehen; sie können sich der «Spaßgesellschaft» verweigern, wenn sie begreifen, dass sie unterdrückt sind. Sich von dieser Kette zu lösen, ist letztlich eine individuelle und kollektive Aufgabe der Individuen. Die in den autoritären Gesellschaften lebenden Menschen können ihre autoritären Verhaltensweisen nur abschütteln, wenn sie erkennen, dass sie die «Gesellschaft» sind, wenn sie sich als autonome Individuen in ihrer Gesellschaft bewegen.

Für fast alle Anarchisten versteht es sich von selbst, dass sie ihren Widerstand gegen die herrschenden repressiven Verhältnisse nur organisiert führen können: Nicht mit autoritär-hierarchischen, sondern in Organisationen, die von «unten nach oben» strukturiert sind. Eine Form – und zwar eine effektive – des selbstorganisierten Widerstandes kann ein zeitgemäßer Anarcho-Syndikalismus sein. Dessen Aufgabe ist vornehmlich, (noch) in den Organisationen der Lohnabhängigen sich entschieden für ein Klassenbewusstsein einzusetzen und die Funktion der (sozialdemokratischen) Gewerkschaften im Kapitalismus zu entlarven. Und als gewerkschaftliche Minderheitenorganisation gilt es, dieses Klassenbewusstsein in der gewerkschaftlichen Praxis, z.B. anhand von Forderungen zu radikalisieren und in die reformistischen Gewerkschaften hinein zu tragen.

Die Zielvorstellung des Anarcho-Syndikalismus/Anarchismus hatte und hat nicht die Illusion, einen paradiesischen Zustand in der Gesellschaft zu erreichen. Schon auf dem Anarchistischen Weltkongress 1907 formulierte dies der französische Syndikalist Pierre Monatte klar: «Der Syndikalismus verspricht den Arbeitern nicht das Paradies auf Erden. Er fordert sie auf, es zu erobern, indem er ihnen versichert, daß ihre Aktion niemals vergeblich ist. Es ist eine Schule des Willens, der Energie und des fruchtbaren Gedankens.» (Monatte, zit. in: Degen I, S. 125) Monatte wollte damit zum Ausdruck bringen, dass sich durch die gewerkschaftliche Praxis anti-kapitalistisches Bewusstsein herausbilden kann. Zugleich erkannte Monatte – auf dem Anarchistischen Kongress 1907 zwar noch heftig umstritten – die große Bedeutung des Syndikalismus für den Anarchismus: Der Syndikalismus «öffnet dem Anarchismus, der allzu lange auf sich selbst beschränkt war, neue Perspektiven und Hoffnungen. [...] Ihr Werk wird dadurch noch fruchtbarer [...] und ihre Schläge gegen das soziale System [den Kapitalismus] entscheidender». (Ebd.)

Rocker sprach 1947 dem Anarcho-Syndikalismus eine «doppelte Aufgabe» zu: «1. Den Forderungen der Produzenten nach Sicherung und Anhebung des Lebensstandards Geltung zu verschaffen; 2. Die Arbeiter mit dem technischen Management der Produktion und des ökonomischen Lebens allgemein vertraut zu machen und sie darauf vorzubereiten, den sozio-ökonomischen Organismus in ihre Hände zu nehmen und ihn nach sozialistischen Prinzipien zu gestalten.» Dieses Vorgehen bezeichnete Rocker als «Erziehungsarbeit», die «auf die Entwicklung unabhängigen Denkens und Handelns gerichtet ist [...].» (Rocker VIII, S. 28 und S. 29)

Die Anarchisten sind prinzipielle Gegner von Militarismus und Gewalt. Deshalb lehnt die absolute Mehrheit der Anarchisten in ihrem Kampf gegen die alltägliche Repression des Staates Gegengewalt ab. Denn in ihrem Widerstand soll ihr Ziel zu erkennen sein: Die gewaltlose Gesellschaftsordnung.

Das Gewaltproblem durchzieht die ganzen Theorien und die ganze praktische Geschichte des Anarchismus. Dazu kann die Aussage des spanisch-argentinischen Anarcho-Syndikalisten Diego Abad de Santillán von 1937, wenn auch zeitbedingt, stehen: «Gewalt ist gerechtfertigt, wenn es um die Zerstörung der alten Welt der Gewalt geht, sie ist jedoch konterrevolutionär und asozial, wenn sie als Methode der Neuordnung Verwendung findet.» (Santillán, zit. in: Oberländer, S. 34)

Der libertäre Pädagoge Ulrich Klemm fasst die Gewaltproblematik im Anarchismus so zusammen: Im Anarchismus «ist einer der zentralen Bewertungsaspekte die Frage nach der Gewalt. Das Bild vom Anarchismus ist in der politischen und allgemeinen Öffentlichkeit und stellenweise auch traditionell in der wissenschaftlichen Fachpublizistik durch das der ‹Lust an der Zerstörung› (M. Bakunin) geprägt. Diese Vorstellung [...] muß differenziert werden. Es ist demnach notwendig, bei der Gewaltfrage im Anarchismus von einer Antinomie zu sprechen, die darin besteht, daß der Anarchismus einerseits Gewalt als Prinzip (als Mittel der Herrschaft) ablehnt und andererseits im Kontext einer tyrannischen oder repressiven Realgeschichte das Recht auf Widerstand proklamiert und Gewalt als Gegengewalt rechtfertigt.» (Klemm I, S. 225)

Heutzutage gibt es in den entwickelten Industriegesellschaften und ihren meist parlamentarischen Demokratien unter Anarchisten keine ernsthafte Diskussion darüber, ob dieser «Staat des Kapitals» mit Gewalt beseitigt werden sollte bzw. ob das möglich ist. Die Pole der Diskussion um die Gewaltfrage sind: a) konsequente Gewaltlosigkeit in allen nur erdenklichen Situationen; b) Gewalt nur als Gegengewalt, wenn alle Möglichkeiten der «gewaltfreien Aktionen» erschöpft sind.

Marx behauptete apodiktisch in seiner «Kritik der politischen Ökonomie»: «Eine Gesellschaftsformation geht nie unter, bevor alle Produktivkräfte entwickelt sind, [...] und neue Produktionsverhältnisse treten nie an die Stelle, bevor die materiellen Existenzbedingungen derselben im Schoß der alten Gesellschaft selbst ausgebrütet worden sind.» (Marx/Engels III, S. 338)

Rocker bezeichnete eine solche «Geschichtsauffassung [...] [als] eine Sache des Glaubens, [...] [die] im besten Falle auf Wahrscheinlichkeiten fußen kann, aber nie die unerschütterliche Gewissheit für sich hat». (Rocker II, S. 19) Er verurteilt diese Geschichtsauffassung: Wer an die «Zwangsläufigkeit alles historischen Geschehens glaubt, der opfert der Vergangenheit die Zukunft [...]»; und weil die «Ursachen, welche den Vorgängen des gesellschaftlichen Lebens zugrunde liegen, [...] mit den Gesetzen des physischen und mechanischen Naturgeschehens nichts gemein [haben], da sie nur die Ergebnisse menschlicher Zielrichtungen sind, die sich rein wissenschaftlich nicht erfassen lassen». (Ebd., S. 21f.)

Ebenso lässt sich wissenschaftlich nicht festmachen, wann Menschen individuell und/oder kollektiv beginnen, gegen die sie beherrschenden repressiven Gesellschaftsstrukturen zu handeln. Die hierzu notwendigen Impulse finden ihre Ursachen ebenfalls in keinem festgefügten Raster. Eine Mechanik des Ablaufs gesellschaftlichen Handelns verneinen die Anarchisten. Da sie sich als Subjekte der Geschichte definieren, machen sie ihre Geschichte von dem Moment an, wo sie von der reinen Theorie sich in die gesellschaftliche Praxis einbringen können.

Eine reine anarchistische Praxis ist gegenwärtig minimal. «So ist es heute auch nicht die gesellschaftliche Praxis [der Anarchisten], die primär überzeugen kann [...], sondern die *Vision einer herrschaftsfreien Gesellschaft* als Alternative zu real existierenden autoritären Verhältnissen und Zuständen. Dieses Dilemma des Anarchismus begleitet ihn heute mehr denn je, obgleich er als gesellschaftliche und philosophische Leitidee seit den 60er Jahren [des 20. Jahrhunderts] eine neue Akzeptanz und Resonanz gefunden hat.» (Klemm II, S. 21)

Klemm bezieht sich hier auf die Rezeption anarchistischer Postulate in nicht-anarchistischen Diskussionen: um die Begrenzung der Staatsmacht, um eine gerechtere Wirtschaftsordnung, um neue soziale Modelle in der Gesellschaft, um Reintegration ausgegrenzter sozialer Schichten in die Gesellschaft, um die Akzeptanz der Ökologie in der Gesellschaft, um Entschlackung des «Demokratischen Sozialismus» von seinen «absolutistischen Gedankengängen» (Rocker).

Selbstredend sind solche Rezeptionen und Diskussionen, die den Anarchismus reflektieren, für den Anarchismus und dessen gesellschaftliche Akzeptanz von erheblicher Bedeutung. Aber das Axiom des Anarchismus, die «Herrschaftslosigkeit», ist nicht im Kalkül dieser Diskutanten. Denn, wie Klemm treffend feststellt, ist es das Problem, dass hier «egalitäre bzw. anti-etatistische Systemelemente [...] auf ein hierarchisch-etatistisches System übertragen» werden. (Ebd., S. 23)

Die Reformer der herrschenden repressiven Verhältnisse wollen diese lediglich «erträglicher» gestalten. Aus anarchistischer Sicht sind sie damit, würden sie ihre Reformvorstellungen realisierten, nur ein Stück Weg weiter zu einer freien Gesellschaft. Aber «mehr Freiheit» der Reformer ist eben immer nur «mehr» Freiheit – nicht aber die Freiheit der Herrschaftslosigkeit.

Die «Anarchie» fasste Proudhon 1864 als eine «Verfassung» auf, «in welcher das öffentliche und private Gewissen [...] allein zur Erhaltung der Ordnung und Sicherung aller Freiheiten genügt [...] Wenn das politische Leben und die private Existenz identisch sein werden, wenn durch die Lösung der ökonomischen Probleme zwischen den sozialen und den individuellen Interessen Gleichgewicht bestehen wird, dann werden wir uns [...] nach dem Verschwinden jedes Zwangs in voller Freiheit oder Anarchie befinden.» (Proudhon, zit. in: Nettlau II, S. 5f.)

Als Voraussetzung dieser noch nicht gehabten Gesellschaftsformation Anarchie können die Anarchisten Marx («Die Klassenkämpfe in Frankreich») zustimmen – auch wenn dessen Zielvorstellung nicht die Anarchie war: «Wo es sich um eine vollständige Umgestaltung der gesellschaftlichen Organisation handelt, da müssen die Massen selbst mit dabei sein, selbst schon begriffen haben, worum es sich handelt, für was sie mit

Leib und Leben eintreten. [...] Damit aber die Massen verstehen, was zu tun ist, dazu bedarf es langer ausdauernder Arbeit [...].» (Marx III, S. 118f.)

Für die «Umgestaltung» der Gesellschaft taugt das klassische, idealistische Menschenbild der Anarchisten nur noch bedingt. Denn nicht nur «das Sein bestimmt das Bewusstsein» (Marx), sondern das Bewusstsein bestimmt das Sein gleichermaßen. Zwar ist die menschliche Gesellschaft das Ergebnis des Zusammenspiels von Wollen und Handeln der Individuen, aber alles Tun der Individuen basiert nicht auf dem viel beschworenen «freien» Willen: Denn die Individuen können in den repressiven Gesellschaften nicht wirklich frei über ihre Angelegenheiten bestimmen, weil sie damit die «Freiheit» anderer Individuen tangieren, sie eventuell in ihren Handlungen einschränken. In den herrschenden repressiven Gesellschaften bestimmt deren Basiskonsens den Freiheitsspielraum ihrer Mitglieder. Allerdings können sich diese in ihrem Wollen die höchstmögliche Freiheit erkämpfen und darüber hinaus die völlige Freiheit anstreben.

Das von den Anarchisten postulierte selbstbestimmte, autonome Individuum ist also keinesfalls schon dann ausgebildet, wenn das Individuum sich als solches dazu erklärt. Es kann sich nur dahin entwickeln. So ist das Individuum auch nicht schon per se «sozial», weil es in einer Gesellschaft lebt, die zumindest auf ein Minimum an Gegenseitigkeit basiert: Der soziale Charakter ist nicht schon deshalb vorhanden, weil jedes Individuum in eine Gesellschaft geboren wird und aufwächst. Er prägt sich erst aus. Und das Soziale der Individuen in den kapitalistischen Gesellschaften ist reduziert auf die Bedürfnisse des Kapitals. Mit «Solidarität» hat es nichts zu tun, weil es marktgerecht, erzwungen und eben nicht auf einer autonomen Entscheidung beruht. Eine solche Entscheidung kann nur möglich sein – wenn denn überhaupt – in einer freien Gesellschaft. In dieser wäre der «Lernprozess» offen und darauf gerichtet, sich frei entscheiden zu können. Das ist aber nur dann gegeben, wenn die Entscheidung, gleich welche auch gefällt wird, diese ohne jegliche Repression fallen kann.

Diese Vorstellungen fußen nicht auf der Maxime: Der Mensch ist von Natur aus «vernünftig». Zu seiner Natur gehört genauso die Unvernunft. Auch in einer freien Gesellschaft gehören beide Faktoren zu den Individuen; ebenso «Gut» und «Böse». Nur in einer herrschaftslosen Gesellschaft können die Individuen das ohne Repression ausleben, solange andere Individuen in ihren Lebensformen dadurch nicht in ihrer Freiheit eingeschränkt werden.

Dass die herrschaftsfreie Gesellschaft in den Vorstellungen der Anarchisten eine konfliktfreie Gesellschaft sei, ist keine Erfindung und auch keine Vorstellung von Anarchisten. Im Gegenteil: Die herrschaftsfreie Gesellschaft wird eine sehr konfliktreiche Gesellschaft sein!

Ab Ende der 1950er / Anfang der 1960er Jahre bildeten sich im Anarchismus Strömungen heraus, die sowohl inhaltlich als auch praktisch dem Anarchismus neue Gesichter gaben; im Wesentlichen: Ökoanarchismus, Anarcha-Feminismus, Gewaltfreier Anarchismus; und nicht zu verkennen ist die vermehrte Thematisierung libertärer Pädagogik.

Es ist falsch, die Entstehung des Ökoanarchismus in den 60er, 70er oder 80er Jahre des 20. Jahrhunderts anzusiedeln. Seine Ursprünge liegen viel weiter zurück: schon vor dem I. Weltkrieg und dann verstärkt in der Weimarer Republik.

Der Ökoanarchismus wird meist mit Bookchin identifiziert. Tatsächlich ist Bookchin ein Vordenker der modernen Ökologie und hier besonders jener mit anarchistischer Akzentuierung. Deren Unterscheidung von der nicht-anarchistischen Ökologie kann auf folgende Formel gebracht werden: Bookchin erkennt die weltweite Ökologieproblematik nicht als durch reinen Umweltschutz lösbar, der im Idealfalle von allen Staaten gesetzlich anerkannt und durchgesetzt werden könnte (Bookchin, und mit ihm wohl alle Anarchisten, stellen das in Zweifel); Bookchin nach sind es die ökonomischen Interessen der herrschenden «Hierarchien», die aus Profiterwägungen gar kein oder nur wenig Interesse an der Lösung von Umweltfragen haben. Deshalb macht es auch keinen Sinn, so Bookchin, an diese zu appellieren. Die Zerstörung der natürlichen ökologischen Systeme ist letztlich nur zu beenden, wenn alle «Hierarchien» (Staat, Kapitalismus) keinen Einfluss mehr ausüben können, d.h. ohne «Macht» sind.

Der Anarcha-Feminismus fußt in seinem Ursprung auf die schwach ausgeprägten Möglichkeiten für Emanzipationsbestrebungen von Frauen in traditionell männerbestimmten anarchistischen Strukturen. Der heutige Anarcha-Feminismus entstand in der Folge der Studentenbewegung in den westlichen kapitalistischen Ländern. Er hat sich weitgehend losgelöst von der traditionell von Männern besetzten anarchistischen Thematik. Die Anarcha-Feministinnen wollen das weitverbreitete passive Verhalten von Frauen in allen Lebensbereichen beseitigen. Sie wollen in der kapitalistischen Warengesellschaft nicht mehr als Ware betrachtet werden, nicht mehr entsprechend fungieren: In ihrer ganzen Entwicklung wird die Frau, so Carol Ehrlich (1975), zur «sorgfältigen Herstellung einer Ware»: «als sexuelles Objekt [...], das Leben in einer Kleinfamilie [zu führen], das Dasein als Supermutter und die Arbeit in schlechten und unterbezahlten Jobs, [...] die Frau [...] als Ware. Frauen werden von Männern konsumiert, die sie als sexuelle Objekte behandeln; als ‹Supermutter› werden sie von ihren Kindern konsumiert; [...] Staat und Kirche verlangen von ihnen, die nächste Generation zum Ruhme Gottes und des Staates zu erzeugen.» (Ehrlich, zit. in: Degen I, S. 206) Die «radikalen Feministen und die sozial-anarchistischen Feministinnen» haben sehr viele «gemeinsame Interessen», wie Ehrlich betont. Ihre Unterschiedlichkeit beschreibt Ehrlich folgendermaßen: «Aber den anarchistischen Feministinnen geht es um weit mehr als um die Zerstörung der offensichtlichen, patriarchalischen Strukturen [...] Als Anarchistinnen streben sie danach, jedes Machtverhältnis und jede Situation zu beenden, in der andere Menschen unterdrückt werden. [...] [Sie] glauben [...] nicht, daß die Eroberung der Macht durch die Frauen zu einer Gesellschaft ohne Zwänge führen würde.» (Ebd., S. 206f.)

Der «Graswurzel»-Anarchismus ist ein konsequenter gewaltloser Anarchismus: «Für eine gewaltfreie herrschaftslose Gesellschaft». Er propagiert die gesellschaftliche Macht als die «Macht von unten» – von den Wurzeln der Gesellschaft. Die Graswurzel-Gruppen arbeiten vornehmlich als «Gewaltfreie Aktionsgruppen» in der Friedens- und Ökologiebewegung. Als nicht-durchstrukturierte Bewegung, sondern quasi als autonome Gruppen und Individuen sind sie wohl die erfolgreichste Strömung im heutigen Anarchismus. Dabei sind ihre Protagonisten nicht unbedingt allesamt auch «reine» Anarchisten. Zusammengefasst sind die von den Graswurzlern propagierten Zielvorstellungen folgende: Dezentralisation, Föderalismus, Basisdemokratie. Und als Weg zur herrschaftslosen Gesellschaft u.a.: Kriegsdienst- und Totalverweigerung, direkte Aktionen. Und zur Verteidigung und Bestandserhaltung der herrschaftslosen Ordnung: die Soziale Verteidigung.

Eine freiheitliche Pädagogik als eine der wichtigsten Voraussetzungen zur Entwicklung freiheitlichen Bewusstseins ist bei Anarchisten unumstritten.

Klemm sieht in der libertären Pädagogik eine «Theorieofferte», die als «Konzept definiert» werden kann, das u.a. «entschieden für die Abschaffung der staatlichen Schulpflicht und dem damit verbundenen staatlichen Regelschulsystem eintritt; das personelle sowie strukturelle Autorität und Herrschaft über Menschen im ‹pädagogischen Bezug› ablehnt; das Bildung unabhängig von festgelegten Plänen durch ‹beiläufiges Lernen› ermöglichen will; das eine Individualisierung, Entinstitutionalisierung und Entbürokratisierung von Bildungs- und Erziehungsprozessen fordert; das Erziehung zur Solidarität und ‹gegenseitige Hilfe› (Peter Kropotkin) in den Mittelpunkt der Erziehungsziele stellt (soziale Erziehung); das anthropologisch gesehen den Menschen – und damit auch Kinder – als selbstbewusste Individuen mit der Fähigkeit zur Eigenverantwortung definiert und den Menschen in jedem Lebensalter einen hohen Grad an Autonomie und Selbstverantwortung zuschreibt; das als politische Leitidee eine egalitär, föderalistisch, selbstverwaltet sowie staatenlos verfasste Gesellschaft hat und sich als politisch nicht neutrale Pädagogik versteht; das Freiheit und Freiwilligkeit zur obersten Maxime für Bildungs-, Erziehungs- und Lernprozesse macht.» (Klemm III, S. 11)

Die herrschenden gesellschaftlichen Verhältnisse widerspiegeln den Bewusstseinsstand der Gesellschaft. In diesem Bewusstsein ist das Prinzip Staat und Kapitalismus eine feste Größe. Auch wenn diese objektiv politisch-soziale Situation eine Alternative herausfordert, sind die dazu nötigen Veränderungskräfte nur latent vorhanden. Der Konflikt, der hier schwelt, der sich gelegentlich ansatzweise zeigt, kann nach dem britischen Anarchisten Colin Ward vereinfacht als «Konflikt zwischen Autorität und Freiheit» charakterisiert werden, der «einen permanenten Aspekt der menschlichen Existenz darstellt [...] Er [d.h. der Anarchismus] geht davon aus, daß man sich jeden Tag und überall zwischen freiheitlichen und autoritären Lösungen zu entscheiden habe.» (Ward, zit. in: Oberländer, S. 62)

Der amerikanische Sozialwissenschaftler William O. Reichert schrieb 1970 zur Perspektive des Anarchismus: «Der Anarchismus, der mehr ein Lebensstil ist, soll dem einzelnen einen Ausweg aus den physischen Einschränkungen und Begrenzungen ermöglichen. Jeder Anarchist [...] ist sich darüber im klaren, daß der Anarchismus wohl nicht in der Lage ist, das gesellschaftliche Leben von heute auf morgen zu ändern. Vielmehr ist es sein Ziel, die Gesellschaft über die Individuen, aus denen die Gesellschaft besteht, zu verändern. Und das wird, darüber sind sich die Anarchisten einig, ein langwieriger Erziehungsprozeß sein.» (Reichert, zit. in: Degen I, S. 242)

Bibliographie

Abad de Santillán, Diego / Juan Peiró: Ökonomie und Revolution. Fabrik- und Stadtteilkomitees. Syndikalismus und die soziale Revolution in Spanien. Rolle der Industrieföderationen und des Anarchismus. Vorwort Thomas Kleinspehn, Berlin (West) 1975

Agnoli, Johannes / Brückner, Peter: Die Transformation der Demokratie, Frankfurt/M. 1968 (2004)

Anonym: texte: RAF, Lund (Schweden) 1977

Arschinow, Peter: Anarchisten im Freiheitskampf. Die Geschichte der Machno-Bewegung 1918–1921. Zürich 1971 [Neuauflage mit einer Kurzbiografie Arschinoffs sowie einer Auswahlbiografie, erstellt von Heiner Becker, Münster 1998]

Arvidsson, Evert: Der freiheitliche Syndikalismus im Wohlfahrtsstaat. Vorwort Helmut Rüdiger, Darmstadt o.J. [1960]

Bakunin, Michael I: Gesammelte Werke, Bd. 2, Berlin 1923 (1975, 1978)

Ders. II: Gesammelte Werke, Bd. 1, Berlin 1921 (1975, 1978)

[Seit 1995 erscheinen in Berlin die «Gesammelten Werke» Bakunins in einer neuen Edition, bisher sind fünf Bände erschienen, hg. von Wolfgang Eckhardt]

B.A.S.T.A. (Hg.): Ricardo Flores Magón. Tierra y Libertad, Münster 2005

Beck, Barbara / Horst Kurnitzky: Zapata. Bilder aus der Mexikanischen Revolution. Berlin 1978 (8.–10. Tsd.)

Berghahn, Günter / Rudi Dutschke: Über die allgemeine reale Staatssklaverei. Die Sowjetunion in der russischen Geschichte, in: L 76. Demokratie und Sozialismus, Nr. 6/1976, Köln

Berkman, Alexander: Der bolschewistische Mythos. Tagebuch aus der russischen Revolution 1920–1922. Frankfurt/M. 2004 (2. Aufl.)

Bey, Essad: Die Verschwörung gegen die Welt – G.P.U., Berlin 1932

Biehl, Janet: Der libertäre Kommunalismus. Die politische Praxis der Sozialökonomie, Grafenau 1998

Boockchin, Murray I: Die Neugestaltung der Gesellschaft. Pfade in eine ökologische Zukunft, Grafenau 1992

Ders. II: Kommunismus und Selbstbestimmung. Spontaneität und Organisation, Berlin 1974

Broido, Vera: Tochter der Revolution. Erinnerungen, Hamburg 2004

Broué, Pierre / Témime, Emile: Revolution und Krieg in Spanien, Frankfurt/Main 1968

Buber, Martin: Der utopische Sozialismus, Köln 1967

Carter, April I: Die politische Theorie des Anarchismus, Berlin 1988
Dies. II: Direkte Aktion. Leitfaden für den Gewaltfreien Widerstand. Reihe: Konstruktiv 1, Berlin 1983 (3. Aufl.)
Chomsky, Noam I: Arbeit. Sprache. Freiheit. Essay und Interview zur libertären Transformation der Gesellschaft, Mülheim/Ruhr 1987
Ders. II: Aus Staatsraison, Frankfurt/M. 1974
Ders. III: Haben und Nichthaben, Bodenheim 1998
Dahlmann, Dittmar: Land und Freiheit – Machnovšèina und Zapatismo als Beispiele agrarrevolutionärer Bewegungen. Studien zur modernen Geschichte 35, Wiesbaden 1986
Degen, Hans Jürgen I (Hg.): «Tu was du willst». Anarchismus. Grundlagentexte zur Theorie und Praxis, Berlin 1987 (Neuaufl. 2006)
Ders. II (Hg.): Anarchismus heute. Positionen, Bösdorf 1991
Ders. III: Zur Geschichte des Anarcho-Syndikalismus in Deutschland, in: Toke van Helmond / J.J. Overstegen (Redactie): Voor Arthur Lehning, Maastrich 1989
Ders. IV (Hg.): Voraussetzungen des Anarchismus, Berlin 1997
Degen, Hans Jürgen / Ahrens Helmut: Widerstand in Spanien. Wandlungen in den Aktionsformen vom Bürgerkrieg bis zum Tode Francos. Vorwort Theodor Ebert, Wetzlar/Münster 1977
Die Zeit. Das Lexikon in 20 Bde., Bd. 1, Hamburg 2005
Dorst, Tankred (Hg.): Die Münchner Räterepublik. Zeugnisse und Kommentar. Mit einem Kommentar versehen von Helmut Neubauer, Frankfurt/M. 1972 (5. Aufl.)
Ehrlich, Carol: Frauen und Warenwirtschaft / Radikaler Feminismus und anarchistischer Feminismus, in: Degen I: «Tu was du willst». Anarchismus. Grundlagentexte zur Theorie und Praxis, Berlin 1987
Eisner, Freya: Kurt Eisner. Die Politik des libertären Sozialismus, Frankfurt/M. 1979
Engels, Friedrich: Die Bewegungen von 1847. in: Ausgewählte Werke Marx/Engels Bd. 1, Frankfurt/M. 1983
Feyerabend, Paul: Wider den Methodenzwang. Skizze einer anarchistischen Erkenntnistheorie, Frankfurt/M. 1979
Figes, Orlando: Die Tragödie eines Volkes. Die Epoche der Russischen Revolution 1891 bis 1924, Berlin 1998 (2. Aufl.)
Frei, Bruno: Die anarchistische Utopie. Freiheit und Ordnung, Frankfurt/M. 1971
Gerlach, Erich: Syndikalismus, in: Handwörterbuch der Sozialwissenschaften. Hgg. von Erwin von Beckerath u.a., Bd. 10, Stuttgart/Tübingen/Göttingen 1959
Goldman, Emma I: Frauen in der Revolution (gleichnamige Reihe: Bd. 2), Berlin 1977
Dies. II: Widerstand, Meppen/Ems 1983 (2. Aufl.)
Dies. III: Die Ursachen des Niedergangs der Russischen Revolution. Vorwort R. Rocker, Berlin 1922
Golowin, Iwan: Der russische Nihilismus. Meine Beziehungen zu

Herzen und Bakunin nebst einer Einleitung über die Dekabristen, Leipzig o.J. (Vorwort 1880), Graz 1973
Grosche, Monika: Anarchismus und Revolution. Zum Verständnis gesellschaftlicher Umgestaltung bei den anarchistischen Klassikern Proudhon, Bakunin, Kropotkin, Moers 2003
Grundsatzprogramm der Sozialdemokratischen Partei Deutschlands. Beschlossen vom Außerordentlichen Parteitag der Sozialdemokratischen Partei Deutschlands in Bad Godesberg vom 13. bis 15. November 1959. Hg. Vorstand der SPD, Bonn 1959
Guérin, Daniel I: Anarchismus. Begriff und Praxis, Frankfurt/M. 1967
Ders. II; dito 4. überarbeitete und ergänzte Aufl. 1971
Guttmann, Ketty: Los von Moskau! (Hg. Allg. Arbeiter-Union [Einheits-Organisation], Ortsgruppe Groß-Hamburg), Hamburg o.J. [1925]
Hacker, Friedrich: Aggression. Die Brutalisierung der modernen Welt, Hamburg 1973
Heintz, Peter: Anarchismus und Gegenwart, Berlin 1973 (1985)
Heller, Hermann: Sozialismus und Nation, Berlin 1931 (2. Aufl.)
Helms, Hans G.: Fetisch Revolution, Neuwied/Berlin 1969
Henning, Markus / Raasch, Rolf: Neoanarchismus in Deutschland. Entstehung, Verlauf, Konfliktlinien, Berlin 2005
Herzog, Roman: Allgemeine Staatslehre. Lehrbücher des Öffentlichen Rechts, Bd. 1, Frankfurt/M. 1971
Heydorn, Heinz-Joachim: Geleitwort, in: Gustav Landauer. Zwang und Befreiung. Eine Auswahl aus seinem Werk. Eingeleitet und hg. von Heinz-Joachim Heydorn, Köln 1968
Hiller, Kurt: Der Aufbruch zum Paradies. Ein Thesenbuch, München 1952
Humboldt, Alexander von: Grenzen des Staates. Schriften zur Humanität, V. Band, Frankfurt/M. 1947 (1967)
Jacoby, Henry: Die Bürokratisierung der Welt. Ein Beitrag zur Problemgeschichte. Reihe: Soziologische Texte Bd. 64, Neuwied 1969
Joll, James: Die Anarchisten, Berlin 1966
Kant, Immanuel: Was ist Aufklärung? Aufsätze zur Geschichte und Philosophie, Göttingen 1967
Klaus, Georg / Buhr, Manfred (Hg.): Philosophisches Wörterbuch, Leipzig 1974
Klemm, Ulrich I: Libertäre Pädagogik. Die pädagogische Rezeption des modernen Anarchismus und das Problem der Freiheit. Edition Differenz Bd. 4, Hamburg 1995
Ders. II: Prinzip Freiheit. Für eine Theorie libertärer Vergesellschaftung, Berlin 1995
Ders. III: Francisco Ferrrer. Ein libertärer Schulreformator im Kontext der Bildungsgeschichte. Espero-Sonderheft 11, Bern 2004
Klug, Ulrich: Die geordnete Anarchie als philosophisches Leitbild des freiheitlichen Rechtsstaates, in: Abertz, Heinrich / Thom-

sen, Joachim (Hg.): Christen in der Demokratie, Wuppertal 1978
Koechlin, Heinrich: Die Pariser Commune im Bewusstsein ihrer Anhänger, Basel 1950
Krämer-Badoni, Rudolf: Anarchismus. Geschichte und Gegenwart einer Utopie, Wien/München/Zürich 1970
Kramer, Bernd (Hg.): Leben, Ideen, Kampf: Louise Michel und die Pariser Kommune von 1871, Berlin 2001
Krippendorff, Ekkehart: Staat und Krieg. Die historische Logik politischer Vernunft, Frankfurt/M. 1985
Kropotkin, Peter I: Die historische Rolle des Staates, Berlin 1898
Ders. II: Die Eroberung des Brotes (Wohlstand für Alle). Vorrede Rudolf Rocker, Berlin 1921
Ders. III: Die Französische Revolution 1789–1793. 2 Bde., Frankfurt/M. 1978 (4. Aufl.)
Ders. IV: Der Anarchismus in Russland. in: Die Russische Revolution, Teil 1. Anarchistische Texte Nr. 21, Berlin 1980
Ders. V: Ideale und Wirklichkeit der russischen Literatur, Frankfurt/M. 1975
Ders. VI: Der moderne Staat, Berlin o.J. [1913]
Ders. VII: Syndikalismus und Anarchismus, Berlin o.J. [DEA 1921]
Landauer, Gustav I: Beginnen. Aufsätze über Sozialismus, Wetzlar 1977
Ders. II: Aufruf zum Sozialismus. Nachwort Siegbert Wolf, Berlin 1998
Ders. III: Revolution. Einleitung Harry Pross. Nachwort Erich Mühsam, Berlin 1974
Ders. IV: Gustav Landauer. Sein Lebensgang in Briefen. Unter Mitwirkung von Ina Britschgi-Schimmer hg. von Martin Buber. Bd. 2, Frankfurt/M. 1929
Lenin, W.I. I: Werke, Bd. 5, Berlin/DDR 1978
Ders. II: Werke, Bd. 10, Berlin/DDR 1970
Ders. III: Staat und Revolution. Die Lehre des Marxismus vom Staat und die Aufgaben des Proletariats in der Revolution, Moskau 1947
Linow, Fritz: Echte Demokratie gegen vermassende Bürokratie, in: Ders.: Anarchismus. Aufsätze. Schriften des Libertären Forums Berlin 2, Berlin 1991
Linse, Ulrich: Anarchismus und Pazifismus, in: Die Friedensbewegung. Organisierter Pazifismus in Deutschland, Österreich und der Schweiz. Hermes Handlexikon. Hg. von Helmut Donat und Karl Holl, Düsseldorf 1983
Lösche, Peter: Anarchismus, Darmstadt 1987
Lombroso, Cesare: Die Anarchisten. Eine kriminalpsychologische und soziologische Studie, Hamburg 1895
Machno, Nestor: Das ABC des revolutionären Anarchisten, Meppen/Ems 1979 (5. Aufl.)
Malatesta, Enriko [richtig: Errico]: Anarchie, Brüssel 1909 (1975)
Marx/Engels I: Die deutsche Ideologie. MEW, Bd. 3, Berlin/DDR 1956

Marx/Engels II: Über Anarchismus, Berlin/DDR 1977

Marx/Engels III: Ausgewählte Schriften. Bd. 1, Berlin/DDR 1962

Michel, Louise: Memoiren, Münster 1979 (2. verbesserte Aufl.)

Mohrhof, Folkert: Rudolf Rocker und die soziale Befreiung. Zur Aktualität des Anarchosyndikalismus am Beispiel seines deutschen Vertreters, in: Wolfram Beyer (Hg.): Anarchisten. Zur Aktualität anarchistischer Klassiker, Berlin 1993

Mühsam, Erich: Von Eisner bis Leviné. Die Entstehung der bayerischen Raeterepublik. Persönlicher Rechenschaftsbericht, Berlin 1929 (2005)

Müller-Lehning, Arthur I (Pseudonym A.M.): Der sozialistische Staatsbegriff und der staatenlose Sozialismus. Fragment einer Rede für die «Gilde freiheitlicher Bücherfreunde» zu Berlin, Februar 1932 (richtig: 1933), in: Deutschtum im Ausland. Blätter zur Pflege deutscher Art. Hgg. vom Verband deutscher Schulen im Ausland (Tarnschrift von: Die Internationale (Sondernummer)), Januar-Februar 1935

Ders. II: Um die Räteidee, in: Die Internationale. Zeitschrift für die revolutionäre Arbeiterbewegung, Gesellschaftskritik und sozialistischen Neuaufbau. Hg. von der Freien Arbeiterunion Deutschlands, 4. Jg., H. 8-9 / Juni-Juli 1931 (Berlin)

Nettlau, Max I: Geschichte der Anarchie, Bd. 1: Der Vorfrühling der Anarchie. Ihre historische Entwicklung von den Anfängen bis zum Jahre1864, Berlin 1925 (1993)

Ders. II: Geschichte der Anarchie, Bd. 2: Der Anarchismus von Proudhon bis Kropotkin. Seine historische Entwicklung in den Jahren 1859–1880, Berlin 1927 (1993)

Ders. III: Eugenik der Anarchie, Wetzlar 1985

Oberländer, Erwin: Der Anarchismus. Dokumente der Weltrevolution, Bd. 4, Olten/Freiburg i.Br. 1972

Oppenheimer, Franz: Der Staat. Eine soziologische Studie, Berlin 1990 (EA 1907)

Proudhon, Pierre Joseph I: Was ist das Eigentum? Erste Denkschrift. Untersuchungen über den Ursprung und die Grundlagen des Rechts und der Herrschaft, Graz 1971

Ders. II: Erinnerungen eines Revolutionärs, Reinbek 1969

Raasch, Rolf: Historischer Anarchismus versus Gegenwart und Zukunft der Anarchie, in: Ders. und Degen, Hans Jürgen (Hg): Die richtige Idee für eine falsche Welt? Perspektiven der Anarchie, Berlin 2002

Ramm, Thilo (Hg.): Pierre Joseph Proudhon. Ausgewählte Schriften, Stuttgart 1963

Rammstedt, Otthein: Anarchismus. Grundtexte zur Theorie und Praxis der Gewalt, Köln/Opladen 1969

Rocker, Rudolf I: Absolutistische Gedankengänge im Sozialismus, Darmstadt o.J. (1950, 1980)

Ders. II: Die Entscheidung des Abendlandes, Bd. 1, Hamburg 1949 (korrigierte und ergänzte NA unter dem Titel «Nationalismus und Kultur» 1999 in einem Band)

Ders. III: Die Entscheidung des Abendlandes, Bd. 2, Hamburg

1949 (korrigierte und ergänzte NA unter dem Titel «Nationalismus und Kultur» 1999 in einem Band)

Ders. IV: Die Prinzipienerklärung des Syndikalismus, Berlin 1924 (1992)

Ders. V: Über das Wesen des Föderalismus im Gegensatz zum Zentralismus, Berlin 1923 (1979)

Ders. VI: Keine Kriegswaffen mehr! Rede des Genossen Rocker (Berlin) gehalten auf der Reichs-Konferenz der Rüstungsarbeiter Deutschlands. Abgehalten vom 18. bis 22. März 1919 in Erfurt, o.O. u. o.J. (1919)

Ders. VII: Anarchismus und Anarcho-Syndikalismus. Reihe: Konstruktiv Bd.2, Berlin 1979

Ders. VIII: Aufsatzsammlung 1949–1953, Bd. 2, Frankfurt/M. 1980

Rüdiger, Helmut I: Föderalismus. Beitrag zur Geschichte der Freiheit, Berlin 1979

Ders. II: Über Proudhon, Syndikalismus und Anarchismus, in: Hans Jürgen Degen (Hg.): Anarchismus heute. Positionen, Bösdorf 1991

Ders. III: Sozialismus und Parlamentarismus. Ein Diskussionsbeitrag, Berlin 1979

Rühle, Otto: Die Revolutionen Europas (3 Bde.), Bd. 3. Wiesbaden 1973

Sami, Renate / Thomas, Édith: Louise Michel: Ihr Leben, Ihr Kampf. Ihre Idee, in: Kramer, Bernd (Hg.): Leben-Idee-Kampf. Louise Michel und die Pariser Kommune von 1871, Berlin 2001

Schmitt, Klaus (Hg.): Silvio Gesell – «Marx» der Anarchisten? Texte zur Befreiung der Marktwirtschaft vom Kapitalismus und der Kinder und Mütter vom patriarchalischen Bodenrecht, Berlin 1989

Schmück, Jochen: Die Mexikanische Revolution. Eine historische Skizze, in: Die Mexikanische Revolution 1910–1920. Reihe: anarchistische texte 20, Berlin 1980

Schneider, Dieter Marc (Hg): Pariser Kommune 1871, (2 Bde.), Bd. 1. Texte des Sozialismus und Anarchismus, Hamburg 1971

Schumpeter, Joseph A.: Kapitalismus, Sozialismus und Demokratie, München 1950 (2. Aufl. 1978)

Sloterdijk, Peter: Kritik der zynischen Vernunft, Bd. 1, Frankfurt/M. 1983

Souchy, Augustin: Anarchismus und Gewalt, in: Neues Beginnen, Nr. 12 Juli/August 1971 (Hamburg)

Stalin, J.W.: Anarchismus und Sozialismus. In: Werke, Bd. 1, Berlin/DDR 1950 (3. Aufl.)

Stirner, Max [d.i. J.C. Schmidt]: Der Einzige und sein Eigentum, Stuttgart 1972

Stowasser, Horst I: Freiheit pur. Die Idee der Anarchie. Geschichte und Zukunft, Frankfurt/M. 1995

Ders. II: Die Machnotschina. Der Kampf anarchistischer Rebellen für eine freie Gesellschaft in der Ukraine 1917–1922, Wetzlar 1979 (2. Aufl.)

Stuke, Horst (Hg.): Michail Bakunin. Staatlichkeit und Anarchie und andere Schriften, Frankfurt/M. 1972

Tolstoi, Leo I: «Eines ist not». Über die Staatsmacht, München 1906

Ders. II: Die Sklaverei unserer Zeit. Mit einem Nachwort: «Über den Sinn des Lebens», Berlin o.J.

Ders. III: Grausame Genüsse, Berlin o.J.

Vester, Michael (Hg.): Die Frühsozialisten 1789–1848 (2 Bde.), Bd. 1, Reinbek 1970

Viesel, Hansjörg (Hg.): Literaten an der Wand. Die Münchner Räterepublik und die Schriftsteller, Frankfurt/M. 1980

Volin [d.i. W.M. Eichenbaum] I: Die unbekannte Revolution (3 Bde.). Bd. 1, Hamburg 1983 (2. veränderte Aufl.)

Ders: II: Der Aufstand von Kronstadt, Münster 1999

Ders. III; Die unbekannte Revolution, Bd. 2, Hamburg 1976

Walther, Manuel: Anarchismus und Gewaltlosigkeit. Reihe: Konstruktiv 3, Berlin 1979

Wittkop-Rocker, Milly: Was will der Syndikalistische Frauenbund, Berlin 1923 (2. Aufl.)

Wolff, Robert: Eine Verteidigung des Anarchismus, Wetzlar 1979

Woodcock, George: Traditionen der Freiheit. Essays zur libertären Transformation der Gesellschaft, Sieding / Mülheim 1988

Zoccoli, Hector: Die Anarchie, Berlin 1976» Kontakte

Zeitungen (Auswahl):

Direkte Aktion – anarchosyndikalistische Zeitung
(Freie ArbeiterInnen Union [FAU-IAA]). (gewerkschaftsorientiert), erscheint seit 29 Jahren, z.Zt. alle zwei Monate, ca. 16 Seiten, Zeitungsformat. Kontakt: DA, Kornstr. 28-30, 30167 Hannover. E-Mail der Schlussredaktion: da-schlussredaktion@fau.org
Internet: www.fau.org

Contraste – Die Monatszeitung für Selbstorganisation
(genossenschaftlich-libertär), erscheint seit 23 Jahren, monatlich, bzw. 10 Ausgaben pro Jahr, 16 Seiten, Zeitungsformat. Kontakt: Postfach 10 45 20, 69035 Heidelberg. E-Mail Endredaktion: contraste@t-online.de
Internet: www.contraste.org

Espero – Forum für libertäre Gesellschafts- und Wirtschaftsordnung
(individualanarchistisch), erscheint seit dreizehn Jahren, vierteljährlich, ca. 32 Seiten, Din-A-5-Format. Kontakt: Espero, Wulmstorfer Moor 34 b, 21629 Neu Wulmstorf. E-Mail: Utespero@aol.com
Internet: www.utespero.de

Feierabend!
Libertäres 1 ½monatsheft aus Leipzig (libertär, autonom), ca. 32 S., Format: 20,5 x 29,5 cm. Kontakt: Feierabend!, Biedermannstr. 20, 04277 Leipzig. E.Mail: feier_abend@hotmail.com
Internet: www.feierabend.net.tc

Graswurzelrevolution – für eine gewaltfreie, herrschaftslose Gesellschaft (libertär-pazifistisch) Erscheint seit 35 Jahren, monatlich, bzw. 10 Ausgaben im Jahr, 20 Seiten, Zeitungsformat. Kontakt: GWR-Koordinationsredaktion, Breul 43, 48143 Münster. E-Mail: redaktion@graswurzel.net
Internet: www.graswurzel.net

Anarchismus im Internet in deutscher Sprache

Die meisten größeren anarchistischen Gruppen und Verlage sind im Internet vertreten und in der Regel verlinkt.

www.a-laden.org
www.anarchie.de
www.Anarchismus.de
www.anares.org
www.bibliothekderfreien.de
   (anarchistische Bibliothek in Berlin)
www.projekte.free.de
   (DadA – Datenbank des deutschsprachigen Anarchismus)

Rehzi Malzahn (Hg.):
Strafe und Gefängnis
Theorie, Kritik, Alternativen. Eine Einführung

2018, 267 Seiten, kartoniert, 16,80 EUR, ISBN 3-89657-088-9, **Reihe black books**

Obwohl Strafe ein Kern von Herrschaft ist, weil sie immer Institutionen bedarf, die sie ausführen, und immer bedeutet, dass sich ein Individuum über das andere erhebt, ist die Kritik der Strafe und des Gefängnisses als zentrale Strafinstitution moderner Gesellschaften in linken Kreisen eine Seltenheit. Noch weniger als über Strafe und Gefängnis wird aber über mögliche Alternativen gesprochen.

Dieses Einführungswerk soll hier Abhilfe schaffen. Neben Vorstellungen von Straftheorien und kritischer Kriminologie stehen Wortmeldungen aus dem Gefängnis und Gedankenspiele zu seiner Abschaffung. Mit den Konzepten Restorative Justice und Transformative Justice – zu deutsch irgendetwas zwischen «heilende Gerechtigkeit» und «transformierende Unrechtsbewältigung» – werden handfeste Alternativen aufgezeigt.

Alexander Neupert-Doppler (Hg.):
Konkrete Utopien
Unsere Alternativen zum Nationalismus

2018, 381 Seiten, kartoniert, 16,80 EUR, ISBN 3-89657-199-0, **Reihe black books**

Care-Revolution, Computer-Sozialismus, Demokratischer Konföderalismus, Kommunismus 2.0, Kommende Nachhaltigkeit, Solidarity-Cities, Sozialistische Erziehung … Welche utopischen Ideen sind mit diesen Begriffen aus aktuellen politischen Debatten verbunden?

Dazu kommen hier Menschen aus kritischer Wissenschaft und politischen Bewegungen, aus Netzwerken, Gewerkschaften, Verbänden und Organisationen zu Wort, die etwas zur Frage nach konkreten Utopien heute beizutragen haben.

Markus Henning / Rolf Raasch:
Neoanarchismus in Deutschland
Geschichte, Bilanz und Perspektiven der antiautoritären Linken

2016, 298 Seiten, kartoniert, 14,80 EUR, ISBN 3-89657-079-X, **Reihe black books**

Wie kam es in einer Zeit sozialer und politischer Auf- und Umbrüche, in der die Momente jugendlicher Subkulturen und radikaldemokratischer Prostestformen zusammenwirkten, zur Wiederentdeckung des Anarchismus und eines zeitlosen sozialpolitischen Phänomens: der Anarchie?

Diese Bestandsaufnahme der Entwicklung vom Antiautoritarismus der «68er-Bewegung» sowie undogmatischer oppositioneller Bestrebungen in der DDR geht dieser Frage nach. Dabei stellen die Autoren fest, dass die historische Rolle des Neoanarchismus bei der Modernisierung der hiesigen gesellschaftlichen Verhältnisse und Beziehungen gemeinhin unterschätzt wird.

Hans Jürgen Degen / Jochen Knoblauch (Hg.):
Anarchismus 2.0
Bestandsaufnahmen. Perspektiven.

2009, 320 Seiten, kartoniert, 14,80 EUR, ISBN 3-89657-052-8, **Reihe black books**

Der Band «Anarchismus. Eine Einführung» in der Reihe «theorie.org» arbeitete die Grundlagen libertärer Weltsicht auf. Von Rudolf Rocker einmal abgesehen hat allerdings keiner dieser Klassiker bis in die Zeit nach dem 2. Weltkrieg gewirkt. Dies und die Tatsache, dass spätestens nach 1945 die anarchistische Bewegung gezwungen war, sich von Grund auf organisatorisch und inhaltlich neu zu positionieren, unterstreicht die Notwendigkeit dieser Anthologie zu aktuellen Tendenzen des Anarchismus.

schmetterling verlag